大学生职业发展指导

以思想政治教育专业为例

主　编　范宏民　钟小惠
副主编　张　华　袁卫家　徐婕靓

江苏大学出版社
JIANGSU UNIVERSITY PRESS
镇　江

图书在版编目(CIP)数据

大学生职业发展指导：以思想政治教育专业为例 / 范宏民，钟小惠主编. -- 镇江：江苏大学出版社，2022.10

ISBN 978-7-5684-1768-6

Ⅰ. ①大… Ⅱ. ①范… ②钟… Ⅲ. ①思想政治教育—高等学校—教材 Ⅳ. ①G641

中国版本图书馆 CIP 数据核字(2021)第 275270 号

大学生职业发展指导:以思想政治教育专业为例

Daxuesheng Zhiye Fazhan Zhidao:Yi Sixiang Zhengzhi Jiaoyu Zhuanye Wei Li

主　　编/范宏民　钟小惠
责任编辑/宋燕敏
出版发行/江苏大学出版社
地　　址/江苏省镇江市京口区学府路 301 号(邮编：212013)
电　　话/0511-84446464(传真)
网　　址/http://press.ujs.edu.cn
排　　版/镇江市江东印刷有限责任公司
印　　刷/镇江文苑制版印刷有限责任公司
开　　本/710 mm×1 000 mm　1/16
印　　张/20.75
字　　数/370 千字
版　　次/2022 年 10 月第 1 版
印　　次/2022 年 10 月第 1 次印刷
书　　号/ISBN 978-7-5684-1768-6
定　　价/59.00 元

如有印装质量问题请与本社营销部联系(电话:0511-84440882)

青年在选择职业时的考虑

卡尔·马克思

自然本身给动物规定了它应该遵循的活动范围，动物也就安分地在这个范围内活动，不试图越出这个范围，甚至不考虑有其他什么范围的存在。神也给人指定了共同的目标——使人类和他自己趋于高尚。但是，神要人自己去寻找可以达到这个目标的手段；神让人在社会上选择一个最适合于他、最能使他和社会都得到提高的地位。

能有这样的选择是人比其他生物远为优越的地方。但是，这同时也是可能毁灭人的一生、破坏他的一切计划并使他陷于不幸的行为。因此，认真地考虑这种选择——这无疑是开始走上生活道路而又不愿拿自己最重要的事业去碰运气的青年的首要责任。

每个人眼前都有一个目标，这个目标至少在他本人看来是伟大的，而且如果最深刻的信念，即内心深处的声音，认为这个目标是伟大的，那他实际上也是伟大的，因为神决不会使世人完全没有引导，神总是轻声而坚定地作着启示。

但是，这声音很容易被淹没，因为灵感的东西可能须臾而生，同样可能须臾而逝。也许，我们的幻想油然而生，我们的感情激动起来，我们的眼前浮想联翩，我们狂热地追求我们以为是神本身给我们指出的目标。但是，我们梦寐以求的东西很快就使我们厌恶——于是我们的整个存在也就毁灭了。

因此，我们应当认真考虑：所选择的职业是不是真正使我们受到鼓舞？我们的内心是不是同意？我们受到的鼓舞是不是一种迷误？我们认为是神的召唤的东西是不是一种自欺？但是，不找出鼓舞的来源本身，我们怎么能认清这些呢？

伟大的东西是光辉的，光辉则引起虚荣心，而虚荣心容易给人鼓舞或者是一种我们觉得是鼓舞的东西。但是，被名利弄得鬼迷心窍的人，理智已无法支配他，于是他一头栽进那不可抗拒的欲念驱使他去的地方。他已经不再自己选择他在社会上的地位，而听任偶然机会和幻想去决定它。

我们的使命决不是求得一个最足以炫耀的职业，因为它不是那种使我们长期从事而始终不会情绪低落的职业。相反，我们很快就会觉得，我们的愿望没有得到满足，我们的理想没有实现，我们就将怨天尤人。

但是，不只是虚荣心能够引起对这种或那种职业突然的热情。也许，我们自己也会用幻想把这种职业美化，把它美化成人生所能提供的至高无上的东西。我们没有仔细分析它，没有衡量它的全部分量，即它让我们承担的重大责任。我们只是从远处观察它，然而从远处观察是靠不住的。

在这里，我们自己的理智不能给我们充当顾问，因为它既不是依靠经验，也不是依靠深入的观察，而是被感情所欺骗，受幻想所蒙蔽。然而，我们的目光应该投向哪里呢？在我们丧失理智的地方，谁来支持我们呢？

是我们的父母，他们走过了漫长的生活道路，饱尝了人世的辛酸——我们的心这样提醒我们。

如果我们通过冷静的研究，认清了所选择的职业的全部分量，了解它的困难以后，我们仍然对它充满热情，我们仍然爱它，觉得自己适合它，那时我们就应该选择它，那时我们既不会受热情的欺骗，也不会仓促从事。

但是，我们并不总是能够选择我们自认为适合的职业。我们在社会上的关系，还在我们有能力对它们起决定性影响以前，就已经在某种程度上开始确立了。

我们的体质常常威胁我们，可是任何人也不敢藐视它的存在。

诚然，我们能够超越体质的限制，但这样一来，我们也就垮得更快；在这种情况下，我们就是冒险把大厦建筑在松软的废墟上，我们的一生也就变成一场精神原则和肉体原则之间不幸的斗争。但是，一个不能克服自身相互斗争因素的人，又怎能抗拒生活的猛烈冲击，怎能安静地从事活动呢？因为，只有从安静中才能产生伟大壮丽的事业，安静是唯一生长出成熟果实的土壤。

尽管我们由于体质不适合我们的职业，不能持久地工作，而且工作起来也很少乐趣。但是，为了恪尽职守而牺牲自己幸福的思想激励着我们不顾体弱去努力工作。如果我们选择了力不能胜任的职业，那么，我们决不能把它做好，我们很快就会自愧无能，并对自己说，我们是无用的人，是不能完成自己使命的社会成员，由此产生的必然结果就是妄自菲薄。还有比这更痛苦的感情吗？还有比这更难于靠外界的赐予来补偿的感情吗？妄自菲薄是一条毒蛇，它永远啮噬着我们心灵，吮吸着其中滋润生命的血液，注入厌世和绝望的毒液。

如果我们错误地估计了自己的能力，以为能够胜任经过周密考虑而选定的职业，那么这种错误将使我们受到惩罚。即使不受到外界指责，我们也会感到比外界指责更为可怕的痛苦。

如果我们把这一切都考虑过了，如果我们生活的条件容许我们选择任何一种职业，那么我们就可以选择一种能使我们最有尊严的职业，选择一种建立在我们深信其正确的思想上的职业，选择一种给我们提供广阔场所来为人类进行活动、接近共同目标（对于这个目标来说，一切职业只不过是手段）即完美境地的职业。

尊严就是最能使人高尚起来、使他的活动和他的一切努力具有崇高品质的东西，就是使他无可非议、受到众人钦佩并高于众人之上的东西。

但是，能给人以尊严的只有这样的职业，在从事这种职业时我们不是作为奴隶般的工具，而是在自己的领域内独立地进行创造。这种职业不需要有不体面的行动（哪怕只是表面上不体面的行动），甚至最优秀的人物也会怀着崇高的自豪感去从事它。最合乎这些要求的职业，并不一定是最高贵的职业，但总是最可取的职业。

但是，正如有失尊严的职业会贬低我们一样，那种建立在我们后来认为是错误的思想上的职业也一定使我们感到压抑。

这里，我们除了自我欺骗，别无解救办法，而以自我欺骗来解救又是多么的糟糕！

那些不是干预生活本身，而是从事抽象真理研究的职业，对于还没有坚定的原则和牢固、不可动摇的信念的青年是最危险的。同时，如果这些职业在我们心里深深地扎下了根，如果我们能够为它们的支配思想牺牲生命、竭尽全力，这些职业看来似乎还是最高尚的。

这些职业能够使才能适合的人幸福，但也必定使那些不经考虑、凭一时冲动就仓促从事的人毁灭。

相反，重视作为我们职业基础的思想，会使我们在社会上占有较高的地位，提高我们本身的尊严，使我们的行为不可动摇。

一个选择了自己所珍视的职业的人，一想到他可能不称职时就会战战兢兢——这种人单是因为他在社会上所居地位是高尚的，他也就会使自己的行为保持高尚。

在选择职业时，我们应该遵循的主要指针是人类的幸福和我们自身的完美。不应认为，这两种利益是敌对的，互相冲突的，一种利益必须消灭另一种的。人类的天性本身就是这样的：人们只有为同时代人的完美、为他们的幸福而工作，才能使自己也过得完美。

如果一个人只为自己劳动，他也许能够成为著名的学者、大哲人、卓越诗人，然而他永远不能成为完美无疵的伟大人物。

历史承认那些为共同目标劳动因而自己变得高尚的人是伟大人物，经验赞美那些为大多数人带来幸福的人是最幸福的人。宗教本身也教诲我们，人人敬仰的理想人物，就曾为人类牺牲了自己——有谁敢否定这类教诲呢?

如果我们选择了最能为人类幸福而劳动的职业，那么，重担就不能把我们所压倒，因为这是为人类而献身。那时，我们所感到的就不是可怜的、有限的、自私的乐趣，我们的幸福将属于千百万人。我们的事业是默默的，但她将永恒地存在，并发挥作用。面对我们的骨灰，高尚的人们将洒下热泪。

卡尔·马克思写于 1835 年 8 月 12 日

写作背景：

1835 年秋天，马克思写了这篇题为《青年在选择职业时的考虑》的作文，发表了一些重要见解，表达了为人类服务的崇高理想。

当时，马克思和他的同学就要毕业，面临着升学和就业的问题，大家都在考虑自己的前途。有的人希望成为诗人、科学家或哲学家，献身文艺和学术事业；有的人打算当教士或牧师，幻想天堂的幸福；有的人则羡慕资本家的豪华生活，把舒适享乐作为自己的理想。

马克思与其他同学的想法不同，他没有考虑选择哪种具体职业，而是把这个问题提高到对社会的认识和对生活的态度上加以考虑和回答。

在毕业作文中，马克思写道：人与动物不同，动物完全依赖自然的生活条件，只能在自然提供的一定范围内活动，而人却能掌握自己的命运，有选择的自由。这正是人比动物优越的地方。但是，如果认为生活在社会中的人们能够不受任何限制，随心所欲地自由选择职业，那就完全错了。人们在选择职业时，正如人们在社会上的其他活动一样，并不完全取决于自己的希望和志愿，而是要受到自己所处的社会地位和社会中的关系的限制。他说："我们并不总是能够选择我们自认为适合的职业：我们在社会上的关系，还在我们有能力对它们起决定性影响以前就已经在某种程度上开始确立了。"（马克思：《青年在选择职业时的考虑》，《马克思恩格斯全集》第 40 卷，第 5 页）这是一种非常深刻的思想。在这里，马克思已经把人们的活动、人们的职业与人们在社会上的关系联系起来。后来马克思在许多著作中进一步发展了这一思想。

马克思认为，选择职业是关系到个人生活目的和生活道路的重大问题。因此，不应该为一时的兴趣、渺小的激情、个人的虚荣心所左右，而必须采取严肃的态度，“选择一种使我们最有尊严的职业；选择一种建立在我们深信其正确的思想上的职业；选择一种能给我们提供广阔场所来为人类进行活动……的职业”（同上书，第6页）。

在选择职业时，还必须清醒地估计自己的能力。那些较多地研究抽象真理，而不大深入生活本身的职业，对这样的青年来说是危险的，即还没有确立坚定的原则和牢固的、不可动摇的信念的青年。

马克思认为，在选择职业时必须考虑的最重要的原则，是生活和工作的目标。一个人如果仅仅从利己主义的原则出发，只考虑如何满足个人的欲望，虽然也有可能成为出色的诗人、聪明的学者、显赫一时的哲学家；可是，他绝不能成为伟大的人物，也不能得到真正的幸福。他的事业是渺小的，他的幸福是自私的。一个人只有选择为人类服务的职业，只有为最大多数人的幸福而工作，才是高尚的人，才能得到真正的幸福，才有不可摧毁的精神力量。马克思说：“历史承认那些为共同目标劳动因而自己变得高尚的人是伟大人物；经验赞美那些为大多数人带来幸福的人是最幸福的人。”（同上书，第7页）“如果我们选择了最能为人类福利而劳动的职业，那么重担就不能把我们压倒，因为这是为大家而献身；那时我们所感到的就不是可怜的、有限的、自私的乐趣，我们的幸福将属于千百万人，我们的事业将默默地但是永恒发挥作用地存在下去，而面对我们的骨灰，高尚的人们将洒下热泪。”（马克思：《青年在选择职业时的考虑》，《马克思恩格斯全集》第40卷，第7页）

为人类服务，这是少年马克思的崇高理想，也是马克思在中学毕业作文中所阐述的主要思想。在漫长的斗争岁月中，他始终不渝地忠实于少年时代的誓言。他的一生，就是为人类服务的最光辉的榜样。

目　录

第一篇　就业指导篇

第二篇 创业指导篇

第三篇　考研指导篇

第四篇 海外学习篇

第一篇 就业指导篇

第一章　就业与就业指导概述

【本章导读】

高校毕业生是就业市场上宝贵的人力资源，做好大学生就业指导工作，无论是对大学生本人，还是对社会都有着重要的现实意义。为贯彻落实党的二十大报告和中共中央、国务院关于“三全育人”的文件精神，教育部启动了“三全育人”综合改革试点工作，要求“各高校严格贯彻落实高等教育立德树人的根本任务，为中国社会主义现代化建设培养出合格的接班人”①。“稳就业”和“保居民就业”分别居于“六稳”和“六保”之首，做好毕业生就业工作，关系到践行为党育人、为国育才的初心使命。

本章共分为两节，从就业概述、就业指导的含义和主要内容进行详细讲解。以提高人才培养质量为核心，引导学生树立正确职业理想，以转变就业观念为基础，以提升学生求职技能为关键，以强化就业指导与服务水平为重点，全力以赴推动就业工作落地见效。

近年，受新冠疫情和经济发展放缓的双重影响，高校毕业生的就业受到一定程度的限制，如何选择职业发展，是值得思考的问题。许多学生向就业指导老师或辅导员询问以下问题：

“老师，我学的思想政治教育（师范）专业，是去读研究生还是找份工作？”

“老师，我将来能做什么工作？”

“老师，您觉得我是去基层就业还是在大城市就业？”

对大学毕业生进行就业跟踪调查可发现，在高校毕业生规模逐年攀升、经济增速放缓的情况下，应届本科毕业生的就业难度增大。大多数学生表示，他们非常关心自己能找到什么样的工作，不知道职场是什么样的，不知道他们适合做什么，能做什么。因此，大学生应了解就业形势，树立正

① 朱平. 高校“三全育人”体系协同与长效机制的建构：以全员育人为中心的考察［J］. 思想理论教育，2019（2）：96-101.

确的择业观念，不断提高职业素质和职场竞争力，全力以赴为就业做好准备。

【案例导入】

小张是思想政治教育（师范）专业毕业生，自己感觉该专业市场需求量较大，觉得自己即便只有本科学历，毕业之后也能轻松找到专业对口的工作。但当他开始求职时却发现，用人单位都比较看重专业、学历和经验，自己在就业竞争中毫无优势。

小刘是酒店管理专业三年级的学生，高考填报志愿时看到酒店行业发展迅速，就选择了酒店管理专业，并以为毕业时随便可以找个酒店工作，可真正临近毕业，却发现自己对酒店行业的就业形势和岗位需求一无所知。

同学们是否有相似的经历呢？面对愈发严峻的就业形势，大家准备好了吗？如何才能在众多求职者中脱颖而出呢？

第一节　就业概述

一、就业的含义

所谓就业，就是劳动者同生产资料相结合，从事经济和其他有益于社会的劳动，并以此获得劳动报酬。就业必须是较长时间连续进行某项活动，并通过该项活动稳定地获得经济收入，偶尔参加某项活动并不算就业。

大学生就业是指大学毕业生在完成学业后，按照国家有关政策规定通过一定程序和方式，凭借自身条件，从事一定的社会劳动，获得劳动报酬或经济收入的活动。就大学生就业时间而言，大学生就业分为即时就业和延迟就业。即时就业是指毕业生在毕业前通过参加招聘会、人才交流或学校推荐签订就业协议。如果毕业生在毕业前未能找到令人满意的工作或因其他原因未能签署就业协议，便属于延迟就业。延迟就业的毕业生需要继续寻找就业机会或根据自己的期望创业。

大学生就业有别于其他就业，其主要特征有以下三点：一是就业主体是具有一定思想文化素质的高学历青年群体；二是大学生刚从学校进入社会去成为社会化、职业化的人，一般来说工作经验较少；三是具有较强的群体性和季节性，每年毕业季数百万名毕业生同时需要就业。

大学生就业是连接学业与事业的桥梁。大学生就业指导不只是帮助大学生学习如何实现就业，还要指导大学生以就业为导向，以事业为目标，学以致用，让专业和兴趣、职业相适应。而大学生从入学对就要知道所学专业对自身的基本要求，平时要注重实践和综合素质的培养。

二、就业的基本特征

《〈中华人民共和国劳动法〉若干条文的说明》第十条指出："就业"是指具有劳动能力的公民在法定劳动年龄内，依法从事某种有报酬或劳动收入的社会活动。全国科学技术名词审定委员会审定公布的"就业"的定义为：具有劳动能力且有劳动愿望的人参加社会劳动，并获得相应的报酬或收入。

综上所述，我们认为，大学生就业是指大学生从事一定的社会劳动并取得劳动报酬或经济收入的活动。应具有三个方面特征：年龄条件，指一定的年龄；薪酬条件，指获得一定的劳动报酬或经营收入；时间条件，指每周工作时间的长度。

就业必须是较长时间连续进行某项活动，并通过该项活动稳定地获得经济收入。偶尔参加某项活动并不能算作就业，如在校学生在寒暑假临时打工只算从事暂时性、临时性的工作，而不是就业。与此同时，就业必须是从事社会活动，得到社会承认并取得经济收入。正如家庭主妇和保姆从事同样的工作，保姆的活动是就业，而家庭主妇的活动就不能被视为就业。

（一）大学生就业的基本特点

近些年，应届本科毕业生升学深造比例持续上升。追求学历提升对稳定就业起到一定效果，待就业比例无明显增加。从本科毕业生的毕业去向来看，国内外读研的比例明显上升①，从 2015 届的 15.6%上升到了 2019 届的 17.4%；同时准备考研的毕业生在 5 年内翻了一倍，从 2015 届的 2.1%上升到 2019 届的 4.5%；读研比例的上升导致毕业后直接工作（受雇工作、自主创业）的比例有相应的变化，从 2015 届的 77.3%变为 2019 届的 73.5%。此外，入伍和待就业的毕业生数量 5 年持稳。2015—2019 届本科院校毕业生半年后的去向分布变化见表 1-1。

---

① 麦可思研究院. 2020 年中国大学生就业报告（就业蓝皮书）[R]. 北京：社会科学文献出版社，2020.

表 1-1　2015—2019 届本科院校毕业生半年后的去向分布变化

单位:%

本科院校毕业生毕业去向分布	2019 届	2018 届	2017 届	2016 届	2015 届	2019 届比 2015 届增长的比例
受雇工作	71. 9	73. 6	74. 4	75. 1	75. 2	-3. 3
自主创业	1. 6	1. 8	1. 9	2. 1	2. 1	-0. 5
入伍	0. 2	0. 3	0. 3	0. 4	0. 5	-0. 3
国内外读研	17. 4	16. 8	16. 4	15. 5	15. 6	1. 8
准备考研	4. 5	3. 3	2. 7	2. 3	2. 1	2. 4
待就业	4. 4	4. 2	4. 3	4. 6	4. 5	-0. 1

注：“2019—2015 届” 表示以 2019 届的就业比例减去 2015 届的就业比例，下同。

数据来源：麦可思-中国 2015—2019 届大学毕业生培养质量跟踪评价。

从不同院校类型来看，地方本科院校毕业生以就业工作为主，近八成毕业生毕业后直接工作，毕业后升学深造和计划升学者接近两成。值得注意的是，计划升学的学生比例增长明显，从 2015 届的 2. 0%上升到 2019 届的 4. 6%，上升 2. 6 个百分点。针对这一情况，高校管理者需进一步关注在校学生的读研意愿，并完善考研、保研服务工作，指导学生合理规划与备考，从而更好地促进应届毕业生的去向落实与发展。2015—2019 届地方本科院校毕业生半年后的去向分布变化见表 1-2。

表 1-2　2015—2019 届地方本科院校毕业生半年后的去向分布变化

单位:%

地方本科院校毕业生毕业去向分布	2019 届	2018 届	2017 届	2016 届	2015 届	2019 届比 2015 届增长的比例
受雇工作	74. 8	76. 7	77. 4	77. 9	78. 0	-3. 2
自主创业	1. 7	1. 9	2. 1	2. 3	2. 3	-0. 6
入伍	0. 2	0. 2	0. 2	0. 3	0. 4	-0. 2
国内外读研	13. 9	13. 3	12. 9	12. 2	12. 3	1. 6
准备考研	4. 6	3. 4	2. 7	2. 3	2. 0	2. 6
待就业	4. 8	4. 5	4. 7	5. 0	5. 0	-0. 2

数据来源：麦可思-中国 2015—2019 届大学毕业生培养质量跟踪评价。

“双一流” 院校近六成毕业生毕业后直接工作，近四成毕业生毕业后升学深造和计划升学，这也体现了“双一流” 院校的人才培养特点。针对这一特征，高校管理者在人才培养目标定位、课程教学内容设置及学生管理体系建设等方面，需统筹考虑本科和研究生阶段，特别是两者的衔接与过渡，持续探索“本研一体”的人才培养模式。2015—2019 届“双一流”院校毕业生半年后的去向分布变化见表 1-3。

表 1-3 2015—2019 届“双一流”院校毕业生半年后的去向分布变化

单位:%

“双一流”院校毕业生毕业去向分布	2019 届	2018 届	2017 届	2016 届	2015 届	2019 届比 2015 届增长的比例
受雇工作	57.3	58.9	59.6	61.0	61.5	-4.2
自主创业	0.9	1.0	1.1	1.1	1.0	-0.1
入伍	0.4	0.6	0.7	0.7	0.9	-0.5
国内外读研	34.8	34.0	33.4	32.1	31.7	3.1
准备考研	4.4	2.9	2.6	2.3	2.5	1.9
待就业	2.2	2.6	2.6	2.8	2.4	-0.2

数据来源：麦可思-中国 2015—2019 届大学毕业生培养质量跟踪评价。

本科毕业生就业难度增大。在近年来经济增速放缓与毕业生人数持续增加的背景下，2015—2019 年 GDP 增速逐渐放缓，而普通本专科毕业生规模持续增大①。当然由于同期研究生扩招②，应届本科毕业生中正在读研和计划读研的比例增加，待就业比例保持稳定。研究生教育起到了对就业的缓冲作用，在稳定就业的同时，也为未来经济发展储备了高层次人才。由此也应该关注规模越来越大的研究生群体的就业状况。2015—2019 届应届本科毕业生半年后就业率整体稳定在 91%以上，其中“双一流”院校在 93%以上，地方本科院校在 90%以上（见图 1-1）。

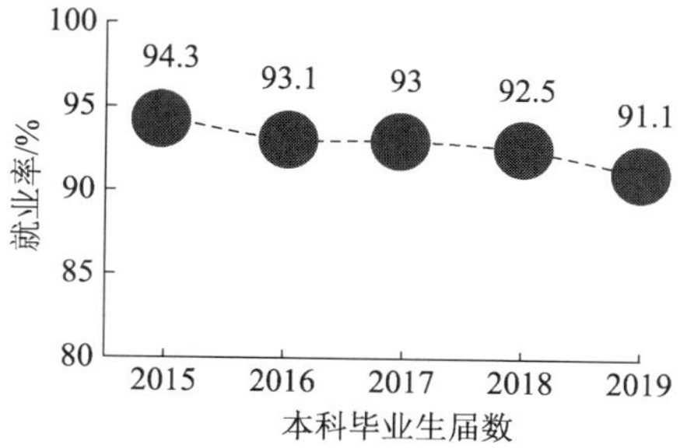

图 1-1 2015—2019 届本科生毕业半年后的就业率变化趋势

数据来源：麦可思-中国 2015—2019 届大学毕业生培养质量跟踪评价。

---

① 国家统计局. 中华人民共和国 2019 年国民经济和社会发展统计公报［N］. 人民日报，2020-03-01.

② 教育部. 2018 年全国教育事业发展统计公报［J］. 中国地质教育，2019，28（4）：96-100.

人工智能等新兴行业将创造更多机遇。麦可思数据显示，随着人工智能成为经济发展新引擎，毕业生的就业与发展迎来了更多新的机遇和选择。作为承载人工智能技术发展的主要领域，媒体、信息及通信产业对本科毕业生的吸纳程度整体呈上升趋势，毕业生薪资优势明显且职业发展空间不断扩大。

三、当代大学生的就业观特点

首先，当代大学生就业观具有多元性。我国社会经济体制所出现的新特点促使着我国当代大学生的就业观也呈现出多元化的新趋势。在计划经济体制下，政府根据大学生的自身能力情况实行统包统分的就业制度，导致很长一段时间以来大学生在就业选择上都偏向于相对稳定的职业岗位，如国营单位。社会经济体制的不断完善和市场经济体制的确立，一方面使得统包统分的就业制度转变为双向选择的就业现状，另一方面使得大学生对于自身的价值作用有了比较明确的定位，他们更加重视自我价值的实现和自我能力的提升。在国家政策的大力支持下，更多的就业机会和就业岗位呈现在大学生面前，传统的国有企业等相对稳定的工作单位对于大学生的吸引力逐渐减小，他们的就业观呈现出多元化的趋势。越来越多的大学生选择更具挑战性的新兴职业，或根据自身能力选择自主创业以实现自身价值。

其次，当代大学生就业观具有可塑性。大学生就业观的可塑性是建立在大学生自身具有可塑性和大学生就业观具有可塑性的基础之上的。一方面，大学生有很长一段时间都是在大学校园内度过的，在学校里度过的时间占据大学生读书时期的绝大部分，而这一阶段的大学生始终处于被教育、被感化、被传输正向思想及不断成长的过程中；同时这一阶段也是大学生世界观、人生观、价值观形成的关键时期，学校及老师的教育对于大学生形成正确的三观有着至关重要的作用。学校和老师可通过教育来对大学生的思想进行影响和塑造，而大学生本身的接受能力就比较强，在这一重要时期对大学生进行正确的、系统的教育，容易取得很好的成绩。另一方面，大学生就业观同样具有可塑性。大学生在校期间对于就业的看法和观念都是相对模糊的，没有明确的认识和清晰的理解，所以在这一时期对大学生进行就业观教育也能在一定程度上使大学生对就业产生正确的理解，并且建立正确的就业观。就业观本身也是随着时间和环境的变化而不断发展变化的，在没有树立系统正确的就业观之前，可能会出现一些偏差与误区，但依旧是可以通过对大学生的教育进行重新塑造的。当代大学生的就业观具有差异性。一方面，大学生的就业观因人而异。每个个体的家庭背景、受教育程度、经验阅历等都不尽相同，这就导致大多数大学生就业观存在着明显的差异，也就意味着他们的就业观与科学就业观存在偏差，亟须运用科学的理论予以指导和纠正。另一方面，大学生在不同的发展阶段、不同时期有着不同的就业观。大学生的就业观随着大学生主体本身的发展处于不断发展的过程，他们在不同年级接受的教育程度不断提升，就业观也随之不断转变与发展。大学生在大一阶段对于就业的理解相对会比较模糊，认为“就业”这一词语离他们比较遥远，觉得就业暂时与他们没关系；而到了大三这一阶段就会对“就业”这一词语产生些许的惶恐，害怕就业、逃避就业，但是对于就业已开始有了自己的理解和考虑；大四时期，大学生在面对就业时，就会呈现出个体就业观的差异及就业选择的偏向。明确大学生就业观的特点，有针对性地对大学生进行全方位的教育，对于大学生未来的发展有着极其重要的意义。

（一）就业意识自主化

当代大学生逐渐意识到就业在其人生中的重要性，认识到就业是影响自身幸福感的重要因素，因此当代大学生的自主就业意识也不断增强。在问卷调查中，面对“您目前对就业形势的认识主要来源于哪儿”这个问题，43.6%的大学生选择自身通过各种信息渠道来了解当前的就业形势、就业现状及就业观；32%的大学生是通过任课教师及辅导员了解；12.4%的大学生对于就业与就业形势的了解来源于家庭教育；剩下的12%的大学生在高校就业指导部门进行的就业指导中获取相关的就业信息（图1-2）。由以上数据可见，当代大学生对于就业信息及就业形势现状的了解来源不仅仅局限在学校任课教师的传播、家长不断的提醒及学校就业指导课程的信息，他们更多的是通过自身查阅相关资料与观看相关新闻等，来了解当前社会的就业形势。同时，中国特色社会主义市场经济迅速发展，大学生的就业逐渐演变成为大学生与企业的双向选择，各行各业的竞争异常激烈，大学生在这种激烈的竞争环境下，自觉自发地产生自主就业意识，更加积极主动地了解社会当前的就业趋势，用更好的状态去面对人生中至关重要的就业。

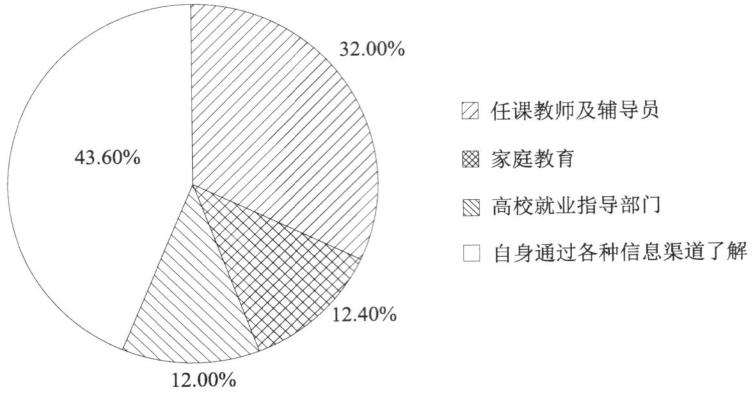

图 1-2 “您目前对就业观认识的主要来源”调查统计反馈图

（二）就业心态理性化

随着我国高等教育改革，从精英教育逐渐转变为大众教育，大学生的数量逐年增长，涌入社会的应届毕业生数量也在不断增长。大学生们意识到在现今社会，大学生是很普遍的，竞争也很激烈，据问卷调查统计结果显示，面对“在面临就业时您最可能的心态是什么”一题时，多达 68.2%的大学生选择“觉得自己的能力不足，进入理想的单位很难”（图 1-3）。可见，当代大学生给自己的定位不再如从前一样，认为作为一名大学生自然有很好的工作等着自己，他们已经很理性地认识到，只有具备更强的能力，才能争取更好的工作。结合实际情况，地域因素在大学生选择就业时占据着重要位置，作为社会主义接班人的当代大学生对于在大城市发展有着强烈的渴望，根据问卷调查统计结果，面对“您毕业后就业地区倾向于哪里”这一问题，29.4%的大学生选择在东南沿海发达城市发展，认为在大城市发展可以得到更好的锻炼；26.8%的大学生选择在家乡所在地城市工作，认为在家乡城市工作离家近，离父母很近很方便；26.2%的大学生认为只要有满意的工作，就可以没有地域限制（图 1-4）。由此可见，越来越多的大学生在选择就业地域时不再单一追求大城市，而是更多地关注工作本身是否适合自己，这也反映出大学生的就业心态更加理性化。

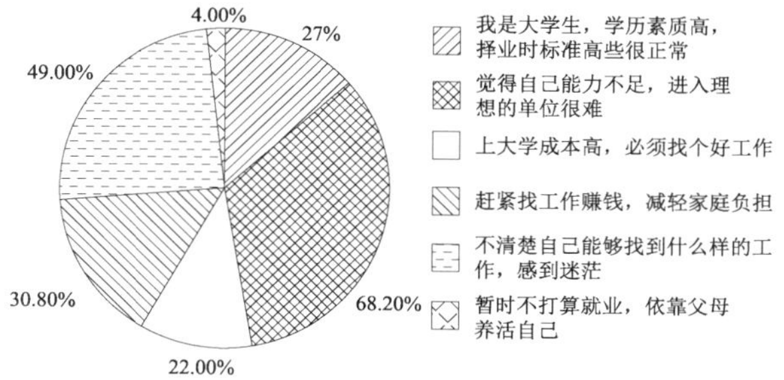

图 1-3　“在面临就业时您最可能的心态”调查统计反馈图

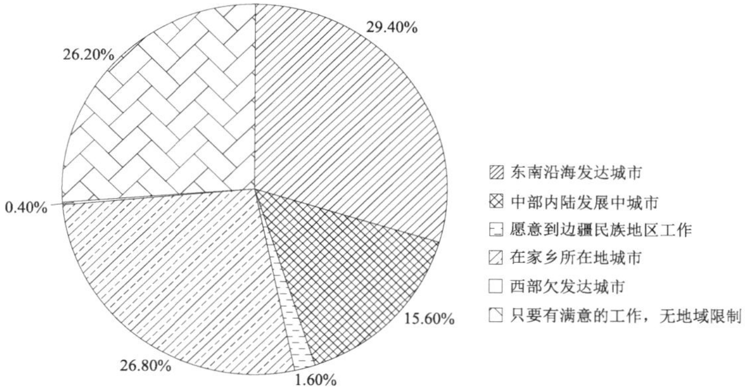

图 1-4　“您毕业后就业地区倾向于哪里”调查统计反馈图

（三）就业选择多样化

随着社会主义市场经济的不断完善，就业渠道更加多样化，大学生的就业选择也从最开始的追求稳定的“铁饭碗”岗位如教师、公务员等逐步转化为就业选择的多元化。在问卷调查中，面对“您对于自主创业的想法如何”一题时，47.4%的大学生认为创业具有挑战性，是强者会选择创业；57%的大学生认为尽管想尝试，但是没有创业信心（图 1-5）。在问卷调查中，面对“如果条件允许，您是否愿意选择自己创业”这一问题，40.4%的大学生选择愿意自己创业，39.4%的大学生认为在条件允许的情况下是非常愿意自己创业的（图 1-6）。由以上数据可以明显看出，当代大学生是非常肯定自主创业的，也有非常大一部分的大学生认为只要条件允许都十分愿意自主创业，甚至有的大学生认为可以先择业，等有条件的话一定要创业。大学生对于创业的态度反映出自主创业也成了大学生在毕业后一个很好的就业选择，而随着大学生自主创业人数的逐年增长，一批新的行业将会兴起，这也为大学生就业提供更多的机会与选择。

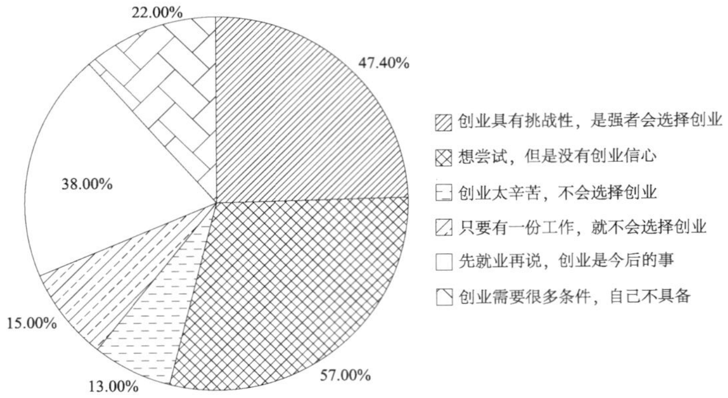

图 1-5 "您对于自主创业的想法如何"调查统计反馈图

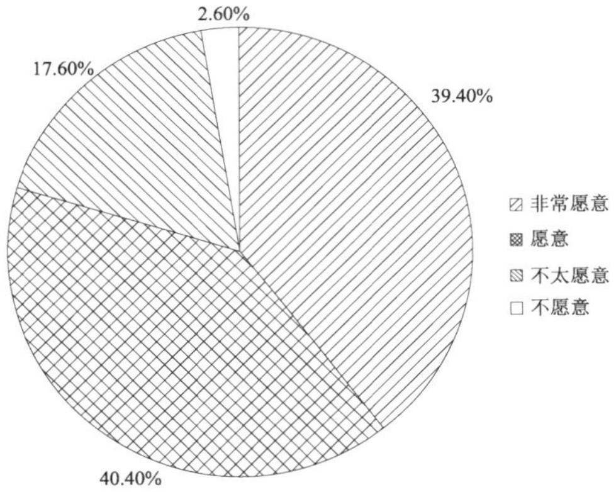

图 1-6 "如果条件允许，您是否愿意自主创业"调查统计反馈图

第二节 就业指导概述

一、就业指导的含义

就业指导是指为学生和成人继续学习或就业提供的指导和帮助。就业指导可分为狭义就业指导和广义就业指导①。狭义就业指导是向学员传达就业信息，帮助他们选择工作和找到工作，并将他们与职业联系起来。广义

① 张福仁，孟延军，杨彬．大学生就业指导［M］．北京：人民邮电出版社，2021.

就业指导突破了简单实施工作的局限性，包括发布就业所需的劳动力资源和社会需求，收集和传递就业信息，介绍就业情况和就业政策，开发劳动技能，培训求职技能，组织劳动力市场，推荐、介绍、组织招聘，咨询就业心理、职业发展规划和创业指导等与就业相关的综合性社会咨询服务活动。就业指导的目的是让失业者有工作，让就业者有敬业精神，让创业者快乐创业。

大学生就业指导是一项贯穿于大学教育全过程的教育活动，旨在帮助大学生提高就业能力、了解就业情况、改进求职方法和技能，它能够帮助大学生根据自身特点、个人意愿和社会需要，选择能够充分发挥自身才能的职业，并全面、快速、有效地与工作岗位相结合，实现就业的平稳过渡。大学生就业指导能够帮助大学生实现个人、家庭、社会和国家利益的最大化。

大学生就业指导的内容包括预测就业市场、收集和传递就业信息、开展就业政策咨询、推荐和组织招聘单位开展招聘活动、培养毕业生职业技能、引导大学生就业等。大学生就业指导能够帮助和引导大学生树立正确的职业理想和职业观念，提高职业素质，增强就业能力，找到正确的职业方向，选择和确定有利于发挥个人价值的职业，并根据自身特点和社会职业需求，发挥个人才能，实现个人理想，顺利就业，实现学习、就业、职业的协调统一，为社会做出更多贡献。

二、就业指导的主要内容

在当今时代，随着社会的快速发展和经济形势的迅速变化，大学生就业已成为人们普遍关注的热点。在此背景下，就业指导的作用日益突出，内容不断丰富，形式更加多样。大学生就业指导的内容如下：

（一）就业思想教育

就业思想教育是指帮助大学生树立正确的就业观，教育和引导大学生在就业过程中处理好个人理想和社会需求、自身素质和工作要求、生存与发展、个人与集体、自身与他人等一系列关系，在择业和工作中树立高尚的职业道德，实事求是，善待他人，以积极进取的态度找到工作，找好工作。大学生就业观在政治、经济、文化、教育、社会等因素的影响下呈现多元化趋势，行业标准也有所不同。

就业思想教育主要是就业观教育，要把正确的世界观、人生观、价值观教育融入就业指导工作中，落实职业生涯规划、职业选择标准、职业道德和职业路径，帮助大学生树立正确的就业观，结合实际工作实现自我价值与社会需要相统一，树立大局意识、责任意识，培养艰苦奋斗、无私奉献的精神。就业思想教育贯穿于就业指导的全过程。通过就业指导，大学生可以正确认识社会，在求职过程中根据自身需要自觉调整自己的职业期望，既保持良好的心态，又面对现实，积极适应社会。

（二）就业政策指导

就业政策是大学生就业的行为准则，是大学生求职和择业的重要依据。大学生了解国家层面的就业政策，熟悉地方、地区和行业的就业政策与就业信息，掌握毕业生就业情况和学校制定的工作计划，有利于根据国家需要与个人实际选择职业和就业岗位，克服思想和行为上的随意性与盲目性。

就业政策是大学生就业权利与就业约束的结合。就业信息是连接大学生与用人单位的桥梁和纽带，掌握就业信息是大学生抓住就业机会的关键。高校通过不同渠道与用人单位、各级政府人事部门和社会人才中介机构建立广泛的联系，可以引导大学生积极收集并掌握就业信息，使大学生学会挖掘更多的信息资源，筛选有价值的信息，精准地获得更多的就业机会。

（三）就业形势指导

就业形势指导主要是帮助大学生了解毕业生的就业情况和人才需求，使大学生能够充分了解行业人才市场的现状，充分了解行业的改革发展、社会的就业需求数量和人才基本素质要求，以便更好地进行职业定位和职业选择，掌握求职和职业选择的主动权。

就业形势和就业政策是大学生就业的背景与风向标，大学生就业需要全面把握和理性认识就业大局，包括经济社会发展、社会需求、供求比、行业发展等。大学生的就业必然会受到国家就业政策的制约，因此大学生只有真正了解国家关于大学生就业的指导方针、政策法规和各省（直辖市、自治区）的规定，并采取具体的就业方式，才能根据国家需要，结合个人实际，在就业政策允许的范围内选择职业，避免走弯路，顺利就业。

（四）就业策略指导

就业策略指导，又称就业技能指导，是指对大学生就业的策略、方法、手段、技能等具体操作环节的指导，主要包括对自我认知能力、信息收集能力、就业技能等的指导。在双向选择过程中，掌握和运用必要的求职方法与技能，是提高毕业生就业成功率的重要保证。

求职技能是大学生在择业过程中不可忽视的因素，它对大学生能否成功就业有很大影响，通过求职技能的引导，大学生可以掌握自我推荐、面试等各个环节的方法、基本知识和相关礼仪，掌握适合自己的形象设计，掌握与他人交谈时语言和肢体语言的正确运用方法。

（五）就业心理辅导

就业心理辅导是指根据毕业生在择业过程中的心理特点和心理问题，运用心理学原理和方法，对毕业生进行帮助和指导。毕业生在就业过程中容易产生困惑、自卑、焦虑等心理问题，面对激烈的竞争和严峻的就业形势，容易受主观上的不成熟和客观上诸多干扰因素的影响。

大学生在就业过程中往往会出现焦虑、从众、消极、盲目、自卑等不同的心理状态，而其自我心理调节能力的发展明显滞后，容易造成各种心理障碍甚至心理疾病；另外，在从学生向职业人转变的过程中，他们也会出现许多由适应不良引起的心理问题。就业心理辅导应根据大学生的心理特点，帮助大学生在一定程度上了解自己的心理问题，掌握相应的调适方法，及时消除就业过程中的心理障碍，减轻心理压力，以积极健康的心理状态迎接挑战。提高自身素质是人生的一个重要课题，大学生要提高自己的心理素质，面对挫折保持积极乐观的态度，尽快适应社会和工作环境，完成从学校到社会、从学生角色到就业角色的转变。

三、大学生就业指导的方法

（一）开设指导课

开设就业指导课程是开展大学生就业指导的主要方式。以课程形式开展就业指导，使就业指导系统化、综合化、规范化。就业指导课程应面向全体大学生，而不仅仅是毕业生，应设置不同的课程内容，根据课程体系分年级授课，系统、科学地进行就业指导，指导学生开发潜能、做好生涯规划、提升求职技能等。

（二）开展讲座

针对不同专业学生就业方向、就业水平和就业需求的差异，应举办不同内容的就业指导专题讲座，以辅助就业指导课程，实现互补效应。可根据各专业的具体情况，开展各专业的就业指导工作；根据就业难点和热点问题，开展相关政策解读讲座，解决大学生就业过程中遇到的特殊问题。

（三）进行职业评估

在就业过程中，大学生首先需要正确认识和评价自己，这是大学生就业的一个难点。职业评价是通过不同的评价量表，客观评价大学生的个性、兴趣、能力和价值观，帮助大学生客观全面地了解自己，了解就业形势，做到“人职匹配”，从而引导大学生根据自己的特点和优势进行职业选择。

（四）开展就业咨询

就业咨询指回答和解决大学生就业相关问题，以启发教育、平等讨论等形式为大学生提供参考意见和建议。就业咨询包括信息咨询、政策咨询、访谈咨询、心理咨询等。咨询方式也多种多样，包括面对面直接咨询、书面或在线交流等间接咨询，可以是个人咨询或集体咨询，定期或不定期咨询。咨询和指导可由学校就业指导人员提供，也可以由学校邀请的知名校友或者成功人士等提供。

（五）提供就业信息

为大学生提供大量准确的就业信息是就业指导的基本方式。高校通过多种渠道和形式向大学生发布就业信息，包括就业形势与预测、各专业供求、用人单位需求信息、就业指导信息、社会对学生素质的一般要求和特定职业的具体要求等。

（六）建立就业实习制度

通过与社会用人单位建立就业实习基地，让毕业生有机会在节假日或毕业实习期间进入实习基地，提前融入用人单位的岗位环境，帮助毕业生在真实的专业氛围中了解自己的专业和职业，提高自身素质和社会实践能力。

习近平总书记在党的二十大报告中指出：“青年强，则国家强。当代青年生逢其时，施展才干的舞台无比广阔，实现梦想的前景无比光明。”要切实做好以高校毕业生为重点的青年就业工作，就业是民生工程，关乎着高校毕业生的稳定，也与国家经济快速发展密不可分。因此，各高校应当密切重视学生的差异化、个性化就业需求，提升学生的核心竞争力，教育和引导大学生树立正确的就业观和择业观，做好学生的职业规划指引，从实际出发，把学生就业工作放在重中之重，促进高校就业工作精准化、高效化、实际化发展。

四、大学生就业问题现状

（一）职业规划课程单一

当代“95 后”和“00 后”大学生大都是“网络原住民”，接收信息渠道广泛，对自己的认知和职业规划呈现多元化发展趋势。当下各高校均开设了职业生涯规划和就业指导课程，但是目前相关课程内容较为老旧，主要以理论授课为主，上课形式单一。绝大多数课程内容仅仅停留在求职简历制作和常规性求职技巧教授等层面，未能将当下新兴的面试形式、企事业单位对用人选聘的关注点等融入教学内容，在教学过程中缺少实践及创新，无法更好地满足当代大学生个性化求职规划的需求。此外，很多职业规划课程主要针对大三、大四年级学生，鲜有针对低年级学生的课程，难以对不同学年阶段的学生做出更加有针对性的指导与培养。

（二）理论与实践脱节

部分高校毕业生在校期间的专业学习主要以理论学习为主，注重自身知识体系的搭建和综合分析能力的提升，却忽视了实践的重要性。学生在校期间较少进行企业走访、参观实习及假期实践等，对自己专业的发展前景、就业去向、工作环境等不熟知。虽然部分高校在学生大四时安排毕业实习，并将实习期间的各项内容计入个人成绩、绩点的考核，但是很多学生为了达到学校考核认定条件，常常随便找一家企业签订实习协议，草草了事，并且学校对学生实习期间的动态、想法及遇到的困惑反馈跟进不到位，使得毕业实习成了走过场。

（三）面试表达能力弱

随着互联网的普及，当代大学生在日常过程中主要通过网络交流，面对面沟通交流能力存在不足，有些学生在面试过程中由于语言表达能力弱而无法很好地全面展示自己的优势，因而错失机会。国内高校鲜有针对大学生在求职过程中主要面对的无领导小组讨论、半结构化面试、结构化面试等面试形式进行模拟实战和有效指导的，一些学生在面对心仪企业的面试时由于紧张等情况而与之失之交臂的现象常有发生，特别是一些学习成绩优异、实践能力较强的学生，往往因为个人表达能力不足，影响他们在求职过程中的发挥与表现。

（四）部分企业唯学历论

分析现实情况不难发现部分企业在招聘过程中唯学历论，在校招过程中更加倾向于国外知名院校和国内“双一流”高校毕业生。这部分企业片面地认为，毕业生就读的学校办学层次越高，能力越强，而并未考虑学生将来的发展潜力和岗位匹配度能否给企业带来更高的效益。事实上国内不少应用型本科院校十分重视学生的实践与动手能力的培养，尤其是传统工科院校的毕业生对业务实践的潜力可能并不亚于名校毕业生。因此，企业过度追求高学历毕业生也变相造成了人才的浪费和不匹配。

五、就业指导新形势下的探索

近年来，高校毕业生的就业形势发生了很大变化，如高校毕业生的不断增长，大学生就业观念的多样化，大量新职业、新产业的出现等，就业指导应帮助大学生树立正确的就业观念，引导大学生正确把握当前就业形势，了解和熟悉国家、省（自治区、直辖市）大学生就业相关政策，引导毕业生掌握求职策略，为毕业生顺利就业创造条件。

（一）高校进行了各种有益的探索和实践

1. 就业和招聘工作逐步推进。一些高校校园招聘会于每年 10 月开始，甚至一些单位会提前一年实施就业计划，提前招收学生实习，锁定那些优秀毕业生。近年来，在就业指导部门的努力下，各类大、中、小型招聘会比以前举行的时间提前不少，使大学毕业生有更多的准备和选择机会。

2. 加大课程教学和改革力度。各高校通过增加教学课时、优化教学内容、创新教学模式等方式，加大了大学生就业指导课程的改革力度，在教学过程中，采用了多媒体教学、案例教学等多种教学方法，探索和尝试翻转课堂教学方式，并取得了良好的效果。

3. 创新指导模式和载体。与过去相比，许多毕业生在知识储备、实践技能和社交技能方面取得了较大进步，但面对严峻的就业形势，他们容易在求职过程中出现心理波动，如对未来缺乏信心、焦虑不安等。针对大学生难以掌握就业信息等情况，许多高校就业指导中心都开展了就业联盟活动，如信息共享、资源整合、信息传递等。

（二）大学生就业指导的全过程、规范化、全员化

1. 加强指导，规范管理。许多高校制定了大学毕业生就业工作章程，加强了对大学生就业指导工作的领导，规范了大学生就业指导工作流程，提供了坚实的领导保障、组织保障和制度保障，为大学生提供就业指导。

2. 分解目标，落实就业指导目标责任制。高校将就业工作纳入考核范围，分解目标，定期考核，定期汇报完成任务的进展情况。加强创业和就业指导教师队伍建设，建立大学生就业指导调查机制，选派职业指导教师参加各类职业指导教师培训，加强就业和创业人才培养。

3. 加强科研工作和专项服务。利用双选、招聘会或专项招聘会分别调查招聘单位和毕业生的满意度，调查各专业学生的就业意向；签订就业、创业实践合作协议，做好毕业生就业工作；大力宣传“西部大开发”计划、“三支一扶”计划、“大学生村官”计划等项目，支持和鼓励大学生到基层就业，在基层成长成才；重视对就业困难学生的帮助，加强日常教育管理。

4. 实施大学生创新创业教育项目。通过创业促进就业，许多高校提出了培养创新人才的目标，制订了教学计划，研究了培养模式；同时，以创

业基金的设立为引擎，开展关于创新和创业项目的研究。

六、大学生就业指导的重要意义

（一）帮助毕业生树立正确的就业观

就业观是指对职业选择的基本看法，是个体在一定的世界观、人生观和价值观的指导下，对自己未来从事职业和发展目标的基本认识和态度。就业观对人才求职、择业和进行就业准备有着直接影响。它能直接指导人们的职业选择，并通过职业选择、职业活动体现出来。就业观是具体化的人生观，是每个有劳动能力的人对人生的基本态度问题。从学校走向社会，从学校生活步入职业生活，对于每个毕业生来说无疑都是一次考验。为此，要着重处理好三种关系。

一是事业与谋生的关系——事业重于谋生。就业作为人们谋生的手段，是人类社会的普遍现象。但是，就业绝不仅仅是为了谋生，应该把自己从事的职业融入祖国的事业、所在地区的事业、所在单位大学生的事业之中去，激发为事业努力工作的热情，奠定就业的坚实基础。

二是奉献与索取的关系——奉献重于索取。就业，当然要通过自己的劳动获取一定的报酬。但是，社会要发展，每个人都有责任。从这个意义上讲，在就业岗位上的劳动可以衡量个人对人类、对社会创造的价值和贡献的大小。所以，毕业生应具有奉献重于索取的思想，并逐步形成自己的就业观。

三是发展与眼前的关系——发展重于眼前。毕业生走向社会，总期望有一个高起点，这是可以理解的。但是，现实情况下往往没有足够的理想岗位供毕业生选择。为此，不能把眼光局限于当前，而要着眼未来，并对未来充满信心。

总之，就业观可以折射出一个人的世界观、人生观。从这个意义上来说，每个大学生都希望毕业后能找到一份理想的工作，但从我国目前的实际情况看，由于生产力发展水平相对较低，各地的经济发展也不平衡，地区之间、城乡之间在生活方式、工作环境、劳动报酬等方面都存在着较大的差异。因此，毕业生个人的愿望不可能都得到满足。另外，由于自主择业将就业的主动权在很大程度上交到了毕业生个人手中，在毕业生就业的主动性增强的背景下，不少大学生对毕业后何去何从反而没有主见。这就要求大学生必须正确认识社会，正确认识自己，树立正确的人生观。

（二）帮助毕业生进行正确的职业选择

职业选择是指求职者根据自己的职业意向、职业兴趣、职业能力及个性特点、社会需要等，在众多的职业岗位中选择适合自己的职业岗位的过程。它包括两个方面的含义：一方面是择业者对用人单位的选择，另一方面是用人单位对就业者的选择。可见，职业选择是一种双向的选择，任何绝对意义上的单向选择，都不能实现职业与劳动者的最优化、最有效的结合。选择职业对择业者而言，是个人挑选就业岗位的过程，即个人基于对不同职业的不同看法，出于不同的兴趣爱好，结合自身条件，对职业岗位做出选择。一般说来，个人选择职业时需考虑的因素有：职业的社会分工、劳动报酬、福利待遇、工作环境、工作条件及工作地点、个人的才能和特长、兴趣爱好等。选择职业的人情况不同，考虑的重点也各不相同。

职业与人生紧密相连，职业选择的合适与否，直接影响着劳动者效能的发挥，甚至对劳动者的整个职业生涯都会产生重要影响。一个人能否为国家、社会做出贡献，个人生活是否幸福，在很大程度上取决于他的职业选择。开展就业指导，引导学生遵循职业选择原则，做好职业选择，无论对社会还是对个人，都具有十分重要的意义。

1. 正确的职业选择应遵循的原则

（1）客观性原则

客观性原则是指职业选择必须从客观实际出发。一是从择业者自身的实际出发，将个人的职业意愿和自身的素质与能力结合起来，对自己所拥有的知识、技能、个性等特点有充分的了解，并认真评价个人职业意愿的可行性，判断自己能否胜任某种职业或某种工作；二是对职业岗位空缺与需求的可能性做出客观的分析，在进行职业选择时，必须考虑社会职业岗位的需要，而不能只考虑自己的主观意愿。

（2）主动性原则

主动性原则是指择业者应克服消极等待心理，积极主动地创造就业条件，参与就业竞争，捕捉就业机会，学会自主创业，能够在职业岗位上发挥才能，为社会做出贡献。

（3）协同性原则

协同性原则是指在职业选择时，要处理好社会需要与个人需要的关系，正确处理好个人、集体、国家三者之间的利益关系，把个人利益和社会需要协调、统一起来。大学生不应过分强调个人的职业理想和利益，而要努力把自己的职业理想与社会需要结合起来，主动地服从社会需要，把社会需要看成择业的主要依据，把个人的理想自觉地统一到国家和社会的需要中去。

（4）比较性原则

比较性原则包括两个方面：一是个人条件和岗位要求的比较，要比较一下自己对岗位的适应能力和岗位对自己的需要是否协调一致；二是职业与职业之间的横向比较，在职业选择初期，人们的职业兴趣往往比较广泛，不局限在某一职业的选择上。这就使得择业者需要慎重选取适合自己的职业。通过比较，就能较好地从诸多职业中选出一个较适合自己，自己又能胜任的职业。

（5）主次性原则

人们在选择职业时往往受到很多因素的影响，有客观因素，也有主观因素；有合理因素，也有不合理因素。在选择职业时，不可能让各种因素都得到满足。因此，必须分析哪些是主要因素，哪些是次要因素，哪些是客观因素，哪些是主观因素。要分清主次，抓住主要的、现实的、合理的因素。如果在选择职业时死抱着一些不切实际的幻想不放，就会丧失很多就业机会，甚至难以就业。

2. 正确选择职业的重要意义

（1）有利于实现劳动者与职业岗位的优化组合

职业岗位要求的多样性与择业者自身特点的差异性，决定了只有经过双向选择，才能使劳动者与职业岗位获得优化组合，即劳动者得到最合适的职业岗位，岗位得到最合适的劳动者；否则，不具备某一职业岗位特定要求的劳动者在职业选择的过程中，必然会被这一职业岗位拒之门外。当然，劳动者一般也不会在自身条件与某一职业特定要求悬殊太大的情况下，去谋求这一职业。随着经济形势、企业形势和个人就业意识的变化与发展，劳动者在职业生涯中，也有可能通过职业的再选择，不断优化其与职业岗位的组合匹配，提高对职业的适应性，做到人尽其才、才尽其用。

（2）有利于充分调动人的积极性，提高劳动生产率

一般而言，择业者只有选择了与自己的爱好、兴趣、能力、气质、性格等基本一致的职业岗位，才能更有利于个人才能的发挥，从而取得较好的社会效益和经济效益，为社会做出较大的贡献，才能把工作不仅仅看成谋生的手段，也看成自我价值实现的途径。一个人如果对自己的工作缺乏兴趣，那么，他的才能就会受到压抑，其工作积极性难以得到调动，也就会影响劳动生产率的提高。

（3）有利于大学毕业生顺利就业

大学生能否顺利就业，既取决于社会需求和自身的素质，也取决于就业指导工作。毕业生初次就业，对许多方面不熟悉、不了解，甚至十分陌生。毕业生往往不能对自己进行客观评价，估计过高，期望值过高，择业时易犯片面性、绝对性、理想化等错误。在人才竞争已进入市场化的今天，就业指导不仅能够帮助大学生以正确的价值观念、道德标准和行为规范参与求职就业活动，增强大学生适应新的就业形势的能力，而且能为他们提供准确的需求信息和择业技巧，从而为他们顺利就业搭起桥梁，铺平道路。

（4）有利于促进大学毕业生的发展和成才

求发展、求成才是高校大学生共同的美好愿望，他们对社会贡献如何，个人生活方式将怎样，特别是能否发展好、成才快，与他们毕业后迈向社会的“第一步”关系密切。当选择能与自己的兴趣、能力和特长相吻合的职业职位时，就能精神饱满，奋发努力，快速发展，茁壮成长。人生成功的诀窍就是经营自己的长处。在人生的坐标系里，一个人如果站错了位置，用自己的短处而不是长处来谋生，那是非常可怕的，他可能会在卑微和失意中沉沦。在选择职业时同样也是这个道理，你无须考虑这个职业能给你带来多大利益，能不能使你成名，你应该选择最能使你全力以赴的职业，应该选择最能使你的品格和长处得到充分发展的职业。如果选择不当，在人生道路上就可能出现种种曲折甚至坎坷，影响当前的发展和未来的前途，富兰克林的“宝贝放错了地方便是废物”就是这个意思。因此，就业指导如果能帮助毕业生找到比较适合的工作岗位，使其心情舒畅、信心百倍地走向社会，那么就为其将来的发展和成才创造了条件，打下了基础。

（5）有助于国家对人才资源的合理配置

我国的社会主义现代化建设需要大量的高素质人才，从总量上来讲，我国的大学毕业生还不能完全满足社会需求。但是，我们现在面临的现实问题是：一方面“用武之地”找不到“英雄”；另一方面“英雄无用武之地”。一方面社会各行各业，尤其是生产第一线和艰苦行业，以及边远地区、贫困地区急需大量人才；另一方面人才大量积压，许多大学毕业生找不到工作，人才资源浪费严重。在市场经济条件下如何合理地配置人才资源，已经成为国家面临的突出问题。2000 年以前，我国高等院校毕业生实行“统招统分”“包当干部”的就业制度，一方面使国家背上了沉重的“包袱”，用人单位和毕业生自身缺少选择的权利，严重制约了用人单位、高等院校、毕业生三方的积极性；另一方面，计划经济体制也制约了劳动力资源的合理配置，不能使劳动资源与生产资料实现最优化的组合，造成了人才的相对浪费。显然，过去“统招统分”的计划手段，已经不能适应新形势的要求。市场经济对毕业生进行求职择业指导，就是要改变过去那种人才资源配置不合理的现象，使用人单位了解各类专业情况和发展方向，了解毕业生的心理和生理特点，以便科学、合理地安排和使用毕业生，使毕业生的才能、知识、兴趣与所从事的工作相吻合，真正做到人尽其才、才尽其用。同时，这也能够使毕业生充分地了解社会发展对人才的需求，从而找到最适合自己的位置，充分发挥自己的才能，达到合理配置人才资源的目的。

（6）有利于促进教育改革和提高学校声望

高校是培养人才的摇篮，毕业生是高校的“形象代言人”。毕业生的社会需求如何，他们能否适应社会和用人单位的需求，能否在岗位上创造业绩、用知识回报社会等，对学校的声誉和发展都至关重要。学校毕业生就业情况好，毕业生就业率高，学校社会声誉就好，学生报考该校的情况就好。而招生质量好，又有利于学生的培养，培养的学生素质好、能力强、社会适应性强，又推动就业工作的顺利开展。因此，开展大学生就业指导工作，有利于高校招生和就业工作“出入口”良性循环的形成。

七、大学生就业指导对策

大学生拥有较高的文化素质和知识水平，对国家的发展起着重要的智力支撑和推进作用，这个群体能够顺利就业是实现社会稳定和发展的一个重要因素。面对21世纪以来我国大学生就业问题，我们不能逃避，要与时俱进、迎难而上，因此，以市场为导向，政府、高校、用人单位、大学生自身各层面应协调努力形成强大的合力，团结一致、多措并举解决我国大学生就业难题。

（一）树立正确就业观，实现自我价值

就业观是指个人在选择某一职业时的一种观念、态度、认识及心态，是个人对就业的一种反应性倾向，它是由认知、情感和行为倾向三个因素组成的。

对于大学生而言，树立正确的就业观，对其职业的选择发展起着至关重要的作用，在面临走出校园步入社会这一重大人生转折点时，正确的就业观会引导学生做出清晰准确的判断，从而少走弯路，实现自我价值。如何树立正确的就业观？首先，进行一分为二的自我剖析。长期生活在象牙塔里的大学生们往往会自我感觉良好，工作能力欠缺却不自知，因此，大学生在选择职业前必须进行一分为二的自我剖析，纵向分析自己的优势和不足，从而进一步了解自己、准确评估自己、明确自己的发展方向，并结合自身专业兴趣，扬长避短，寻找真正适合自己的职业。

其次，降低就业期望值，劳动即就业，切忌好高骛远。因此，当前大学毕业生需要降低就业期望值，拓宽就业范围，树立大众化就业观。要认识到薪酬、待遇、职位都只是暂时的，点滴的工作经验积累才是日后在社会上立足的王道。长远来看，先就业再择业，不失为一妙计。再者，时常自省，提升自身素质。一方面，要学习专业知识以提高自己的就业能力，通过横向分析自己与他人存在的差距，充分展现自身的闪光点，并及时补齐短板以满足用人单位的条件。同时，培养良好的求职技巧，注重在言谈举止、表达沟通方面的细节性问题，提升自身的就业能力。另一方面，在工作过程中，要时常自省，找到自身不足并加以改正，总结经验，学以致用，主动向前辈请教，虚心好学，积累经验，逐步提高自己的综合素质。如何实现自我价值？马克思在年仅 17 岁时就提出，他的理想职业是既能追求人类的幸福，又能实现自身的完美。作为受过高等教育的特殊群体，大学生更要充分实现自我价值。

第一，讲奉献，到最需要的地方发挥价值。大学生的培养往往需要国家、社会、高校、家庭等各方力量共同努力，大学生是高人力资本的特殊群体，大学生天然具备能够为国家和社会做贡献的属性。因此，积极响应国家号召，到最偏远的地方建设边疆、到最贫困的地方扎根基层、到最落后的地方传递知识都应成为大学生的就业选择。就业不仅仅是找一份工作，沉甸甸的责任感将会转化为无形的动力督促年轻人不断前进。

第二，不攀比、不盲从，适合自己的才是最有价值的。世界上没有两片完全相同的树叶，人也是如此，每个人都是独一无二的个体，适合自己的工作就是最好的工作。有的人因为大多数人选择考公务员、事业编，便毫无目的地加入备考行列，但实际上并不是所有人都适合这一类职业。三百六十行，行行出状元，大学生应充分发挥主观能动性，自主选择适合自己的正当职业，不要盲目跟风。为了理想而奋斗的工作才会充满乐趣，否则只会沦为工作的机器。

第三，不放弃，珍惜机会，创造价值。当前的大学生生活在一个幸福的时代，国家繁荣昌盛、经济高速发展、经济水平日益提高。但同时，这导致部分大学生安于享乐、轻言放弃。工作中稍有不顺心的事就跳槽，一遇到困难不尝试去解决就放弃，这些行为都是不可取的。这种逃避行为一旦形成习惯，就会影响工作、生活的方方面面，容易使人变得消极，甚至一蹶不振。珍惜努力得到的每一个工作机会，找到努力的方向，在工作岗位上尽职尽责，建言献策，创造更多的价值，才是值得大学生努力追求的。

（二）匹配社会需求，做好规划的实用性

第一，高校在教学过程中要关注社会实际所需，及时调整职业规划课程的教学内容，改进教学模式，提升学校职业指导教师的专业化水平，增强授课内容的实用性，针对不同年级开展不同的职业生涯规划课程，做好学生长期就业规划的指导工作。

第二，在做好课堂教学与学生理论知识体系搭建的同时，要强化理论与实践相结合的教学模式，丰富教学形式。对求职简历制作、不同场景下的面试技巧、面试过程中仪容仪表等进行演练与指导，提高学生学以致用的能力。高校也可积极邀请企业人力资源部门工作人员到校进行分享与指导，对学生在面试求职过程中遇到的疑问进行解答，消除疑惑；同时也可以让学生了解当下最新的企业选聘需求和招聘信息，为自己的求职道路做好铺垫。

第三，高校要加强校企联合，积极探索校企合作模式。不仅组织毕业年级开展实习工作，更应组织不同年级的学生开展有针对性的校企走访，让学生通过实际接触更加清楚自己的专业能做什么、未来是干什么的，让大学生对专业有一个清晰的认知，与此同时辅助学生做好将来的求职规划。不仅如此，高校还要在毕业生就业前期进行大量探索与创新。

（三）加强服务工作，推进就业的高质量

第一，提高大学生就业质量的一个非常重要的基础就是做好就业指导。高校要促进就业指导的精细化、专业化，及时为大学生就业求职提供咨询与帮助，解决大学生在就业求职过程中遇到的疑难点。

第二，高校要积极建立大学生就业创业服务中心，加强就业指导教师团队建设，为学生提供专业化、职业化的就业规划指导，尤其是针对就业困难的学生要提供一对一、点对点的就业帮扶。

第三，培养一批有意愿为同学服务的学生志愿者、学生党员等，对他们进行指导及培训，让他们充分发挥朋辈帮扶的作用。同时学校还可以积极邀请已求职成功的应、往届毕业生分享求职经验，解答学生在求职过程中关注的核心问题，全员、全方位、多角度推进高校高质量就业服务工作。

（四）加强校企合作，推进企业的开放化

一是高校要积极与社会单位进行校企合作，帮助企业解决在生产发展过程中遇到的“卡脖子”等关键问题，依靠各二级学院师资团队，让大学生参与到发现问题、解决问题的过程中。在解决问题的同时，也可以让学生更加深入地了解企业，从而让高校更好地为企业输入相匹配的专业人才。二是企业要开放，积极欢迎高校学生到企业走访实践与实习，增进对彼此的了解，让大学生能够切实了解与自己专业相关的企业发展经营状况，以便高校更好地为对应企业推荐所需之才。三是用人单位要树立科学的人才观念，摒弃唯经验、唯学历、唯文凭的用人方式，制订合理的用人方案及标准。

（五）发挥校友作用，探索就业的资源化

高校要充分利用好校友资源，积极建立各省市校友会，通过校友会对学校办学成果进行宣传，提升学校的影响力。同时，高校要充分利用校友资源扩大毕业生就业渠道，比如积极邀请校友所在公司到校进行宣讲招聘，通过校友渠道对优秀毕业生进行内推，建立校企联合人才培养模式，等等。

（六）产学研相结合，创新人才培养模式

高校要积极推动产学研结合，如依靠二级学院建立产业研究院等，创新人才培养机制。这样可以让学生将课堂所学理论知识与生产实践相结合，防止理论脱离实际，增强学生分析、解决实际问题的能力，提高学生的创新能力，增强学生的实践实训能力，进而增强学生在今后的求职过程中的个人竞争力。

（七）夯实专业基础，增强实践能力

大学生作为受过高等教育的特殊群体，被国家寄予厚望，知识水平高、综合能力强是他们的标签。但受高校扩招、生活水平提高、应试教育的压力等诸多因素的影响，有的学生将考入大学视为学习的终点，开始放飞自我，浑浑噩噩度过大学时光，到头来对专业知识一无所知。还有的学生延续中学时的学习方法，只会埋头苦读，动手实践能力差。因此，大学生主动夯实专业基础、增强自身实践能力迫在眉睫。

习近平总书记同各界优秀青年代表座谈时讲话指出：“青年人正处于学习的黄金时期，应该把学习作为首要任务，作为一种责任、一种精神追求、一种生活方式，树立梦想从学习开始、事业靠本领成就的观念，让勤奋学习成为青春远航的动力，让增长本领成为青春搏击的能量。”知识技能是整个民族成长发展的宝贵财富，国家能否屹立于世界强国之列，依靠的是人才、科技、发展。青年正值学习黄金时期，头脑清醒、思维卓越，一定要练就过硬的本领，既全面发展，又拥有一技之长，早日成长为可担重任的栋梁之材。作为青年人重要组成部分的大学生，更应该珍惜在校园学习的机会，脚踏实地、勤学苦练，在专业领域能够拥有一技之长。一方面，大学是夯实专业知识的黄金时期。在这个阶段，学生没有养家糊口、升职加薪的压力，相对而言生活较为自由，拥有大量可供自己支配的时间和精力去学习专业知识。在这个时期，十年寒窗苦读使大学生打下良好的基础，加之他们头脑灵活、思维清晰、理解掌握能力强，正是强化专业学习的好时机。另一方面，大学生夯实专业知识是市场的需要。人才是引领发展的第一动力，目前，我国仍处于社会转型的关键时期，国家需要大量的人才推动社会发展，企业也需要人才应对市场的变化。因此，大学生要在专业学习上下功夫，努力成为所学专业领域的人才，满足市场的需要，让专业知识成为求职路上的“敲门砖”，成为工作中的得力助手，成为在社会立足的一技之长。

“纸上得来终觉浅，绝知此事要躬行。”好纸上谈兵、“高分低能”、“书呆子”俨然成为部分大学生的代名词，越来越多的企事业单位对这部分大学生关上大门，这部分大学生面临毕业即失业的困境。当今社会需要综合素质高的复合型人才，用人单位在招聘时常会综合考虑应聘者的专业技能、人际交往能力、动手实践能力、团队协作能力等。因此，大学生在校学习期间，应根据社会需要结合自己的专业特长、兴趣爱好，有针对性地制订职业生涯规划，以树立明确目标，实现全方面发展。首先，积极参加学生活动，提升综合能力。据不完全统计，有学生干部经历、积极参加社团活动的学生在工作时表现出的团队协作能力、沟通交往能力、灵活应变能力较为突出，更符合用人单位的标准，所以大学生在课余时间应积极主动参加学生活动，提高自身综合能力。其次，投身社会实践，用好专业竞赛平台。为给学生创造理论与实践相结合的机会，国家出台了一系列政策，鼓励大学生走出校园、走向社会，积极参加社会实践活动、学科竞赛活动等。例如，暑期文化、科技、卫生“三下乡”社会实践活动，为广大青年学生提供了机会，大学生可以利用暑期自发组建团队，结合专业特长，走进基层传播知识与力量，将日常的理论学习应用到实际生活中去。此外，越来越多的学科竞赛活动丰富着大学生的课余生活，例如，在“智能车大赛”上，学生运用所学理论知识，实现智能车设计、制作、运行等各个环节，既巩固了专业知识，又锻炼了动手能力。最后，大学生还可以根据自己的职业规划，尝试相关的社会兼职，提早接触社会以积累工作经验，尽快发现自身不足并提高自身能力，为将来的就业奠定坚实基础。

（八）转变思想观念，提高创新意识

自1999年高校扩招以来，大学毕业生数量逐年增多。2013年至今，几乎每年都被称为“史上最难就业季”“史上更难就业季”等，大学生就业难的问题愈发突出。究其原因，是“求稳不求变，安贫乐业”的传统思想观念根深蒂固，严重影响着大学生的职业选择。大学生在不知不觉中陷入择业误区，将工作分为三六九等，过分追求薪酬、待遇、社会地位等，不敢尝试新鲜事物，丧失了大学生本应有的蓬勃朝气、昂扬斗志。然而，在经济高速发展、一切瞬息万变的新时代，市场经济给人们带来发展机遇也带来新的挑战。大学生应该转变旧有思想观念，把握时代的脉搏，化被动选择为主动出击，提高创新创业意识。

中国特色社会主义进入新时代，实现中华民族伟大复兴开启新征程，当代青年生逢其时、责任在肩，需要用创新意识武装头脑。当今是“大众创业，万众创新”的时代，大学生应顺应时代潮流，积极响应国家号召，打开固定思维，投入到创新创业队伍中来。首先，创业意志坚定，动机态度端正。在创业初期，创业者对自己要有准确的认识，通过分析自己的性格、专业、能力等反复确认是否具备创业的决心；面对创业中将遇到的艰难险阻，要有清醒的预判，拥有承受压力的勇气，敢于探索，不惧挑战；当做出清晰的规划后，不受外界舆论影响，意志坚定并坚持到底。与此同时，创业动机态度要端正，切忌为了创业而创业，不能仅凭一腔热血而创业，不能为了逃避就业而创业，创业不是一时兴起的产物，而是深思熟虑、精心钻研的事业。

其次，脚踏实地，提高创业能力。对于大学生而言，长期生活在单纯的校园环境里，缺乏社会经验，对市场了解不足，这将成为创业道路上的阻碍，因此，不断增强创业能力是创业道路上的必修课。第一，参加创业训练。借鉴成功案例的经验，吸取失败案例的教训，征求职业规划师的意见，结合自身特点，制订不同阶段的目标，进行科学有序的规划。例如，在市场需求如何、竞争对手现状、公司运营管理、项目发展前景等诸多方面做好充足准备。第二，要有智慧与勇气。创业的道路不是一帆风顺的，创业团队的领导者是整个创业团队的核心，既要有赢得商机的智慧，又要有承担风险的勇气；既要有决策前的深思熟虑，又要有执行时的坚定不移；既要做最坏的打算，又要尽全力奋勇前进。第三，激发团队力量。一个人再强只能是一个人，一个团队强才是真正的强大。创业者要善于运用现代管理理念，将合适的人放在适合的位置上，赋予团队成员相应的职责与权

利，使每个人充分发挥自己的最大价值，最终实现集体利益的最大化。总之，选择创业即选择了一个充满机遇与挑战的人生。

【本章思考题】

1. 目前的就业形势是什么？
2. 如何找到适合自己的岗位？
3. 你在就业指导方面目前最想解决的问题是什么？

第二章　大学生就业形势与对策

【本章导读】

最新数据显示，2021 年全国普通高等学校毕业生总人数达 909 万人，同比增加了 35 万人。2020 年各地、各相关部门通过支持企业扩大招聘规模，支持基层吸纳更多毕业生就业，支持毕业生自主创业和社会化、市场化就业，扩大升学深造规模等方式，为高校毕业生提供了大量就业岗位。据了解，2020 年公共部门提供了大约 300 万个岗位吸纳高校毕业生就业，“三支一扶”和地方补充项目吸纳 4 万名高校毕业生，大学生创业者达到 82 万人，比 2019 年增长了 11%，高校毕业生总体就业率在 90%以上，高校毕业生就业局势总体平稳。当前，在就业需求和供给机构性矛盾凸显、疫情下中国经济发展速度趋缓、国际环境日趋复杂及人口老龄化加速到来、高等教育走向大众化等背景下，高校毕业生就业形势更加严峻。“就业是最大的民生”，2021 年的《政府工作报告》中，有 35 处提到就业问题，足见就业在政府工作中的分量之重。当代大学生如何准确把握就业形势，发挥自身优势，在实现个人价值的同时，创造更大的社会价值，是本章内容的核心。

【案例导入】

案例一：期望值过高

2020 届毕业生小王来自云南罗平，直到 2020 年 3 月他还未落实工作单位。老师去参加人才供需见面协调会，顺便将他的应聘材料带去帮他落实工作单位。刚好罗平的一家公司愿意录用他，专业对口，又是在他的家乡。然而他本人的择业意向却是：单位地点必须在昆明市，至于到昆明的什么单位、具体做什么工作都无关紧要，除此以外，什么单位都不考虑。在这种心态下，结果自然难以如愿。

分析：小王的思想在当前毕业生的择业过程中具有一定的代表性。不少毕业生过于向往经济发达地区，尤其是沿海地区的中心城市，最低的期望也是回自己家乡所在地的中心城市。他们只注重经济文化发达、工作环境优越的一面，而忽视了人才济济、相对过剩的一面，择业期望值居高不下，甚至还有逐年上升的趋势，从而导致主观愿望与现实需求之间的巨大落差。像小王这样过分看重单位所在地的毕业生并不在少数。在找工作的过程中，大多数毕业生在衡量单位是否符合自己的标准时，以效益好、工资高、地处大中城市为目标，而愿意到急需人才的边远地区和艰苦行业的毕业生占比非常小。

案例二：自主择业能力差

在学校举办的小型招聘会上，毕业生小李的父母在招聘会尚未开始时，就早早地到会场打听单位的情况。招聘会开始很久以后，小李才姗姗来迟，并由家长陪同前往用人单位摊位前面谈。面谈过程中，小李发言的时间还没有其父母多，结果谈了一家又一家，最终仍一无所获。

分析：小李的问题出在择业过程中过分依赖他人，其实，依赖他人是难以找到一份满意的工作的。现在的毕业生中，独生子女所占的比例越来越大，一般来说，他们的生活一帆风顺，没有经历过什么波折，再加上父母的过分呵护，客观上也养成了他们的依赖心理。这些毕业生大多缺乏主见，自我意识模糊，在择业中常会感到茫然、不知所措，自己独立进行择业决策的能力差，以致在人才市场上，父母代替子女、亲友代替本人与用人单位洽谈的场面屡见不鲜。

案例三：信心不足，缺乏主动

毕业生小刘学习成绩和其他方面条件都不错，在择业的初期满怀信心。但由于所学的思想政治教育专业在一般就业市场需求量小，小刘找过几家单位都碰了壁，结果产生了自卑心理，在后来的择业过程中表现越来越差，陷入恶性循环而不能自拔，甚至到了新的用人单位，只能被动地问人家“学思想政治教育专业的要不要”，其他什么话都不敢讲，最终未能落实工作单位。

分析：小刘的失败是由于自卑心理在作怪。在择业遭受挫折后，小刘一蹶不振，对自己评价过低，丧失了应有的自信心，择业时缺乏主动争取和抓住机遇的心理准备，不敢主动大胆地与用人单位交谈，也就不能很好地表现自己。事实上，越是躲躲闪闪、胆小、畏缩，越不容易获得用人单位的好感。这种自卑心理严重妨碍了一部分毕业生正常的就业竞争，使得那些原本在某些方面比较出色的毕业生也陷入“不战自败”的困境。

案例四：对未来工作的设想过于理想化

某名校毕业生经过双选、面试考核，终于进入与某集团公司签约的阶段，协议书首先由毕业生本人签署应聘意见，该生在“应聘意见”一栏中写下了以下几条要求：从事××工作；每周工作五日，每日八小时工作制；解决户口，提供单身住房；公司不限制个人发展（例如继续深造考研等）。单位鉴于以上条件不能完全答应，将协议书退回，并建议修改后再签。最终，该生因坚持自己的意见而未能被录用。

分析：该生未被上述单位录用，根本原因在于其提要求过于苛刻。如果站在人事工作者的视角，审视这位同学提出的要求，有些是可以满足，也应该做到的，比如：安排专业对口的工作，提供相关福利等。但有的款项就无法答应，比如“公司不限制个人发展”。从毕业生角度来看，提出这样的要求可以理解，但从用人单位角度来讲，在不影响正常工作的前提下，应鼓励员工提高自身素质，但如果服务期内想考研或者向外发展，不受单位任何约束，多半单位是不能答应的。尽管这位同学各方面条件都不错，但他提出的苛刻条件是很难被用人单位接受的。

案例五：就业协议有约束

2020 年，作为北方某知名高校的一名应届毕业研究生，小峰从激烈的竞争中脱颖而出，被某知名公司录用。此时，小峰发现还有一家发展前景更好的单位也在招聘，于是他匆匆和这家知名公司签订了就业协议书后又应聘了那家更有前景的单位。他认为反正就业协议不是劳动合同，对自己没有约束力。当小峰兴冲冲地跑到原来签订就业协议的公司，请求解除就业协议时，该公司告知小峰，解除就业协议可以，但小峰必须按照就业协议的约定向公司支付违约金。面对不菲的违约金，初出校门的小峰真为自己法律意识的缺乏懊悔不已。

分析：毕业生就业协议与劳动合同确实不一样。学生签订毕业生就业协议的时候，仍属于在校学生的身份，学生和招聘单位之间的关系还不是劳动法意义上的劳动关系，但这并不意味着就业协议就没有约束力。事实上，作为一般民事协议，毕业生就业协议虽然不受《劳动法》约束，但属于《民法典》的调整范围，在平等、自愿等基础上建立起来的毕业生就业协议受法律保护，任何一方无正当理由任意违反都要承担相应的违约责任。因此，大学生在决定签署就业协议前，要认真对待就业协议的约定，特别是要搞清楚其中的违约条款，以免给自己造成损失。与此同时，学校作为学生就业协议三方中的一方，应正确看待学生的违约行为。在目前的毕业生就业实践中，部分院校出于学校声誉等方面考虑，一般不希望学生在签订三方协议后违约，有的学校甚至规定不得违约或者违约后将不再给学生提供新的三方协议。学校的这种做法，在目前严峻的就业形势下，应该说有一定道理。但人才的自由流动是市场经济的常态，也是公民本应拥有的人权之一。对于事关学生职业生涯发展的就业问题，学校应给予更宽松的选择空间。当然，主张学校应该给学生更宽松的就业选择空间，不等于鼓励学生随意违反三方协议，毕竟违约行为是要承担相应责任的。因此，毕业生在签订三方协议前要三思。此外，用人单位以过高的违约金变相强行留住人才的做法也是不能得到法律支持的。对三方协议违约金的约定，各地可能有不同规定，但是对其上限做出的规定则无异议，对违约金的约定应在合理的范围内。

第一节　就业形势

一、大学生就业的总体情况

（一）就业的意义

“就”即“从事”，“业”即“工作、职业”。就业，通俗地讲就是劳动者去从事某个工作或职业。从一般意义上讲，就业是指劳动者同生产资料相结合，从事一定的社会劳动并取得劳动报酬或经济收入的活动。劳动者和生产资料是构成就业的两个基本要素。劳动者是具有一定劳动能力、掌握一定知识技能的人；具有能动性，是生产活动中人的因素，居主体地位。生产资料是劳动对象和劳动工具的统称，是生产活动中物的因素。在一定的生产关系之中，劳动者同生产资料相结合，便构成了社会生产力。

就业的含义表明了就业应具备三个基本条件。其一是要从事社会活动。就业是劳动者所进行的社会工作，它是通过劳动者与生产资料在一定的生产关系中的结合而实现的，它要受到生产关系的推动和制约，总是同社会的现状和发展密切相关。如本书第一章所说的家庭主妇和保姆从事同样的劳动，但保姆是一种职业，保姆的活动是就业，而家庭主妇却不是，因为保姆的劳动是社会分工的结果，是一种社会劳动，而家庭主妇的劳动却不是。其二是要得到社会的承认。就业必须是从事满足他人和社会需要的有效劳动。如游泳，一般的人只是为了锻炼身体或出于个人爱好，但如果成为职业游泳运动员，这就是就业，因为它得到社会的承认。其三是要有报酬和收入。劳动者就业，目的是从中取得报酬和收入，这是他获得生活资料的主要手段。如果是无酬劳动，如大学生从事学习，就不是就业。

符合这三个条件，就可算作已经实现就业。不符合这三个条件，就不能算作就业。

（二）近五年的大学生就业概况

由社会科学文献出版社和麦可思研究所联合发布的《2020 年中国大学生就业报告》显示："新一线"城市对大学毕业生的吸引力不断增强；大学毕业生升学比例持续上升；本科计算机类、高职铁道运输类专业领跑薪酬榜。据北京大学出版社出版的《全国高校毕业生就业调查报告（2019）》显示，从毕业生去向落实情况看，2019 年的就业难度增加。总体落实率为 80.1%，其中单位就业比例为 37.7%，升学比例为 24.9%，升学对就业的缓冲作用很大。

从求职意愿看，发展前景好、福利待遇好和经济收入高是毕业生在选择工作单位时最看重的三个因素；从就业分布看，东部地区的就业占比超过一半，为 56.6%；大中城市是毕业生的主要去向，占比为 81.0%；从主观满意度反映的就业质量看，就业的总体满意度显著提高，83.3%的毕业生对自己找到的工作感到"满意"或"非常满意"。绝大多数毕业生就业时获得或部分获得了"五险一金"，近半数的毕业生能够获得住房补贴；从院校提供的学习条件和机会看，与专业和就业相关的指标评分较差。《中华人民共和国职业分类大典》将我国职业归为 8 个大类，66 个中类，413 个小类，1838 个细类。然而，在众多的职业中，却仍旧有部分群体"无业可就"。究其原因，一方面是因为受到疫情影响，一方面是因为待业毕业生的累计数量较大，此外还因为不少留学回国的学生需要就业。总体而言，就业难度持续增加。分析近五年的大学生就业数据，基本情况有以下几点。

一是"新一线"更具吸引力。本科毕业生选择在"新一线"城市就业的比例从 2015 届的 22%上升到 2019 届的 26%，而在一线城市就业的比例从 2015 届的 26%下降至 2019 届的 20%；高职毕业生选择在"新一线"城市就业的比例从 2015 届的 17%上升到 2019 届的 23%，而在一线城市就业的比例从 2015 届的 19%下降至 2019 届的 15%。在"新一线"城市就业的 2019 届本科毕业生中，外省籍占比从 2015 届的 28%上升到 2019 届的 38%，与一线城市（平均 68%）的差距在逐渐缩小。在主要的"新一线"城市中，在杭州就业的 2017—2019 届外省籍本科毕业生占比最高，其次为天津、苏州，均超过一线城市中的广州。

二是升学比例持续攀高。本科生国内读研比例从 2015 届的 13.5%上升至2019届的15.2%，高职毕业生读本科的比例从2015届的4.7%上升到2019届的7.6%。升学在对大学生就业起到分流与缓冲作用的同时，将持续为中国产业链稳定发展提供人才支撑。学历提升带来的教育回报随着时间延长而显现，以读研人群为例，2014届本科生毕业五年内获得研究生学历人群月收入（10408元）明显高于未读研人群（9683元），其就业满意度（获得研究生学历人群：79%，未读研人群：73%）也明显更高。

三是毕业起薪稳步增长。2019届本科毕业生平均月收入为5440元，剔除通货膨胀因素的影响后，与2015届相比，五年来本科生起薪涨幅为23.6%；高职毕业生平均月收入为4295元，剔除通货膨胀因素的影响后，与2015届相比，五年来高职生起薪涨幅为15.7%。其中，计算机类、电子信息类、自动化类等本科专业毕业生薪资较高，2019届平均月收入分别为6858元、6145元、5899元；铁道运输类、计算机类、水上运输类等高职专业毕业生薪资较高，2019届平均月收入分别为5109元、4883元、4763元。

四是数字化领域需求旺。近年来，毕业生在信息传输、软件和信息技术服务业就业的比例持续升高，2019届本科毕业生在信息传输、软件和信息技术服务业等行业就业的比例（8.9%）仅次于教育行业（15.9%）。从职业来看，毕业生从事互联网开发及应用（6%）、计算机与数据处理（5.7%）类职业的比例较高。在就业区域方面，泛珠江三角洲、泛长江三角洲、泛渤海湾三大区域经济体是数字化人才的主要就业地。2019届从事互联网开发及应用和计算机与数据处理类职业的本科生中，在这三大区域经济体就业的比例分别为29.7%、27.5%、19%。在就业城市类型方面，有74%的数字化人才在一线和“新一线”城市就业。

五是自主创业向部分行业集中。2019届本科毕业生自主创业比例为1.6%，高职毕业生自主创业比例为3.4%。随着毕业时间的延长，毕业生自主创业比例持续上升，毕业三年内上升至8.1%。数据显示，教育行业是2019届大学生自主创业的最主要领域（本科：24.5%，高职：10.5%），集中在教育及职业培训、中小学教育，以及文学艺术、设计、体育等方面。大学生到文化、体育和娱乐业（本科：15.8%，高职：6.9%）与零售业（本科：8.6%，高职：11%）创业的比例也较高，从主要从事工作岗位来看，大学生到文体娱乐领域创业主要是做摄影师、从事自由写作等，做零售主要是从事销售、电子商务等方面工作。

（三）当前大学生就业形势分析

教育部公布的数据显示：2021届高校毕业生总规模高达909万人，同比增加 35 万，再创历史新高。另一方面，疫情导致留学生回流，竞争也日趋白热化……数据显示，2020 年向国内岗位投递简历的海归人才数量较 2019 年增长了 33.9%。2021 年《政府工作报告》中强调要“支持和规范发展新就业形态，加快推进职业伤害保障试点”，体现了国家对于新就业形态发展的重视。国家信息中心《分享经济发展报告》的数据显示，参与共享经济的平台从业者人数，2015 年至 2020 年增加 3400 万人，年均增长率为 9%。可以看到，新就业形态群体已经成为我国当前及未来劳动力市场不容忽视的就业群体，是我国劳动力市场发展的重要趋势，蕴含着巨大的发展动力和潜力。

分析 2003 年以来的全国高校毕业生就业状况调查数据，结合疫情可能给高校毕业生就业带来的不利影响，以及政府、社会、高校等各方积极应对和解决就业难的可行方法和措施，可发现当前大学生就业既面临众多挑战，同时也蕴含着新的机遇。

1. 面临的挑战

“稳就业、稳金融、稳外贸、稳外资、稳投资、稳预期”是近几年来我国政府经济工作的重点，“稳就业”排在首位，是经济发展的重中之重。但当前，稳就业工作仍存在着巨大的现实挑战。

一是短期内劳动力市场需求将相应减少。经济发展速度对就业的影响最为直接和显著。2019 年年末全国城镇调查失业率为 5.2%，城镇就业人员为 44247 万人，依此推算城镇失业人员为 2427 万人。2020 年、2021 年经济增速明显放缓，劳动力市场需求将相应地“减少”。

二是本土和海归高校毕业生规模都在逐年扩大。2020 年我国高校毕业生约 874 万人，不仅规模大，而且相比上一年增加 40 万人，增幅是 2012—2020 年的最大值。在国内高校毕业生规模扩大的同时，留学回国的毕业生规模也在逐年扩大。2015 年到 2018 年，学成回国留学人员分别为 40.8 万、43.2 万、48.1 万和 51.9 万。2019 年和 2020 年仍然保持增长的趋势，2020 年的规模在 60 万人左右。2021 年海外学成归国人数首次超过 100 万人，国内高校毕业生与留学回国毕业生之间存在劳动力的替代效应，在就业中彼此竞争。

三是当年年底就业率明显高于当年六七月离校时。2003 年是我国 1999 年高校扩招后入学的本科生进入劳动力市场的第一年，也是发生“非典”疫情的一年。数据显示，这一年，高校毕业生待就业的占比为 35.8%，也就是有三分之一以上的毕业生在离校时尚未找到工作。此次新冠疫情与“非典”一样，都对经济产生巨大的负面影响，而疫情对高校毕业生就业产生负面影响主要是市场需求“减少”，规模效应显著。数据显示，2005 年、2007 年、2009 年、2011 年、2013 年、2015 年、2017 年、2019 年高校毕业生待就业的占比分别为 22.4%、22.6%、26.4%、21.9%、23.4%、12.8%、10.1%、12.3%。需要说明的是，样本调查的时间为当年的 6 月，数据显示的只是离校时的状况。从历年的就业状况统计看，年底的就业率比离校时的就业率有显著的提高。

2. 蕴含的机遇

一是面向未来就业的教育变革。在知识爆炸的时代背景下，学习的速度远远赶不上知识增长的速度，因此学习很重要，学习什么样的知识和技能意味着将来可以从事什么样的工作。如由人工智能驱动的无人驾驶汽车已经上路，机器人可以爬楼梯、开门、在工厂工作、为医生提供建议等。人们期待的理想职业正在逐渐消失，高等教育必须让学生做好准备，适应未来不断变化的职业生涯。劳动力市场的能力需求结构正在发生变化，“软能力”的作用将更加凸显。澳大利亚青年基金会（FYA）基于大数据的分析报告显示，劳动力能力结构的需求在改变，对数据素养的需求增长在各项能力中遥遥领先。新冠疫情防控期间，很多单位都采取在家办公的工作模式，预计未来对一些人来说在家办公将成为新常态。能够在家办公的工作很多都需要人员具备数据素养，因此疫情防控期间的高校学生除了适应在家学习和在线求职外，也要为未来在家办公做准备，培养相关的知识、能力和观念。

二是职场胜任力的进一步凸显。在一项对就业状况调查问卷进行的数据分析中，对学生获得的知识、技能、能力进行了增值评价，构建“就业胜任力指数”，按照毕业去向进行分组比较，结果显示“就业胜任力指数”与就业成功率呈正相关。按照“就业胜任力指数”由高到低的顺序排列依次为：出国出境、自主创业、国内升学、已确定单位、其他灵活就业、自由职业、其他暂不就业、待就业、不就业拟升学。在选择就业的群体中，已确定工作单位的毕业生比待就业的毕业生的就业胜任力更强。在疫情防控期间，高校毕业生可以充分利用在家时间，一方面努力通过网络找寻工作，另一方面也要坚持学习、提升能力，还可以在线学习一些职业规划和求职技巧等方面的知识。

三是高校促进毕业生就业的措施。从 2019 年高校毕业生求职渠道的统计描述中可以看到，学校（包括院系）就业指导机构发布的需求信息占 47.4%。这说明我国高校更加重视就业指导工作，校园招聘会是供需双方交流的重要平台。发生疫情后，各个高校纷纷将线下活动及时改为线上活动，对毕业生求职起到了积极有效的促进作用。

四是政府相关部门促进就业的政策和措施。高校毕业生就业分布状况显示，企业是吸纳毕业生的关键力量。对于排在首位的民营企业而言，它们受疫情的影响更大。政府为了鼓励民营企业早日开工、扩大就业，制定了一些减税降费、提供贷款等政策采取了相应措失，这些政策和措施有利于降低生产成本。但影响民营企业发展的主要因素是产品需求，政府应该积极制定更多的政策和采取相应措施：如搭建与完善线上商品交易平台、为企业扩大产品市场、提高居民消费能力和意愿、及时提供国内外市场需求信息。

在全社会共同抗击疫情、努力发展经济期间，国有企业应该承担更大的社会责任，为高校毕业生提供更多的就业岗位和实习机会。同时，党政机关、各级各类学校、其他事业单位等也应积极拓展就业空间，为“稳就业”做出贡献。从 2019 年的毕业生去向来看，选择在国内升学的比例高达 25. 3%。教育部宣布将扩大硕士研究生招生规模和专升本规模，以此缓解就业压力。

此外，教育部还联合其他部委共同努力，最大限度增加就业机会，更加精准地提供就业指导服务。总之，此次疫情只会在短期内对我国经济发展产生不利影响，我国经济发展长期向好的大趋势不会改变。疫情过后，一些行业将会迎来更大的发展机遇，新产业、新业态、新技术、新职业还会不断出现。高校毕业生既是今天的求职者，也将是未来的生产者、创业者和工作提供者。高校毕业生应该对未来充满信心，关注政府颁布的就业政策和企业的招聘信息，保持与学校及院系就业指导老师的联系和沟通，积极应对就业的不利局面，终究会战胜困难、找到工作。

二、大学生就业的常见问题

（一）大学生就业心理

随着每年高校毕业生越来越多，企业对毕业生的要求也越来越高，使得一些在校大学生开始产生一种不愿走向社会的心理状态，他们怀疑自己是否能找到工作、企业招聘者是否会为难自己、自己能否胜任工作、企业招聘者说的是不是真话等等。一般情况下，大学生对就业存在的心理有以下几种情况。

一是焦虑心理。高校毕业生中不少对找工作感到焦虑，不知道自己是否能找到工作，不知道用人单位会对自己进行哪方面的考察，缺乏目标性和计划性，造成了一种对能否找到工作的焦虑心理，而且只是在焦虑，就是没有具体的行动。

二是从众心理。缺乏主见、人云亦云，别人说什么就听什么，有的同学说这个单位好，就跟着一起去争抢岗位；有的同学说这个单位不好，就看都不看一下单位的情况，时刻都有一种随波逐流的心理。

三是自卑心理。一些大学生由于对自己的学习成绩、自己毕业院校的层次和自己的专业存在着怀疑态度，产生一种自卑心理。特别是在民办本科和独立学院中，存在这种心理的毕业生更多。这是一种轻视或低估自己能力的心理倾向，表现为缺乏自信、缺乏勇气，总认为自己不如别人，不敢竞争。

四是自负心理。和自卑心理状态完全相反，也有不少大学生对自我评价过高，认为自己高校层次高、自己学习成绩好、自己能力强，由此产生了一种极度自负的心理。这种心理倾向在选择工作单位时，会认为“大企业、名企业、政府部门、有名的外企”才是他们追求的目标，其他一概不予考虑。然而，一旦落选就会产生负面心理。适当的自信心是有好处的，但过度自信就成了自负。

五是攀比心理。大学里还存在着这样一种大学生，他们看不得别人比自己好，如果别人比自己好，就会想尽办法去超过他。这种心理用在提高学习成绩上是没有问题的，但是一旦用在找工作上，就忽视了个人的自我特点、人的性格和能力的差异性。持有这种攀比心理的大学生，往往喜欢以自己身边同学寻找的就业单位做比较来定位自己的择业标准，而忽视了自我特点。

六是依赖心理。这种心理存在两种表现：一是缺乏独立意识，判断一个单位是否适合自己，往往不是凭自己思考来决断，而是靠父母、师长为自己出主意；二是依靠关系就业，缺乏主动参与意识和竞争意识。产生这种心理的主要原因就是靠别人拿主意靠习惯了，自己没有主见，这大概也是从小由父母包办所有事情产生的一个恶性后果。

七是嫉妒心理。这种心理比攀比心理危害更严重，它会使求职者在求职过程中对其他同学的成就、特长或优越的地位产生既羡慕又敌视的情感。见别人成功了，则通过说风凉话、讽刺挖苦、造谣中伤来发泄自己的恼怒，最后导致同学、朋友关系恶化。

八是封闭心理。这种心理存在于一部分长期以来性格内向、喜欢独来独往、不愿与同学交流的大学生当中；还存在自己没有找到好工作，害怕同学知道后嘲笑自己的大学生当中。

（二）大学生就业问题分析

1. 就业主体认识上的误区

一是部分大学毕业生就业观念落后。目前，广大学生及其家长对毕业生就业的看法依然停留在以前的旧观念上：只要大学毕业，就意味着是“精英”，就一定得有一份所谓体面的工作。因此，毕业生及其家长十分强调单位的性质、行政级别（或企业规模）、中心地理位置及起点待遇等。可以说，这种观念不能及时更新，思想不能与时俱进，是毕业生就业难的症结所在。二是对毕业生能力的认识存在误区。目前，很多学生和家长盲目追求高学历，社会及用人单位错误地认为学历高等于工作能力强。事实上，知识和能力二者的发展并不一致，知识与就业能力、学历与就业能力之间不能完全画等号。近几年，社会上出现了一种新的就业现象——大学生毕业后“慢就业”，受到社会各层面的关注。人们对这一现象有两种不同的看法：一种认为这是毕业生的自我成长及不断成熟的就业观念下形成的新就业观；另一种认为这些毕业生“啃老”，“慢就业”不利于当前大学生对自身的职业规划，是不符合现阶段国情的行为。随着社会经济的发展，“高期望”“慢就业”加剧。大学生就业观念发生了转变，已经从“要找到一个饭碗”转变成“要找到一个金饭碗”。简单说，大学生不着急找工作，很大程度上是因为家长和学生本人对工作期望值高。

2. 依然突出的结构性矛盾

调查实证研究证明，“就业难”不是因为供给大于需求，而是就业结构性矛盾突出造成的一种阶段性社会现象。结构性矛盾表现为以下两个方面。一是高校专业设置与快速变化的市场需求之间的错位。以普通本科高校为例，我国四年一个周期的高校专业设置决定着专业人才的产出量，大学生就业与产业结构的调整及地区经济发展周期有较大的关联。一些专业于四年前还是社会需求旺盛的热门专业，四年后却变成了滞销专业，供给与需求错位成为造成大学生就业难的主要原因之一。二是人才结构失衡，供求矛盾加大。近年来的人才市场需求供给情况，反映出各技术等级的劳动力呈现供不应求的局面。例如，由于以机械加工为主的技术、技能型人才短缺，部分工科类大学生在校期间为拿到技能等级证书，不得不到人力资源管理部门开设的技工培训学校学习。而“互联网+就业”模式尚需完善。“互联网+”通过其自身的优势，对传统行业进行了优化，促进了传统行业的升级转型，使得传统行业能够适应当下的新发展，从而推动社会不断地向前，推进大学生精准就业。但当前“互联网+就业”模式还存在建设应用不够充分、就业指导服务范式不够科学等不足。要让“互联网+就业”模式成为推进大学生精准就业的新样态，仍需要进一步完善其实现路径。

3. 高等教育本身的问题

我国高校招生缺乏自主性，计划经济痕迹依然浓重，没有与市场“零距离”衔接。一是高校人才培养的结构与当下市场需求不符，各层次就业率与同期招生数层次结构成反比，研究生供小于求，本科生供求基本平衡，专科生供大于求。同时，无法适应新时代对人才培养的新要求，致使学生在就业时缺乏竞争优势。部分高校对自身定位不清，不同层次高校培养目标的相互叠加导致高等教育人才培养模式雷同的现象屡见不鲜。二是高校现有学科专业供求错位，专业设置趋同化、集中化，造成课程结构脱离实际。由于学校不能以市场需要及知识结构需要为导向，因此，学科专业结构、课程结构急需调整。高校对于经济社会发展对人才的需求和就业市场信息的了解较为被动，有些高校未能及时将就业率及市场需求作为调整招生计划的有力参考，专业设置及调整存在明显的滞后性；部分专业及课程设置实用性不强，教学方式上注重知识的传授而忽略能力的培养，导致高校教学质量的下滑及人才培养质量的下降。三是高校就业指导工作存在缺失。部分高校的就业指导形式单一，承担就业指导及职业生涯规划课程的教师水平良莠不齐，大部分为高校的辅导员；课程设置普遍缺乏系统性和连贯性，部分教师授课形式单一，课程内容枯燥，未能充分调动学生的积极性，无法帮助学生制定有针对性的职业生涯规划，对学生求职能力的提升无甚效果。此外，部分高校所组织的招聘活动的针对性、实操性、有效性有待进一步提高。

总之，造成大学生就业难的原因较为复杂，既有深层次的经济结构转变带来的影响，又有浅表性的就业市场的供需矛盾；既有高校教育的不足，也有学生素质的缺失；既有企业在用人选才上的偏见，也有学生在择业求职上存在的误区。这些原因共同作用，导致大学毕业生就业难局面的出现。

（三）大学生就业问题解决策略

【案例】

摸清学生优势，提供精准指导——每名毕业生身后都有帮扶教师

（来源：《中国教育报》）

不久前，学生樊某某和一家专业对口的单位签订了就业协议，樊某便将之前找不工作的焦虑一扫而空。求职成功，辅导员的帮助不可或缺。

春节还没过完，学院辅导员就开始帮助学生樊某找工作。家在广西的樊某是思想政治教育专业学生，考虑到自己的家庭经济状况等方面原因，求职心切。连日来，辅导员一刻不停，把多个岗位推荐给樊某，最终助他找到心仪的工作。

今年毕业生足不出户就能求职成功，在各大学并不鲜见。来自贫困家庭的毕业生是就业帮扶的重点。学生优势有哪些？就业意向是什么？现在状态如何？学校要求帮扶教师对自己负责的学生要全面掌握，然后“一人一策”，重点指导，重点推荐，精准帮扶。

该高校分管负责人表示，学校确保每名毕业生都有来自学校和老师的关心，尽最大努力持续做好学生的就业指导与服务，全力推进2020届毕业生更高质量和更充分就业。新冠疫情增加了毕业生就业难度。该校各学院主动出击，纷纷出招，借助云端，全面发力，稳步推进毕业生顺利毕业，尽早就业。今年2月中旬开始，他们通过电话访谈、问卷调查、骨干组队等多种方式密切联系学生，准确掌握每一名毕业生的毕业意向和进度进展。学院把毕业生按照意向分成“升学、就业、出国”三大类，按照目标实现进度分成“已落实、有进展没落实、无进展待就业、暂不就业”4种情况，动态掌握学生信息，细分学生群体，根据学生自身特点与需求精准提供信息、指导和服务。学校9名已取得全球职业生涯规划师证书的教师向学生提供职业生涯规划咨询、求职咨询、求职方法与择业咨询、礼仪与求职技巧咨询。该高校的学生足不出户就能享受专业的就业指导。

同时，为提高毕业生就业质量，辅导员还利用各学院专业优势和校友资源广泛联系用人单位，增强就业信息针对性。加强就业政策宣传和激励引导，鼓励毕业生参军入伍、自主创业、基层就业。鼓励承担科研项目的教师吸纳毕业生担任科研助理。

以上就业帮扶案例说明，明确了大学生“就业难”的原因，相关部门、单位的大学生就业帮扶工作就可以做到精准服务、有的放矢。针对大学生就业过程中的常见问题，可以从以下几点着手解决。

一是培养大学生树立正确的就业观念。当代大学生受诸多环境因素和社会因素的影响，思想观念差异较大，在择业就业中常缺乏理性思考和判断。因此，应帮助大学生树立正确的就业观念，加强社会文化指导，根据其职业规划，制定发展方向。学校应正确引导学生树立就业观念，将思想政治教育作为就业指导课程的重要环节，培养大学生正确的人生观和价值观，培养大学生正确的择业意识，帮助大学生了解时代发展。提高大学生就业心理素质，使他们具有正确面对社会的心理状态，适应社会环境，避免出现心理误差。学校应注重对学生职位预期心理的培养，避免学生好高骛远。在培养大学生正确就业观念时，家庭教育氛围也尤为重要。家长应对学生进行正确引导，转变家庭观念，关心学生，为学生提供心理支持，培养学生的理性思维，帮助学生进行职业规划，树立就业目标，避免产生攀比心理而盲目就业。

二是提高大学生自身能力和综合素质。大学生在就业时，应提高自身能力和综合素质，只有知己知彼，才能百战不殆。学校在适应时代发展时，依据社会对人才的不同需求，进行专业设置，培养专业型人才。学生在学习本专业的同时，更应根据自身状况进行特长能力培养，以便择业就业中明确方向。当代大学生应积极提高自身的综合素质，比如：培养好自身的政治思想；提高专业知识水平；具备较强的责任心；提高外语水平，锻炼读写技能；具备独立操作计算机的能力；加强实际应用能力；提高创新思维水平；培养吃苦耐劳精神和事业精神；拓展自身知识范围。随着高等教育在我国的普及，大学生不再是昔日的“香饽饽”。大学生如果自身水平的提升速度跟不上市场发展的速度，就会被就业市场淘汰出局。大学生既不能过分高估自己，也不能妄自菲薄，而是要对自身的优缺点有全面、清晰的认知，通过专业深造、积极参与社会实践等方式充实自己，为未来毕业就业做好准备。为实现精准就业，大学毕业生自身、学校、企业三方应共同努力，培养高素质的人才。求职者应当励志勤学，扎实学习专业知识，在毕业以及就业后，仍不断提升自身能力，满足岗位要求；学校应当科学设置课程，在满足社会对“专业化”人才的需求的基础上，拓宽学生的知识面，使学生对专业知识有更加通透的理解；企业应当结合岗位需求科学选聘人才，并意识到为人才提供培训和发展的机会是留住人才的重要途径。

三是转变自身就业心态。当前我国大学毕业生就业形势的特点是：压力与机遇共存。高等教育精英化向大众化的转变，是社会发展和国民素质提高的要求和重要标志之一。与此相应，大学生就业也必然要经历一个由精英化向大众化转变的过程，即作为一个普通社会成员去求职和就业。因此，大学生有必要消除自己的主观理想预期与社会客观实际之间的差距，主动地转变就业观念、提高自身素质，以求充分适应社会。大城市因能够提供更优厚的待遇、更繁华的生活而吸引着众多人才，而相对来讲不够发达的城市，其基层岗位往往无人问津。实际上，基层岗位十分缺乏人才。为此，学校要积极引导毕业生到基层就业，相关部门也要进一步健全基层就业的服务保障机制，通过打造就业信息发布平台、开设相应的就业指导课程、组织双选会等，满足基层岗位招聘需求。同时，相关服务部门应当落实完善学费补偿和助学贷款代偿等政策、建立健全职业发展和就业服务指导体系、提供创业绿色通道等，解决学生在就业创业上存在的问题。

四是加强政策引导和支持。为了帮助大学生尽快就业，国家出台了各种措施，比如设立只对应届毕业生开放的岗位，同时，积极完善创业优惠政策，放宽就业政策并鼓励大学生创业。在社会就业形势严峻时，政府为促进大学生就业，应放宽就业政策，完善大学生就业管理体制，针对应届毕业大学生实行特殊性政策，提高毕业生在地域上的择业就业选择自由度，放宽应届毕业生的户籍管理制度，保证应届毕业生的优先选择权。政府对进行自主创业的毕业生实行优惠政策，加大对毕业生的资金投入，鼓励大学生进行创业。对到非国企单位就业的学生也按照国家相关规定保障其劳动合同的签订，保证大学生就业的合法权益；支持学生到西部支教，鼓励学生参与西部开发；对到偏远地区就业或支教的学生给予政策支持和物质鼓励，提高大学生参加的积极性。在促进大学生就业时，应保持就业渠道畅通，提高就业率。如政府应加大就业信息网的建设力度，保证招聘单位和就业人员迅速匹配；专设毕业生就业信息网，保证就业信息传递通畅，避免毕业生错失就业机会。政府还应鼓励学校与企业进行合作，为学生创造良好的就业资源，提供更多的就业机会。

五是利用“云平台”集合求职机会。新冠疫情使人们熟悉了线上办公、线上教育。这种“线上”形式也给就业求职提供了新途径，就业“云平台”应运而生，其不但可以提供就业指导、信息发布、简历投递、云面试、云签约等全流程人员应聘和招聘服务，还可以根据就业大数据，精准邀请招聘企业进入平台，并为求职者提供职业测评、职业咨询等服务，让求职者更加明确自身适合的职业，避免入职后出现不适应等情况。学会精准推送就业信息，构建多元化宣传渠道，针对不同年级和专业学生需求精准推送信息。学校可按市场专业类别大致归类，不是只发布招聘推送资料，而是成立专业或兼职就业工作组，针对市场需求定期推送文章总结，使学生了解自己应考取哪些证书、大学期间是否争取学生干部经验、是否争取学业奖学金等。高校就业指导中心应借鉴高职院校就业工作处经验，紧跟时代和市场需求，培养社会需要的高素质人才。

六是提供心理辅导服务。此前由于全球新冠疫情的影响，一些企业招聘面试的时间有所推迟、原本的招聘计划缩减，甚至有些企业因遭受冲击而倒闭，使得原本已经签订的就业协议失效。种种情形导致部分毕业生出现纠结、产生焦虑情绪，开始怀疑自身能力，不敢去应聘、不敢去面试。为应对这类问题，进一步强化学生的就业信心，学校可以开设就业指导课程，加强个性化指导，开通就业心理咨询和就业帮扶热线，疏导高校毕业生的就业焦虑情绪；政府服务平台可邀请行业内专家、知名企业家等，通过网络直播、开放问答等形式为大学生解答疑惑，疏解焦虑、不自信等负面情绪，同时，就业服务部门还要积极深入企业，了解企业用人需求，结合高校毕业生实际情况，精准推荐。

七是提升师资队伍的专业化水平。高校应采取多种措施，努力提高就业指导师资队伍的专业化和职业化水平。一是建立一套有利于就业指导师资队伍成长的引导激励机制，给予教师精神上的鼓励和物质上的支持以扩充师资队伍，引进专门教学人员，统一入口渠道。组织教师外出学习与参观，鼓励教师定期参加就业指导培训。通过“智慧校园”平台线上学习国内外有关就业的理论知识，加强就业指导的理论研究，培养一支理论知识扎实且实践经验丰富的教师团队。二是充分利用社会资源，邀请企业专门负责人事的专员或专业技术人员组成一支兼职就业指导教师队伍，为学生传授实践经验。三是定期邀请创业成功的校友结合自身创业故事或经验来校做专题创业讲座，并设定相应的创业学分或素质拓展学分，帮助学生全面、客观地认识创业，系统指导学生开展就业实践活动。

八是聚焦大学生就业能力培养。这体现在要重视顶层设计和基层探索相结合上。毕业生就业质量在很大程度上反映了高校人才培养质量，只依靠若干必修课程的学习就想去就业是缺乏就业竞争力的。在顶层设计上，高校应加强就业指导类课程的制度建设，除了安排理论知识的传授，还要配合就业实践，将大学生就业指导真正落实到实践中去。在基层探索上，就业指导需要高校行政职能部门、教学部门、就业部门和学生工作管理部门等集体联动，协调配合。高校可以通过建立产业园和大学生就业基地等，创建社会实践平台，将就业指导内容与见习、实习、毕业设计、创新创业大赛等结合起来，提高学生对就业知识与活动的了解程度和熟悉程度。此外，通过引进社会资源，加强校企合作，将大学生就业作为学生的第二课堂。同时做三个方面的联系。第一，加强就业指导教育与专业教育的联系。就业指导是涉及多学科、多专业、多方面知识的综合性学科，目前处于边缘化的地位，未得到足够重视，导致此项教育工作的开展收效甚微。高校应设置统一的学科标准与体系，明确课程在学科建设中的地位，建立就业指导教育与专业教育有机联系的机制。坚持以学生为中心，调动其主动寻求就业指导的积极性，便于就业指导活动的顺利开展。第二，搭建由就业指导课程和讲座相结合的课程平台。可由教务处和招就处牵头，定期开展就业指导或举办创新创业讲座，也可以通过线上方式引进智慧树资源，便于大学生将就业与所学专业有机结合，在挖掘本专业创新性、创造性教育内容的同时，融入有关就业理念，丰富学生的就业知识。第三，深化就业指导课程内容的本土化研究。就业指导课程内容的制定应符合高校所在区域发展需求、当地经济发展模式和个体发展需求，高校可通过加强本土化的就业课程研究，自编大学生就业指导的校本课程。

第二节　大学生就业政策解读

一、大学生就业政策法规

（一）大学生基层就业政策介绍

1. 特岗教师计划

特岗教师计划是中央实施的一项针对西部地区农村义务教育的特殊政策，通过公开招聘高校毕业生到西部地区“两基”（基本普及九年义务教育、基本扫除青壮年文盲）攻坚县以下农村学校任教，引导和鼓励高校毕业生从事农村义务教育工作，创新农村学校教师的补充机制，逐步解决农村学校师资总量不足和结构不合理等问题，提高农村教师队伍的整体素质，促进城乡教育均衡发展。特岗教师聘期 3 年。

2. “大学生村官”

2008 年，中组部、教育部、财政部、人力资源和社会保障部出台了《关于印发〈关于选聘高校毕业生到村任职工作的意见（试行）〉的通知》（组通字〔2008〕18 号），计划用五年时间选聘 10 万名高校毕业生到农村担任村党支部书记助理、村委会主任助理或团支部书记、副书记等职务。从 2010 年开始，扩大选聘规模，逐步实现“一村一名大学生村官”计划的目标。选聘的高校毕业生在乡村工作期限一般为 2~3 年。

3. “三支一扶”计划

“三支一扶”是支教、支医、支农、扶贫的简称。2006 年，中组部、原人事部等八部门下发《关于组织开展高校毕业生到农村基层从事支教、支农、支医和扶贫工作的通知》（国人部发〔2006〕16 号），以公开招募、自愿报名、组织选拔、统一派遣的方式，从2006年开始连续5年，每年招募2万名高校毕业生，主要安排到乡镇从事支教、支农、支医和扶贫工作。服务期限一般为2~3年。2016年，中组部、人社部等九部门印发《关于实施第三轮高校毕业生“三支一扶”计划的通知》（人社部发〔2016〕41号），从2016年至2020年实施第三轮高校毕业生“三支一扶”计划。

4. 西部计划

2003年，团中央、教育部、财政部、人力资源和社会保障部根据国务院常务会议和全国高校毕业生就业工作会议精神，联合实施大学生志愿服务西部计划，招募一定数量的普通高等学校应届毕业生或在读研究生，到西部基层开展为期1~3年的志愿服务工作，鼓励志愿者服务期满后扎根当地就业创业。西部计划按照服务内容分为基础教育、服务三农、医疗卫生、基层青年工作、基层社会管理、服务新疆、服务西藏7个专项。

5. 参军入伍

为进一步推进征兵工作改革，鼓励高校毕业生积极参军，从源头上提高新兵质量，2009年总参谋部、总政治部、教育部、财政部下发了《关于做好普通高等学校应届毕业生征集工作的通知》（参动〔2009〕6号），征集普通高等学校应届毕业生入伍服义务兵役。征集的高校应届毕业生以男性为主，女性应届毕业生征集根据军队需要确定。服义务兵役年限为两年。教育部鼓励毕业生入伍参军，将配合中央军委国防动员部通过优化指标分配、提前体检等举措，招募更多的应届毕业生。每年国家征兵总人数中超过一半是大学生，主要向毕业生倾斜。

6. 选调生

选调生是各省市党委组织部门有计划地从高等院校选调品学兼优的应届大学本科及其以上学历毕业生到基层工作，作为党政领导干部后备人选和县级以上党政机关高素质工作人员人选进行重点培养的群体的简称。选调分为常规选调和定向选调，定向选调是指部分省市面向部分重点高校开展的选调。

（二）高校毕业生就业相关政策解读

1. 中央部门所属高校毕业生如何申请学费补偿和助学贷款代偿？

（1）在办理离校手续时向学校递交“学费和国家助学贷款代偿申请表”，以及毕业生本人、就业单位与学校三方签署的到中西部地区、艰苦边远地区和老工业基地县以下基层单位服务3年以上的就业协议。

（2）在校学习期间获得国家助学贷款的，在与国家助学贷款经办银行签订毕业后还款计划时，注明已申请国家助学贷款代偿，如获得国家助学贷款代偿资格，则无须自行再向银行还款。

（3）高校负责审查申请资格并上报全国学生资助管理中心。

2. 地方所属高校毕业生到基层就业如何获得学费补偿和助学贷款代偿?

按照《财政部　教育部关于印发〈高等学校毕业生学费和国家助学贷款代偿暂行办法〉的通知》（财教〔2009〕15号）要求，各地要抓紧研究制订本地所属高校毕业生面向本辖区艰苦边远地区基层单位就业的学费补偿和助学贷款代偿办法。关于地方所属高校毕业生到基层就业是否可以获得学费补偿或国家助学贷款代偿，以及如何申请办理补偿或代偿等，可向学校所在地政府有关部门查询。

3. 高校毕业生自主创业，可以享受哪些优惠政策?

按照《国务院关于进一步做好新形势下就业创业工作的意见》（国发〔2015〕23号)、《国务院办公厅关于深化高等学校创新创业教育改革的实施意见》（国办发〔2015〕36号）等文件规定，高校毕业生自主创业优惠政策主要包括：税收优惠、创业担保贷款和贴息支持、免收有关行政事业性收费、享受培训补贴、取消高校毕业生落户限制等。

4. 困难家庭高校毕业生包括哪些毕业生？享受哪些帮扶政策?

困难家庭高校毕业生是指：来自城镇低保家庭、低保边缘户家庭、农村贫困家庭和残疾人家庭的普通高校毕业生。

各级机关考录公务员、事业单位招聘工作人员时，免收困难家庭高校毕业生的报名费和体检费。为帮助困难家庭的高校毕业生求职就业，高校一般都会安排经费作为困难家庭毕业生的求职补助，或对已成功就业的困难家庭毕业生给予奖励。困难家庭的毕业生可向所在院系提出书面申请。学校也应根据平时掌握的情况，对困难家庭的毕业生给予主动帮助。

5. 2021年就业政策一览：

（1）《教育部关于做好2022届全国普通高校毕业生就业创业工作的通知》(教学〔2021〕5号)；

（2）《国务院办公厅关于进一步支持大学生创新创业的指导意见》（国办发〔2021〕35号)；

（3）江苏省人力资源社会保障厅《关于做好2021年全省高校毕业生就业创业工作的通知》（苏人社函〔2021〕141号)；

相关政策网址链接：

全国高等学校学生信息咨询与就业指导中心

http：//chesicc. moe. edu. cn/jycyzc/index. jsp? tdsourcetag=s_pctim_aiomsg

江苏省政策就业政策汇编：http：//jshrss. jiangsu. gov. cn/col/col64784/index. html

延伸阅读：

2021 年各地人才政策福利大盘点

1. 北京

落户政策：2021 年 7 月 5 日，北京市发布了《北京市引进毕业生管理办法》。明确了清华大学、北京大学、复旦大学、上海交通大学、浙江大学、中国科学技术大学、南京大学（7 所世界前 200 高校）本科及以上，以及“双一流”建设学科硕士研究生走计划单列渠道，符合一定条件可办理落户。

人才政策：引智项目申请单位范围从原来的市属单位，扩大到北京市行政区域内各类创新主体，并采用国际化的年薪制、项目工资、协议工资等多种薪酬分配方式，部分人才年薪可达二三百万元。对于海外人才，在签证方面由原来最长的 5 年期限延长至 10 年，最快 6 个工作日可在线免费办理完成。（来源：网络新闻）

2. 上海

落户政策：夫妻两地分居调沪，博士学位获得者，可以申请将外地配偶的工作关系转移到上海，未成年的子女可以随迁至上海。

生活补贴：最高 200 万元工作、生活补贴。

租房补贴：博士每人每月 1000 元，硕士每人每月 800 元，学士和技师每人每月 600 元，实际租金低于补贴标准的，按实际租金补贴，外来务工人员每平方米每月每人 18 元。上海人才引进补贴由原硕士 2 万元提为 3 万元，（来源：《上海市引进人才申办本市常住户口试行办法》）

3. 深圳

2021 年 5 月 28 日，深圳市人社局发布《关于高层次人才业务、新引进人才租房和生活补贴业务相关安排的公告》（以下简称《公告》）。《公告》指出，市、区人力资源部门对 2021 年 8 月 31 日及之前引进的人才按原规定受理申请，对 2021 年 9 月 1 日及之后新引进人才不再受理发放租房和生活补贴。

同时，高层次人才业务（指“高层次专业人才认定”“海外高层次人才确认”“学术研修津贴”等三项业务）停止申报。与此同时，对 2021 年 9 月 1 日及之后新引进入户并在深圳全职工作的 35 岁以下的博士另行制定生

活补贴政策。（来源：深圳市人社局）

4. 广州

落户政策：硕士研究生、博士研究生学历等人员在广州市有参保记录即可入户。

住房补贴：对于新引进入户的全日制应届本科毕业生，只需在广州工作满一年，即可获得 2 万元住房补贴，硕士研究生可获得 3 万元，博士研究生以及副高级以上专业技术人才，可获得 5 万元住房补贴。

政策福利：留在珠三角地区工作的 35 岁以下博士、40 岁以下博士后，分别给予每人不少于 10 万元、20 万元的生活补贴，如果到粤东西北和惠州、肇庆、江门工作，年龄放宽 5 岁，补贴分别提高 10 万元以上，海外人才再增加 10 万元，并对引进博士和博士后创新创业团队最高给予 2000 万元资助。（来源：《广州市引进人才入户管理办法》）

5. 杭州

落户政策：全日制普通高校大学本科及以上学历或者大专紧缺专业的毕业生，可以直接落户。

政策福利：来杭州工作的本科生可领取补助 1 万元，硕士研究生可领取补助 3 万元，博士研究生可领取补助 5 万元。杭州还建设 5 万套人才专项租赁住房，租金便宜；对高端人才分别给予 100 万、80 万、60 万元购房补贴。（来源：杭州市加强人才招引服务的八项举措）

6. 南京

落户政策：研究生以上学历及 40 岁以下的本科学历人才，可凭毕业证书落户；技术、技能型人才，凭高级工及以上职业资格证书落户。

政策福利：大学生租房补贴的期限由 2 年延长至 3 年，学士和高级工每月领取 600 元，硕士每月领取 800 元，博士每月领取 2000 元。通过企业申请租赁补贴的，享受政策期限最长 5 年。高层次人才提取公积金购买自住住房的贷款额度最高可放宽到 4 倍；安居人才购房最高补贴 200 万元。（来源：南京市人才安居保障提速计划）

7. 武汉

落户政策：大学毕业生凭毕业证可以落户，本科生和大专生是 40 岁以下，硕士生和博士生不受年龄限制。

政策福利：最低年薪标准：专科毕业生 4 万元，本科毕业生 5 万元，硕士毕业生 6 万元，博士毕业生 8 万元。武汉号称要在“5 年留住 100 万大学生”，武汉实行大学生落户与就业创业政策全脱钩，确保大学生落户槛。同时对引进的博士毕业生，每月补贴2000元，持续补贴3年；到新城区工作的本科生，每年补贴1万元，持续补贴2年。大学毕业生享受8折租房购房优惠。同时未来5年，武汉将建设和筹集250万平方米以上大学毕业生保障性住房，满足人才的租住需求。（来源：《黄鹤英才计划》）

8. 郑州

落户政策：推行“智汇郑州”，中专以上毕业生可“零门槛”落户。

政策福利：对新引进落户的博士、35岁以下的硕士、本科和预备技师（技师），三年内分别按每人每月1500元、1000元、500元的标准发放生活补贴；按博士每人10万元、硕士每人5万元、本科毕业生每人2万元的标准发放一次性购房补贴。（来源：整理自网络新闻）

9. 西安

政策福利：西安市委组织部、市人社局组织实施的市属企事业单位公开招聘的博士研究生，享受安家补助5年15万元。每年3万元，分5年发放。由西安市人社局发文设立的西安市博士后创新基地单位及其科研人员，对新设立西安市博士后创新基地，给予10万元一次性奖励。（来源：西安市人才补贴政策）

二、就业协议与劳动合同

【案例】

小王是某科技学院的学生，2017年9月13日，小王与A公司及科技学院签订三方实习协议书，约定A公司同意接收小王在该公司实习，而小王承诺实习结束后与A公司签订为期3年的劳动合同，否则将向A公司支付1万元的违约金。同一天，小王与A公司又签订服务期协议，约定由A公司为小王提供专业技术培训，小王承诺在培训期间服从A公司安排，并在A公司服务不少于3年，服务期限为2018年8月1日至2021年7月31日。同时，服务期协议还对小王违反服务期的情形做出了约定。之后，小王按照约定到A公司实习，2017年11月10日，A公司、小王及科技学院签订了就业协议书，明确小王同意到A公司工作，A公司同意接收小王。同年12月1日，小王在《就业协议书》备注栏手书：“本人在实习结束后与A公司签订为期3年的劳动合同，否则将赔偿违约金1万元。”2018年7月21日，小王明确表示不与A公司签订劳动合同，并从A公司离职。随后A公司将小王告上法庭，认为小王拒绝与A公司签订劳动合同，应按照约定支付违约金1万元。小王则辩称，实习期自己履行了义务，是A公司没有按照约定履行培训义务，而且自己与公司在商谈劳动合同时就劳动报酬无法达成一致，因此才没有签订劳动合同。

这个案例的焦点在于：就业协议的性质及其与劳动合同的关系和异同。

案例评析：

1. 就业协议的性质

就业协议是明确大学毕业生、用人单位和学校在毕业生就业择业过程中权利和义务的书面协议。需要注意的是，该协议对用人单位和劳动者双方权利义务基本不涉及，而这部分不涉及的内容却恰恰是劳动合同必备的主体内容。而从时间上看，就业协议签订于学生毕业之前，作用仅限于对学生就业过程的约定，一旦毕业生到用人单位报到，就业协议的使命就已完成了。因此，就业协议不能等同于劳动合同，它是毕业生将来与用人单位签订劳动合同的依据。在这里，就业协议是预约，劳动合同是本约。

2. 就业协议的效力

就业协议只要不违反法律强制性规定及公序良俗，其内容就是有效的；就协议没有约定的部分，双方只能继续磋商，一旦无法达成一致，双方对无法签订劳动合同均不承担法律责任。

本案中，小王与A公司在就业协议书中只明确了3年的劳动合同期限，对诸如工作地点、劳动报酬、工作内容、社会保险等均没有做出约定。而依据就业协议书小王负有与A公司就劳动合同进行磋商的义务，只要履行了磋商义务，就视为适当履行了预约义务，不存在违约行为。因此，A公司要求小王支付违约金1万元不能得到法院支持。

就业协议与劳动合同的关系是，就业协议可能是签订劳动合同的前提。就业协议是为了明确毕业生、用人单位、毕业生所在学校三方在毕业生就业工作中的权利和义务，经协商签订的协议。签订就业协议后毕业生可能留在用人单位工作，因此用人单位与劳动者应当签订劳动合同。

法律依据：《中华人民共和国劳动合同法》第七条：“用人单位自用工之日起即与劳动者建立劳动关系。用人单位应当建立职工名册备查。”第十条：“建立劳动关系，应当订立书面劳动合同。已建立劳动关系，未同时订立书面劳动合同的，应当自用工之日起一个月内订立书面劳动合同。用人单位与劳动者在用工前订立劳动合同的，劳动关系自用工之日起建立。”

（一）就业协议与劳动合同的异同

毕业生就业协议书属于一般民事合同，受《民法典》的规制。即协议当事人可以约定协议生效、变更、终止或解除的条件和期限，可以约定违约金。但是劳动合同属于特殊民事关系，受《劳动合同法》和相关劳动法律规制。权利义务主要涉及工作场所、工作内容、工资、休假、社保等内容。就业协议与合同之间的不同之处有以下几点。

1. 适用的法律法规不同

劳动合同适用《劳动法》及劳动部门颁布的规章；就业协议适用教育部颁发的《普通高等学校毕业生就业工作暂行规定》和有关政策文件。

2. 适用主体不同

劳动合同是劳动者与用人单位之间确立劳动关系的协议；就业协议除毕业生与用人单位双方签字盖章外，尚需学校介入（两种介入方式）。

3. 签订的内容不同

劳动合同的内容：劳动合同期限；工作内容；劳动保护和劳动条件；劳动报酬；劳动纪律；劳动合同终止的条件；违反劳动合同的责任。当事人可以协商约定其他内容。

就业协议的条款内容：毕业生向用人单位介绍自己的情况，表示愿意在规定期限内到用人单位报到；用人单位如实向毕业生介绍本单位的情况，表示同意录用该毕业生等。

4. 适用的人员不同

劳动合同适用于各类人员；就业协议适用人群相当单一，仅限于高校毕业生。

5. 签订时间不同

就业协议是毕业生在离校前，落实单位后签订的；劳动合同是毕业生到用人单位报到后订立的。

（二）就业协议与劳动合同签订注意事项

1. 就业协议签订注意事项

第一，签订就业协议前，毕业生一定要全方位地了解用人单位的相关情况。例如企业的发展趋势、企业招聘的岗位性质、企业的员工培养制度、待遇状况、福利项目等系列内容，不但要掌握资料，更要实地考察。毕业生还需要重点了解用人单位的人事状况，了解其是否具有应届毕业生的接收权。

第二，毕业生在签约时要按照正常程序进行。毕业生持用人单位的接收函到院系领取就业协议书，先由毕业生、院系在协议书上签署意见后交用人单位，由用人单位签署意见后再交给学校，学校签字后纳入就业计划，协议书生效。有的毕业生为省事要求学校先签署意见，但这样做使学校无法起到监督的作用，最可能受害的将是毕业生本人。

第三，签署协议书时，一定要认真、真实地填写协议书内容。如果报考了研究生或准备出国，应事先向用人单位说明，并在协议书中注明。以往有毕业生向用人单位隐瞒这些情况，而后遭到违约处理。

第四，毕业生在签约时也要考虑对自身权益的保护。协议具有双向约定的作用，如果有双方需要相互承诺的部分，一定要在协议书或补充协议上加以说明。就业协议中可以规定违约金的数额，属于自由协商约定范围。

第五，毕业生在签约中，一定要注意条款的合理性。我国《劳动法》明确规定，用人单位不得以任何理由，向毕业生收取报名费、培训费、押金、保证金等，并以此作为是否录用的决定条件。

第六，毕业生、用人单位双方都不得单方面拖延签约周期。毕业生遇到问题而犹豫不决时，最好能够及时咨询高校就业部门负责老师，征求相关的意见和指导。

2. 劳动合同签订注意事项

第一，用人单位的基本情况要清楚。签订劳动合同时，劳动者首先要弄清用人单位的基本情况，要判断其是否是合法单位，它的法定代表人姓名、单位地址、电话要知道，这些信息可以通过上网查询工商登记信息获取，同时，可以要求将这些内容明确写在合同中。

第二，工作内容、地点要具体明确。劳动者要弄清自己的具体工作，并在合同中写明工作的内容和具体地点。在司法实务中，存在很多因工作地点约定不清、工作内容约定不清所引起的纠纷。比如合同中只载明“操作工”，这是一个范畴很广的概念，用人单位后来把劳动者调到另外一个更加烦琐的“操作工”职位，劳动者不愿意，引发劳动纠纷。又或者工作地点只载明北京，后用人单位把劳动者调到北京郊外工作，劳动者不愿意，引发劳动纠纷。

第三，劳动报酬要约定清楚。这里包括基本工资数额、绩效工资数额、计算方式、发放时间、支付方式等，都要在合同中一一写明。不要轻信老板的诺言，毕竟口说无凭。另外需要补充一点，有的单位采取扣发员工一个月工资的方式拴住劳动者，这种行为不具有法律效力。如果劳动合同终止后，用人单位拒绝提供被扣发的劳动报酬，劳动者可以通过劳动仲裁解决问题。

第四，双面合同不能签。一些用人单位为了应付劳动保障部门检查，准备了两份合同：一份合法规范，应付检查；另一份不规范、不合法，实际执行。由于存在一份签过字的“真合同”，所以在后期维权过程中，劳动者无法提供自身利益被损害的有效证据，索赔艰难。

第五，违反劳动法，侵害劳动者合法权益的合同不要签。如果劳动合同中要求劳动者必须遵守的规章制度中，包括要求劳动者加班加点，有的甚至连吃饭、上厕所都有严格时间规定，一切行动都得听从用人单位安排，这种剥夺劳动者人身自由的合同不能签。有一些更过分的，比如女职工不得结婚生育、因工负伤须“工伤自理”，要求劳动者签订生死契约等，这些条款在法律上无效，劳动者可以拒签。

此外还需注意的是：劳动者应要求用人单位对购买社保的事项做出约定；对于劳动合同中的一些免责条款，要多留意；不要签空白合同；劳动合同盖章后，劳动者本人和用人单位要各保管一份。

延伸阅读：《中华人民共和国社会保险法》。

第三节　思想政治教育专业就业形势与发展

一、思想政治教育专业的就业形势

思想政治教育是社会或社会群体用一定的思想观念、政治观点、道德规范，对其成员施加有目的、有计划、有组织的影响，使他们形成符合一定社会所要求的思想品德的社会实践活动。思想政治教育是我国教育的一项基本内容，为了提高公民综合政治思想文化素养，促进现代化社会和和谐社会建设，加强思想政治教育已经成为教育的根本任务之一。

1984 年，教育部颁布了《关于在 12 所院校设置思想政治教育专业的意见》，以标准化方式培养思想政治教育工作专门人才，思想政治教育专业由此诞生。该专业的人才培养目标是为社会培养既能掌握思想政治教育和马克思主义理论、又能从事本专业教学工作的教师，以及具备思想政治工作能力，在机关、企事业单位从事组织、管理、思政工作的专门人才。

二、思想政治教育专业的就业前景

思想政治教育系属于政治学科，是由思想政治教育引申出来的一门学问。从专业发展的历史可以看出，思想政治教育在任何时候都必不可少。20世纪80年代末，随着国内政治风波的涌动，国家和政府加大了思想政治建设的力度，思政教育重新被提升到关乎现代化建设前途和命运的位置上来。其主要研究方向有以下四个：思想政治教育原理与方法研究、马克思主义经典作家思想政治教育理论研究、中国共产党思想政治教育史研究（包括新时期思想政治教育的理论与实践）和中外思想政治教育比较研究。

以江苏大学为例，江苏大学马克思主义学院思想政治教育（师范）专业创办于1982年。2006年获批学校重点建设的品牌专业，2019年获批“三全育人”示范专业和江苏省一流本科专业，2021年获批国家一流本科专业建设点。

江苏大学马克思主义学院思想政治教育（师范）专业立足江苏、面向全国，对接新时代基础教育发展的战略需求，以立德树人为宗旨，依托马克思主义理论和哲学两个一级学科硕士点，根据国家标准构建“一流”专业培养体系，根据学生实际打造“精准”专业育人机制，培养乐于善于从事思想政治教育的“卓越”教师人才。

思想政治教育（师范）专业拥有一支教学能力强、教育情怀深的高水平师资队伍，创新“理论模块教学+技能系统训练+第二课堂拓展”协同育人模式，突出学生政治素养、综合能力、国际视野、创新思维养成，实行精细化、精准化培养，全面提升毕业生核心竞争力。近年来先后涌现出江苏省大学生年度人物、江苏省优秀共产党员、江苏好青年等先进个人。学生科研课题参与率达到100%，英语四级通过率达到100%，六级通过率高于80%，毕业生就业率稳定在100%，2021年考研升学率高达62%。毕业学生主要从事高校和中学思政课教学、高校辅导员、党政机关公务员、企事业单位党建等工作。

【本章小结】

大学生就业问题直接关系到国家的振兴、高校的发展及学生个人的前途，在高等教育大众化的今天，面对新时期高校毕业生越发严峻的就业形势，政府、高校、用人单位及学生本人都应该对大学生就业问题给予高度的重视，努力拓展解决大学生就业问题的新方法、新举措。

高校大学生就业问题不但需要政策的引导和扶持，而且需要高校拓展思路，加强对高校大学生的思想教育和职业规划教育，通过就业指导课程为学生做好就业指导，并为毕业生提供良好的就业环境，不断引导毕业生顺利就业。同时，高校应利用自身优势与相关企业单位进行联合人才的输送，加大人才培养的力度。

【本章思考题】

1. 简述大学生应该做好哪些方面的就业准备。
2. 毕业生常见的就业心理误区有哪些？该如何调适？
3. 怎样正确认识和理解大学生就业面临的机遇和挑战？
4. 试分别分析企业就业、公务员就业、自主创业对大学生素质的要求。
5. 试述就业协议与劳动合同的异同。

第三章 就业技能与提升

【本章导读】

近年来，我国制造业转型升级速度加快、服务业逐步发展壮大，特别是随着大数据、云计算、物联网等新一代信息技术的广泛应用，智能制造等新产业快速发展，数字经济、平台经济等服务业新业态异军突起，对就业产生了巨大影响。

国家发展改革委在新闻发布中表示，一方面，这些变化催生了大量新兴就业机会，创造了许多就业岗位，成为激发经济增长、带动就业的重要动力。比如，物联网安装调试员、工业机器人系统操作员等新岗位不断涌现，在线医疗、在线教育等新业态迅猛增长。另一方面，现阶段我国劳动者素质与产业发展不相适应的问题进一步显现，结构性就业矛盾等问题也越来越突出。“为适应制造业转型和新产业新业态发展要求，迫切需要我们在提升劳动者就业技能方面持续发力，久久为功。”本章将重点讨论新时代大学生在以市场需求引领模式创新，产教融合、校企合作不断深化的环境下，如何强化新产业新业态领域就业技能提升，提高自身就业竞争力，拓展职业发展的空间。

【案例导入】

××学院经济统计学专业 A 女生是 2018 届毕业生，她在校期间，经常泡图书馆，极少参加班级活动，且心态不够成熟。

A 女生的目的是考研，可等到考研成绩出来了，她发现成绩并不理想，因此知道没考上，于是选择了找工作。但由于之前一直处于备考状态，没有参加任何大型的招聘会，错过了招聘的“黄金期”，再加上没有任何工作实习经验，工作就更难找了。前一段时间她到杭州一家生物制药公司搞销售工作，工作了一个星期，由于工作辛苦，又对销售不太感兴趣，她选择了辞职，想着来年继续报考研究生。但是现在又放弃了这一目标（因为根据A女生的说法，研究生毕业后一样得工作，还不如现在先工作，到时有机会再读研）。于是A女生又开始找工作，在网上不断地投简历，由于投的单位太多，每当有单位打电话过来时，A女生还要根据电话号码上网查看是哪家企业、自己应聘的是什么职位，她几乎每天要跑两个单位参加面试，如此应聘了一个星期后却都没有回音。A女生对于未来的前景感到非常迷茫，不知所措。

案例分析：A女生的性格太急，而且心态不稳。她在大学期间忽视了对自身职业发展的探索、大学生活对职业生涯发展的影响及综合素质的培养。她由于害怕找不到工作而把希望寄托在考研上面，但考研究生并不一定适合每个学生，有的时候考研只是成了一个不去找工作、不去面对现实的借口。另外该学生在找工作时病急乱投医，什么都投，没有选择和自己能力相符合、自己感兴趣的工作岗位，岗位跨度太大，并且在选择工作时也没有认真思考过自己是否愿意去尝试这份工作，导致的结果是虽然不断地参加面试但是没有一个令自己满意的结果。

这是一例大学生没有做好职业规划的典型案例。以下将从两个角度对案例进行分析。

第一，根据霍兰德职业兴趣理论对案例进行分析。一个人的职业兴趣会极大影响职业适宜度。当他从事的职业与其兴趣相吻合时，就可能发挥最佳水平。所以在选择工作时要知道自己喜欢什么、想做什么、能做什么，一定要选择和自己能力相符合、自己感兴趣的工作岗位，岗位不要跨度太大。案例中的A女生忽视了对自己职业兴趣的探索，盲目地海投简历，这样的做法并不会让她获得一份满意的工作。

第二，根据明尼苏达工作适应理论对案例进行分析，当工作环境能满足个人需求，个人又能顺利满足工作要求时，职业稳定性和满意度就高。在求职过程中，毕业生要增进对自我及环境的探索。案例中A女生在求职过程中忽视了对专业知识、性格等自我认知及工作世界的探索，忽略了自我特性与职业特征是否相匹配，以至于对未来前景感到迷茫不安，毫无成就感。

接下来，A女生在进行了自我认知及职业认知以后，确定了职业发展的目标是外资银行，目标岗位是出纳员。求职目标确定好之后，A女生精心制作了突出自己个性的简历，将投简历的单位均锁定为外资银行。通过获得的面试机会，不断反省自己，总结提高自己的面试表现，最终被一家外资银行录用。

经验与启示：第一，大学生应尽早明确并做好自己的职业规划，及早做好面对工作世界的准备，应包括这四个步骤：评估自我、确定短期和长期目标、制定行动计划和内容、选择需要采取的方式和途径。在确定职业目标时应注意四个问题：一是认识自己的能力；二是认清自己所处的地位；三是量力而行，符合实际；四是努力付诸实施，多一些实践探索，增加对工作世界的体验和认识。

第二，意识到非理想就业的可能性，减少遭遇就业不理想时所受到的冲击。切记不要陷入以下五个职业发展方向的误区：一是对自己期望过高，要求太多；二是不自信，采取逃避的态度；三是盲目追求名企业和大企业；四是盲目追求热门行业；五是对企业和职位的主观判断过多。

第一节　就业技能

一、就业技能相关概念

顾明远主编的《教育大辞典》中给就业技能下了定义：就业技能（employability skills）是指个人寻找和获得工作，并在工作岗位上继续发展所需的技能，包括善于搜集和分析职业资料、推荐自己等。为深化对就业技能的理解，需掌握以下几个概念。

（一）就业能力

就业能力（employ ability）的概念最早出现在20世纪初的英国，由英国经济学家贝弗里奇（Beveridge）于1909年首先提出。他认为就业能力即"可雇用性"，是指个体获得和保持工作的能力。20世纪80年代后期，美国一些学者对此概念进行了修订，认为就业力是一个获得最初就业、维持就业和重新选择、获取新岗位的动态过程，在强调就业者就业能力的同时，加入了就业市场、国家经济政策等宏观方面，更全面地阐释了就业能力的整体概念。2005年，美国教育与就业委员会再次明确了就业力概念。然而，随着当代中国社会经济发展对职场产生的深远影响，就业能力也被赋予了更多的内涵。首先，社会的发展使得整体人才素质大幅提高，就业市场竞争日益激烈。如何赢在职业的起跑点，如何打造适应当代职场特点的就业能力，成为人们关注的热点。其次，全球化进程的加速，给职场环境带来了重大变革。身处多元化、国际化的工作环境，职场人士需要不断提升能力素质，开阔视野，以获得更广阔的发展空间。再者，随着人才测评理论的发展，企业越来越重视针对不同的岗位选择不同类型的人才。人力资源管理的核心也从单纯对“事”的管理，即强调工作绩效，而转变为重视对“人”的管理。员工的流动率、工作满意度、职业生涯发展、组织忠诚度等也成为企业人力资源管理中重要的部分。

（二）就业力

就业力即“可雇用性”，是指获得和保持工作的能力。就业力不仅包括狭义上理解的找到工作的能力，还包括持续完成工作、实现良好职业生涯发展的能力。

（三）大学生就业能力

大学生就业能力是为适应就业市场的变化而提出的。当代大学生的就业能力主要是指实现大学生就业理想、满足社会需求、实现自身价值的能力。主要体现在大学生的职业目标是否明确、知识技能是否扎实、就业心态是否端正、是否有适应岗位的实践能力等。应届毕业生这一特殊群体，是职场上的新人，面临着从校园环境到职场环境的转换，从学生角色到职业角色的转变，从学习能力到工作能力的延展。如何立足职场，应对压力与挑战，保持职业可持续发展的潜力，不仅是应届生迈入职场前的必备功课，也是企业在挑选人才时的考量标准。

（四）核心竞争力

核心竞争力是不可被替代的能力，个人核心竞争力是指个人能以自身知识技能为基础，并能在不断学习中创新、整合可利用资源，为组织或个人带来利益的一类不易被竞争对手效仿的、具有持续竞争优势的、独特的能力组合。简言之，就是别人没有的，独特的个性、背景、知识和经验的组合。为提高核心竞争力，我们首先需要做到了解自己，做好自我解剖。美国著名心理学家麦克利兰于 1973 年提出了一个著名的素质冰山模型，所谓“冰山模型”，就是将人员个体素质的不同表现表示划分为表面的“冰山以上部分”和深藏的“冰山以下部分”（见图 3-1）。技能（skill）、知识（knowledge）、社会角色（价值观）（social roles）、性格特质（self-image）、品质（trait）、内驱力/动机（motive），图中涉及以上的关键词，其习得（改变）的难度越来越大，被感知的难度也越来越大。

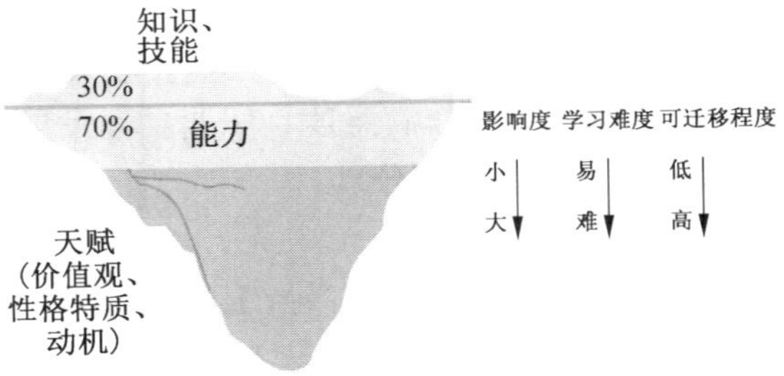

图 3-1　冰山模型

冰山模型最早用于人才选拔，通过对“人”的能力素质的分析，甄选适合组织需要的人才，因为能力素质决定“人”是否能够获得组织预期的结果。冰山模型指出具有什么样的能力素质就会产出什么样的结果，能力素质其实给出了“人”获得成功的必要条件。冰山模型分为两部分。一部分是露在表面能够看到的“冰山之上”的部分，基本上体现出“人”的外在特征，不需要深入接触，通过简单观察分析就能识别，例如“人”的知识水平、从业经验、技能水平等。另一部分是深藏起来看不到的“冰山之下”的部分，必须深入接触，通过系统分析才能识别，例如“人”的态度、价值观、自我形象、特质、动机等。“人”的能力素质是指整个冰山，冰山模型决定了“人”的最终行为结果。从冰山模型可以发现，越是“冰山之上”越便于识别、易于改变，越是“冰山之下”越难以识别、不易改变，但是主导“人”的行为的却是“冰山之下”的部分，而且层次越深，影响效果越明显。

企业在招聘人才时，不仅对技能和知识进行考察，还会从应聘者的求职动机、个人品质、价值观、自我认知和角色定位等方面进行综合考虑。如果没有良好的求职动机、品质、价值观等相关素质的支撑，能力越强、知识越全面，对企业的负面影响反而会越大。根据冰山模型，素质可以概括为以下 7 个层级（见表 3-1）。

表 3-1　素质的 7 个层级

素质层级	定义	内容
技能	指一个人能完成某项工作或任务所具备的能力	如：表达能力、组织能力、决策能力、学习能力等
知识	指一个人对某特定领域的了解	如：管理知识、财务知识、文学知识等
角色定位	指一个人对职业的预期，即一个人想要做些什么事情	如：管理者、专家、教师

续表

素质层级	定义	内容
价值观	指一个人对事物是非、重要性、必要性等的价值取向	如：合作精神、献身精神
自我认知	指一个人对自己的认识和看法	如：自信心、乐观精神
品质	指一个人一致、持续而稳定的行为特性	如：正直、诚实、责任心
动机	指在一个人内在的自然而持续的想法和偏好，驱动、引导和决定个人行动	如：成就需求、人际交往需求

二、就业技能的构成

郑晓明在其《“就业能力”论》一文中对大学生就业能力的描述为：大学生的就业能力不单纯指某一项技能、能力，而是学生多种能力的集合，这一概念是对学生各种能力的全面包含。在内容上，它包括学习能力、思想能力、实践能力、应聘能力和适应能力等。学习能力是指获取知识的能力，它是就业能力的基石；思想能力是指思维能力（包括创新能力）和政治鉴别力、社会洞察力、情感道德品质的综合体现，它是大学生思想成熟与否的标志；实践能力是指运用知识的能力，是就业环节中的点睛之笔，是各种能力综合应用的外化体现；适应能力是指在各种环境中驾驭自我的心理、生理的调节能力，它是大学生就业乃至顺利完成由学生角色向社会职业角色转变的关键。

一般来讲，大学生就业技能应包含以下几项。

（一）基本工作能力

基本工作能力是实现顺利、充分就业的首要前提。一般企业认为学生应具备的工作能力既包括阅读、写作、计算、倾听表达等基础能力，也包括人际交往、组织管理、协调沟通、统筹规划、外语和计算机运用及操作等能力。而优秀的职业精神、意识和道德再加上基本的工作能力等构成了大学生成功就业的基本素质，这是用人单位要求大学生必须具备的。之所以大学毕业生的基本工作能力被用人单位越来越看重，是因为它是就业后个人、单位的发展有活力的根本保障。

（二）专业知识能力

大学生的专业知识能力是运用基本理论和方法解决实践活动中所遇到的问题的能力。而这种能力是大学生在学校经过系统的专业课程讲授、培训和考核而形成的。一般专业知识能力包括动手能力、分析和解决问题的能力、学习与专业相关的新知识新技能的能力等。大学生通过严格的专业训练，系统、全面地掌握了本专业、本学科的基本理论和方法，分析解决实际操作过程中遇到的问题，与实际相结合创造性地开展工作，并不断与新情况相结合来学习新知识、新技能，解决新问题。专业知识能力包括专业知识、技能两个层面，前者是基础，后者是核心。而构成大学生就业能力根本要素的专业知识能力对求职者尤为重要。

（三）心理调适能力

大学生心理调适能力主要是指大学生在求职过程中面临各种挫折和压力时，产生对自身发展不利的心理状态的情况下能够及时迅速地做出反应、做好自身的自我调整及恢复的能力。一般在步入社会前，大学生遇到的困难较少，走上求职之路时，他们会慢慢地意识到社会及人际关系的复杂性，面临的困难和挫折也会随之而来，如果不能妥善处理，就会给自身带来消极情绪的影响。此时具备良好的心理调适能力就变得尤为重要，通过心理调适来不断调整和恢复，消除不良情绪。良好的心理调适能力是大学生顺利就业的助推器，这样大学生能够积极应对求职之路上的种种变化，让自己立于不败之地。

（四）创新及创业能力

大学生创新能力实质是各种智力因素和能力品质在新的层面上融为一体、互相制约、有机结合所形成的合力，它是一项综合能力。一般创业能力从广义上讲是指创立基业、开创事业、开拓事业、开拓业绩、创建新企业的能力。用前人创造的成就和业绩为基础，做出新的成果和贡献，其内涵既是开办和首创，其过程又是困难与艰辛，充分体现其开拓性与创新性。而当今时代是一个创业的时代，社会为大学生创业提供了良好的经济和政策环境，同时也为大学生创业提供了良好的教育条件，新兴职业的不断涌现为大学生创业提供了广阔天地。

（五）环境适应能力

很多大学生在真正地走向社会之前，无一不抱有远大理想，但他们常常不能适应现实社会，此时，大学生不应有过多的埋怨，而应当不断调整自己，使自己能够快速地与社会要求相适应，尽早地融入现实生活。而良好的适应能力并不是与生俱来的，大学生必须了解自己的适应能力，在学校学习、日常生活中要有意识地锻炼自己，开阔自己的视野，为今后的工作储备好能够与各种情况相适应的能力，为成功就业打下坚实的基础。在一定程度上，环境适应能力是关系到大学生能否成功就业的决定因素之一，只有充分融入所处的新环境，才能在职场中游刃有余。

第二节　就业能力提升

一、专业能力要求与提升

专业能力，指的是一个人从事某项专业工作的能力，比如教师的基本教学能力，主持人的语言表达能力、场控能力、随机应变能力。这些都需要通过专业知识积累和参加社会实践不断地总结经验来提升。

近期，中国青年报社社会调查中心联合问卷网（www. wenjuan. com），对 1919 名大学生进行的一项调查显示，87. 2%的受访大学生在专业学习上遇到过困扰。67. 3%的受访大学生建议学校能定期开展学业讲座，为学生答疑解惑。受访大学生中，文科生占 27. 7%，理科生占 54. 2%，工科生占 17. 1%，其他学生占 1. 0%。受访大学生面临的主要困扰有：学习没有目标（51. 8%）、找不到学习方法（49. 2%）、学习欠缺自主性（40. 8%）。面临的其他困扰还有：对本专业没有兴趣（37. 6%）、没有学业发展规划（37. 0%）及学习效果不理想（31. 1%）。调查显示，学习上遇到困难时，59. 7%的受访大学生会网上找学习资料，49. 6%的受访大学生会找学长学姐寻求建议，43. 6%的受访大学生会向学得好的同学请教；其他做法还有：向辅导员或班导求助（40. 0%）、向同学倾诉（36. 2%）和自己想办法（24. 4%）等。针对如何帮助大学生更好地学习，67. 3%的受访大学生建议学校能定期开展学业讲座，为学生答疑解惑，55. 5%的受访大学生建议学校能成立服务学生学业发展的部门，53. 6%的受访大学生建议学校在新生入学时开展学业宣讲，帮助学生树立学业目标。其他建议还有：班导、辅导员等多关心学生的学业情况（50. 4%），鼓励专业教师为学生提供指导（40. 4%），帮助学生与学长学姐结对子（19. 4%），等等。

就工作与专业的关系而言，当前大学生寻找工作时，有专业对口型、专业相关型和专业无关型。专业对口型是从事与专业紧密相关的工作，这类大学生在技术类专业中约占 70%，且以工科大学生居多；专业相关型是从事与专业有一定关系的工作，这类大学生在非技术类专业中约占 80%，以中文、历史、哲学、经济、管理、语言居多；专业无关型是指所从事工作与所学专业几乎毫无联系，这类大学生在各类专业中均存在，如技术类专业毕业生从事非技术类职业，非技术类专业毕业生从事技术类工作。可见，用人单位在选聘人才时，对应聘人员的专业要求并不是一概而论的。对于技术要求较高的岗位，用人单位一般要求专业对口，对专业能力要求较高；而非技术类岗位对专业的要求没有这么严格，但还是要求与专业相关联，重点在于考查应聘者的综合素质、专业基础能力和知识的运用能力等。总的来说，多数用人单位对大学生的专业能力还是比较看重的，招聘专业相关型和专业无关型岗位的用人单位，往往是通过学生的专业学习态度和学习能力来判断他的价值观和潜能的。

为帮助大学生更好地提升专业能力，首先我们要掌握相应的专业学习方法，可以从如下四方面入手：第一，抓住入学初期的入学教育，针对专业大类学生实施为期一周左右的入学教育，从总体方向上让大学新生了解高校教育教学制度和工作的基本情形、教师与学生的工作和交往的基本规范、专业学习的基本规律。第二，积极主动和学业导师、科研导师等沟通交流，增进师生的相互了解，便于导师采取因材施教的方式指导学生选择适合的学习方法，并且随时、及时解答新生专业学习上的困惑。第三，掌握专业相关的理论与技能，在实践中探索理论的运用，逐渐培养起对专业知识学习的兴趣。第四，充分利用互联网资源，随着互联网的快速发展，知识获取的便捷度极大提高，大学生要掌握知识搜索方式方法，善于利用互联网资源。

二、通用技能要求与提升

【案例】

在古希腊哲学家伊壁鸠鲁取得了一些成绩，特别是有了一些声誉之后，许多地方都向他发出了演讲的邀请。能够到各地去演讲，伊壁鸠鲁当然乐意，但是究竟讲些什么呢？一时间，伊壁鸠鲁犯了难。

有朋友向他提出建议：当然是讲你自己想说的话呀，人家之所以邀请你去演讲，就是想从你的身上学到知识，不然，人家为什么邀请你去演讲？伊壁鸠鲁觉得有道理。于是，他将自己的哲学思想进行了整理，并写成了演讲稿。可是，因为他研究的哲学领域非常深奥，甚至可以说晦涩，尽管他在台上滔滔不绝，但听者都无精打采。因为大家都听不懂啊，对于听不懂的话，谁有兴趣听呢？

伊壁鸠鲁发现，虽然自己讲得辛苦，但听者却打起了瞌睡，这让他的心里很难过。于是，又有朋友建议：不妨讲些别人都喜欢听的吧，只有人家喜欢听，你讲起来也才有意义啊。伊壁鸠鲁仔细想了想，觉得有道理。于是，在再次演讲的时候，他便将自己精心搜集起来的，大家喜闻乐见的趣事、新鲜事一股脑儿地讲了出来。还别说，大家一听，果然劲头十足，一个个被逗得哈哈大笑，每次演讲完毕，都意犹未尽。可是，讲着讲着，伊壁鸠鲁又觉得不对劲了。虽然大家都喜欢听他演讲，但谁都无法从他那里学到知识。如果长此以往，那他就不是哲学家，而变成一个专讲笑话逗乐的小丑了。这让伊壁鸠鲁再次犯了难。

最后，伊壁鸠鲁只得去向自己当年的老师请教。伊壁鸠鲁说："老师，我演讲时，是讲我喜欢说的东西好呢，还是讲观众喜欢听的东西好呢？"老师说："以别人喜欢听的方式，来讲自己想说的东西，最好。"

伊壁鸠鲁恍然大悟。从此，他将自己研究的哲学，当成小段子、小笑话，来向大家演讲，不但深受听众喜爱，还宣扬了自己的思想。任何人的生活，都离不开社交，而社交总是需要讲话，来达到与人沟通的目的。如果一味地讲自己喜欢讲的话，不管别人乐不乐意听，未必有人能真正听进去。如果一味地讲别人喜欢听的话，不管是不是自己想说的，别人虽然能听进去，但因不是自己想说的，未必对自己有益。所以，最好的沟通，是"以别人喜欢的方式，来讲自己想讲的话"。

所谓通用就业力（general employability profile），是指能够获得初次就业、保持就业以及在就业之后能够胜任本职工作的基本能力和素质。这里提出的通用就业力，排除了专业领域知识和技能的差异，是对就业者所具备的一般就业能力的考查。同时，也是从个性心理特征角度全面测量与工作绩效最相关的性格特征。

对求职者而言，有一些能力，无论从事什么职业，都是不可或缺的。主要有以下几项通用能力。

一是积极乐观的心态。简单来说，乐观能够为自己减压，增强一个人的忍耐力，而这正是企业看重而年轻人常常缺乏的能力。每个人在生活中都会遇到各种不同的困难，每个人都压力重重。对于解压，消极的方法有逃避、放弃、忘记、归咎于他人等。这些方法或许有用，但问题依然存在。要真正解决问题，就必须直面压力，以一种积极的方法去解压。比如分析、反省失败的原因，然后从根源上去解决问题。

二是持续学习力。也就是终身学习的能力。人人都知道学习很重要，但拥有良好学习习惯的人却很少。一方面是这些人不懂得学习方法，另一方面是他们很少拥有成功的经验、从没有享受过学习的乐趣，学习对他们来说，自然困难重重。事实上，学习是一件越做越容易的事情，学习常常发生转移，很多相关的内容只要肯学，一通百通，哪怕在一开始完全不懂。

三是亲和力。在现代社会中，人们普遍认为，情商比智商更重要。而亲和力，与情商五因素中的第五个即“妥善处理人际关系”密切相关。有亲和力的人，容易得到别人的信任，做事也容易成功。亲和力也是领导者必备的条件。锻炼自己的亲和力，可以从模仿开始：得体的微笑、有礼貌而真诚的寒暄，等等。时间久了，模仿的行为就能变成自发的行为，自己也就能够变成一个有亲和力的人了。

四是语境理解力。我们常常与别人讨论问题，也常常在讨论的过程中发生“鸡同鸭讲”——讨论完全不在一条线上的情况。如果双方的沟通需要通过第三方的转述，这种情况就更为严重。语境理解力正是解决这一问题的关键，即明确理解一个人的意思，并进行合理、客观的转述，以达到沟通顺利的目的。在这一能力中，控制自己的情绪、有逻辑地思考及清晰地表达是支柱。在讨论问题之前，将重要论点整理清楚，也是重要的方法。

五是处理人际关系的能力。独学无友，则孤陋而寡闻。工作也是一样，闭门造车永远不会有进展，我们需要与有能力的人交往，如此才能更好地提升自己。在开拓人脉的过程中要主动去见你想见的人，不要消极等待，也不要功利化，不能只想从对方那里得到好处。你也为别人提供你可以提供的最好信息，在关键时刻你才能得到别人的帮助。换句话说，你必须增强自己的信息提供力，使自己成为一个信息集散中心，如此，良好的人际关系网自然也就建立起来了。

六是团队合作能力。交给别人还不如自己做更快？自己做的根本原因不是更快，而是你只能自己做，因为你无法协调团队人员进行协作。自己事事都做的最终结果是什么？是自己越来越累，却永远也没办法发挥团队人员的专业能力和特点，自己做了太多琐碎的工作。要解决这个问题，就必须提升自己的团队合作能力，根据团队的特点选择合适的人选，并进行真诚的感谢。

七是沟通能力。随着年龄的增长、经验的丰富，总有一些人变得听不进别人说话，他们变成了总是强迫别人接受自己意见、对别人的话匆匆否定的人。这样的人不会得到太好的评价，也不会有人愿意与其合作，最终也就导致了许多工作不能顺利完成。为了避免此类情况的发生，倾听比表达更重要。其中重点在于：培养信赖、确定相同的目标、拥有专业的知识、对方的问题让对方做最终决定。只有以成为顾问型的领导为目标，才能更好地实现自我发展。

八是生涯规划能力。有许多员工，领导说什么，就做什么。领导不说的，就什么也不做。有许多领导，要求员工“按我说的做就行了”。对于企业来说，影响或许还不大。但对于员工本身来说，成为一个“待命族”，只会把自己的职业生涯打入低谷。想要职业有所发展，最重要的是自己为自己设定目标，发现理想与现实的差距，从而想办法去弥补其中的差距。其技巧在于：细化日程，事项逐一完成。同时预想工作展开的情境，为自己进一步的工作进行指引。

三、综合素养要求与提升

【案例】

案例一：2016 年 12 月 27 日，一场不同寻常的入党宣誓仪式在北京友谊医院举行。中国共产党的同龄人、95 岁高龄的世界著名麻风病防治专家李桓英女士在此宣誓，正式成为中国共产党党员。李桓英说：“我这些年来取得的成绩，与党组织的关心和支持是分不开的。人的生命是有限的，如果去世后，身上不能披上一面党旗，那会遗憾的。”出生于北京的李桓英于 20 世纪 40 年代获得美国约翰斯·霍普金斯大学细菌学和公共卫生学硕士学位，1950 年成为世界卫生组织首批官员。1957 年，她放弃了世卫组织工作续约的邀请，离开了已在美国定居的家人，只身一人回到祖国。从此，她将全部精力都奉献给了中国的麻风病防治和研究工作。“入党和做研究一样，都是追求真理。服务了快 60 年，我觉得自己现在可能合格了。但还不能放松，还要继续奋斗。”李桓英在入党仪式上激动地说。

习近平总书记关于“党的领导是中国特色社会主义最本质的特征”这一重要论断从中国特色社会主义本质特征的高度强调了党的领导的极端重要性，使我们对党的领导和中国特色社会主义的认识达到一个前所未有的新高度。今天，我们学习习近平总书记重要讲话，总结历史经验，最重要的就是要深刻理解和认识这一论断，使党始终成为中国特色社会主义事业的坚强领导核心。

案例二：北宋词人晏殊，素以诚实著称。在他 14 岁时，有人把他作为神童举荐给皇帝。皇帝召见了他，并要他与 1000 多名进士同时参加考试。结果晏殊发现考题是自己 10 天前刚练习过的，就如实向宋真宗报告，并请求改换其他题目。宋真宗非常赞赏晏殊的诚实品质，便赐他“同进士出身”。晏殊当职时，正值天下太平，京城的大小官员便经常到郊外游玩或在城内的酒楼茶馆举行各种宴会。晏殊家贫，无钱出去吃喝玩乐，只好在家里和兄弟们读写文章。有一天，真宗提升晏殊为辅佐太子读书的东宫官，大臣们惊讶异常，不明白真宗为何做出这样的决定。真宗说：“近来群臣经常游玩饮宴，只有晏殊闭门读书，如此自重谨慎，正是东宫官合适的人选。”晏殊谢恩后说：“我其实也是个喜欢游玩饮宴的人，只是家贫而已。若我有钱，也早就参与宴游了。”这两件事，使晏殊在群臣面前树立了信誉信用，而宋真宗也更加信任他了。

“诚者，信也”“信，诚也”，这是古人对“诚”和“信”的解释。诚信是一个道德范畴，是诚实和信用的综合表现；即待人处事真诚、老实、讲信誉，言必信、行必果，一言九鼎，一诺千金。诚信分开理解：诚，真实、诚恳；信，信任、信誉和信用。所以说，诚信，是诚实无欺、信守诺言、言行相符、表里如一。

“诚实守信”是中华民族的传统美德，也是革命传统道德的重要内容。所谓“诚实”，就是说老实话、办老实事，不弄虚作假，不隐瞒欺骗，不自欺欺人，表里如一。所谓“守信”，就是要“讲信用”“守诺言”，也就是要“言而有信”“诚实不欺”。

1. 树立正确三观，坚定理想信念

大学生“三观”和理想信念在形成和发展的过程中，受到各种各样的因素相互交织产生的影响；同时，随着改革开放的不断深入、全球化浪潮的急速推进、科学技术的迅猛飞跃、形形色色的社会思潮大量涌入，大学生常常感到迷茫、困惑甚至无所适从，同时也会不自觉或盲目地受到某种思想观念和行为方式的影响。

大学生应当拥护中国共产党的领导，努力学习马克思列宁主义、毛泽东思想、中国特色社会主义理论体系、习近平新时代中国特色社会主义思想，深入学习习近平总书记系列重要讲话精神和治国理政新理念新思想新战略，坚定中国特色社会主义道路自信、理论自信、制度自信、文化自信，树立中国特色社会主义共同理想；应当树立爱国主义思想，具有团结统一、爱好和平、勤劳勇敢、自强不息的精神；应当增强法治观念，遵守宪法、法律、法规，遵守公民道德规范，遵守学校管理制度，具有良好的道德品质和行为习惯；应当刻苦学习，勇于探索，积极实践，努力掌握现代科学文化知识和专业技能；应当积极锻炼身体，增进身心健康，提高个人修养，培养审美情趣。中国梦是国家的梦、民族的梦，也是包括广大大学生在内的每个中国人的梦。

祖国的未来无限美好，青年的前途无限光明。只有把人生理想融入国家和民族的事业中，树立为实现中华民族伟大复兴的中国梦而奋斗的决心和信心，勇做走在时代前列的奋进者、开拓者、奉献者，才能最终成就一番事业。让青春承担责任，让责任引领人生，青年学生应与时代同步伐、与祖国共命运、与人民齐奋斗，创造激情燃烧的永恒青春！

2. 树立公民意识，强化责任担当

我国社会主义现代化建设的根本目的是实现国家和民族的伟大复兴，落实到个人是促进个人的全面发展，体现在思想、意识层面就是公民参与社会生活的水平和境界大大提升。我国著名学者李慎之先生说："千差距，万差距，缺乏公民意识，是中国与先进国家最大的差距。"我国当前所面临的一个重要的问题，就是公民的政治素质特别是公民的个人意志还没有上升为国家意志，从而使得公民参与经济、文化建设的热情和积极性不高，这已经成为阻碍我国现代化进程的障碍之一。

一个国家是存在两种实力的，一种是硬实力，一种是软实力。硬实力是指支配性实力，它是指一国的经济力量、军事力量和科技力量；通俗地说，硬实力是指看得见、摸得着的物质力量。软实力作为国家综合国力的重要组成部分，特指一个国家依靠政治制度的吸引力、文化价值的感召力和国民形象的亲和力等释放出来的无形影响力。在科学技术引领下的现代化浪潮中，公民意识是软实力的重要衡量指标。国民形象是国家软实力的重要构成部分，公民意识是国家现代化发展的重要衡量指标。

党的十八大以来，国家多次提出"加强公民意识教育，树立社会主义民主法治、自由平等、公平正义的理念"。这表明，加强公民意识教育已成为当代中国扩大人民民主、弘扬法治精神、建设社会主义政治文明的一项重要内容。加强公民意识教育，最要紧的是要把公民意识教育落到实处。在提高公民意识的过程中，学校系统显然是最系统化的强有力的影响因素之一，而大学阶段无疑又是公民意识形成的关键时期。作为当今社会具有较高文化素养的特殊群体，大学生是刚刚开始全面享受权利和履行义务的公民，并且很快又将走上社会成为各条战线上的骨干。大学所提供的各种政治信息和理论产品，可以在更广泛的社会领域内影响社会成员的公民意识。大学生的公民意识状况如何，将直接影响到整个社会公民意识的水平。因此，深入探索增强大学生公民意识的方式和途径，加强大学生公民意识教育，把大学生塑造成合格或优秀公民，是高校思想政治教育的新使命。

3. 做好示范引领，争当时代先锋

大学生的正面影响可以通过多种方法展现。比如，参加公益广告设计，以自己真实亲切的形象，提高人们对公益事业的关注度，强化群众对广告的印象。通过大学生进社区活动，向社区的居民们宣传道德知识和法律常识，加大普法力度，营造知法懂法的社会氛围。利用假期参加实践活动，开展住校性的支教活动，提高自身的实践能力。大学生除了努力学习好知识，掌握好专业技能以外，更重要的是要用学到的东西服务这个社会。当学生走出大学的校门，迈入社会，要有意识地培养自己的社会服务意识，传播正面社会影响。“赠人玫瑰，手有余香”，志愿者活动的价值是不能用金钱来衡量的，这是一笔无形的精神财富。大学生应用心服务，传承志愿者的无私奉献精神，让这精神像阳光一样洒满社会各个角落。

4. 自觉遵纪守法，做自律的好青年

“没有规矩，不成方圆。”法律是最低的道德要求，法律时时与我们相伴，法律就在我们身边。“遵纪守法”指的是每位公民都要自觉学习国家的法律法规，遵纪守法，尤其是要遵守职业纪律和与职业活动相关的法律法规。当然，在校大学生除了学习并严格遵守学校的校纪校规之外，还要监督他人行为，自觉制止违法行为。

自律精神的培养与塑造是大学生思想政治教育的重要目的，有利于实现学生在大学教育中的主体性地位。为了成为一名合格的大学生，成为社会需要的有用之才，大学生要在学习、生活的各个方面严格要求自己、监督他人，做遵纪守法的模范。学习、掌握基本的法律法规以及学校的校规校纪，目的在于知法、懂法、守法，用法律与规范约束自己的行为，监督并引导他人。遵守校规校纪，这是对每个大学生的基本要求，大学生应通过学习，学会自警、自省，在培养自律品质的同时，遵守国家法律与校规校纪。

5. 坚持诚实守信，做到表里如一

“诚实守信”是建立市场经济秩序的基石。市场经济是交换经济、竞争经济，又是一种契约经济。因此，如何保证契约双方履行自己的义务，是维护市场经济秩序的关键。一方面，我们强调市场经济是法治经济，是用“法律”的手段，维护市场的“秩序”；另一方面，我们还必须用道德的力量，以“诚信”的道德觉悟，来维护正常的经济秩序。市场经济的健康运行，不仅靠对违法者的惩处；更重要的，是要使大多数参与竞争的人，能够成为竞争中的守法者，成为一个有道德的人。如果没有道德教育，没有荣辱观念，没有羞耻之心，都信奉“自私自利”“损人利己”的价值观念，人们就会想方设法以各种手段获取利益，人和人之间的交往就无法正常进行。一旦社会失去了“诚实守信”的道德基石，失去了以“诚实守信”为荣、以“背信弃义”为耻的舆论氛围，市场经济的正常秩序就根本无法建立起来。“法治”和“刑罚”着重于惩罚那些已经违法犯罪的人；而道德教育和“德治”则着重于教育和预防。

在现代文明社会中，个人的诚实和信用对其成长和今后发展越来越重要，没有诚信和失去诚信的人将可能无法成长和发展，甚至无法立足于当今社会。例如，国家各部门都在建议设置信用系统并联网。某个人在某个方面的不良信用记录，会影响到生活和工作的方方面面。恪守信用承诺，应始终把信守承诺和严格履约作为一项基本的行事准则和道德要求。大学生应坚持求真务实和实事求是，率先垂范，身体力行，带头加强自身的思想道德修养，牢固树立马克思主义世界观、人生观和价值观，真正做到内诚于心，外信于人。

第三节 思想政治教育专业就业实践指导

一、简历制作注意事项

（一）简历的基本构成

思想政治教育专业毕业生一般会进入各种国家机关、高等院校、科研单位、新闻出版等事业单位、中小学及有关企业单位，负责党务、宣传、行政、组织、党团工作和管理工作。一份优质的简历，会给人留下良好的第一印象，获得更多求职成功机会。一份完整的简历需要包括以下几个部分（不同情形下顺序不同）。

1. 照片清晰、端庄、大方。

2. 基础信息包括姓名、居住地、联系方式（微信、手机号、邮箱，三个都要写，因为你不知道对方会常用什么方式，如果因为少写了联系方式而错过了信息，就得不偿失了）。

3. 个人简介要简单介绍自己的过往经历，把自己做过的事情串成一条线描述出来。如果有很厉害很棒的项目经历，可以在简介中用数据进行简述。个人简介应短小精悍，以总结为出发点，切忌废话，写虚的东西没有意义，例如“具有较强的学习能力”这句话在没有成绩佐证的情况下不会有任何作用。

4. 教育经历须标明毕业院校、专业及所学课程（挑两三个比较具有代表性的即可，这里因人而异，不同专业的代表课程不同）、辅修学位（有就写，没有就别提这个）、成绩排名（成绩优异的同学可以写）等。

5. 实践经历包括以下几点：

（1）校园经历（复试简历侧重点）。

这一部分可以选择性地写一些社会实践、学生工作等相关经历。在学校参与过项目的同学可以着重描述一下这个项目，以及自己在这个项目里所做的事情，描述的时候可以加入客观数据进行总结。这个经历可以使招聘方对你的实践过往有一个大致的了解。

（2）实习/工作经历（工作简历侧重点）。

按照时间从近到远来描述，写明时间、公司（全称）、岗位。

日常工作：对日常工作进行描述，着重突出自己这个岗位是做什么的，如果有作品可以附上链接（可以用 PDF 直接跳转链接，方便查看）。

项目经历：在实习中如果参与过项目那是最好不过的了，描述形式就是“项目描述及你在其中主要做了何事，附加数据与链接”。

技能证书/奖励荣誉包括以下几类：

① 认证证书：普通话证书、技能证书、计算机证书等。② 语言证书：英语（以最高成绩为准，比如小明过了四级也过了六级，那就写 CET-6×××分）分数高的一定要写，这是简历上对你英语能力的最好表现。小语种同理。格式：×××考试-级别。例如：韩语 TOPIK-3 级/日语 JLPT-N3。③ 奖励荣誉：校级以上的都可以写，院里的最好是具有特色并且含金量高的，含金量不高的不建议写。

注意事项：

· 不要一味地套模板，写简历之前想好框架，理清思路。

· 主次分明，突出重点，把核心优势放在最显眼的位置。

· 不要写废话，保证自己简历里的每一句话都能展现自己的能力。

· 不要出现错别字和病句等。

· 照片用证件照或者合适的照片，与简历主色调协调即可，不要放带着贴纸的自拍照，简约大方是标准。

（二）简历中的常见问题

1. 低级问题

简历中存在的低级问题是指毕业生在准备简历时由于个人意识模糊、

求职方向不明确、准备工作不完善等造成的问题。此类问题通常容易修改和调整，包含以下 5 种情况：

（1）简历格式错误。部分学生认为简历可以表格或列表的形式出现，但实际上表格类型的简历不够正式，通常被认为是求职类网站填写完成后直接下载或复制的结果，会侧面反映出求职者的态度不认真。另外，有一部分简历出于美观考虑，设置底图或使用色彩过于丰富的装饰图片等。这类过度装饰的简历如果在电脑上展示可能不会产生严重的影响，但如果是黑白打印出来的，装饰图可能会影响阅读效果，反而给简历减分。简历应该采取简洁明快的设计样式，以及相对统一的字体和字号，力求做到重点突出、内容合理、美观大方。

（2）时间顺序错误。简历是对过往表现的梳理和总结。有些学生理所当然地认为需要按照时间顺序去描述，从大一开始写起，最后写大四或研究生期间的表现。实则不然，简历中各部分经历要按时间的倒序来展示，即首先写最近发生的事情。其实道理很简单，通常来讲，简历的有效阅读时间很短，负责简历筛选的人力资源部只有几十秒的时间去判断这份简历是否通过审核。这就要求学生把自己最优秀的表现放在最突出的位置，才能在有限的时间内让别人读到重点。举个例子，有的学生大一入学后参加学生会担任干事、部员，大二成功当选了部长，大三成了主席，当然应该把主席的这段经历写在简历的最上方。相反，如果把干事写在前面，后面写部长和主席的经历，后面的经历就很容易被忽视，直接影响到用人单位对毕业生的判断。

（3）简历中有错别字、病句。在撰写简历的过程中，学生有时难免会由于马虎或计算机录入误操作等而使用病句或错别字，这是简历中最容易犯的错误，也是比较致命的问题。为什么这么说？因为简历理所当然就是自己形象的展现，如果简历中存在错别字或病句等低级错误，就意味着个人的不细致或对待简历态度的不认真。往往在后期面试的过程中，学生还喜欢形容自己是个“严谨认真或者对待工作仔细、追求完美”的人，可简历中存在着这样明显的错误，恰恰和自己的定位不一致，很容易给自己“挖坑”。

（4）关键信息不突出。因为简历中包含个人的所有经历，难免繁多纷杂，如果不能够将关键信息突出，就会像流水账。有些学生将在校期间的表现事无巨细、无论重要与否都写下来，这就会导致想突出的核心信息不能放在明显的位置，短短的简历阅览时间不容易找到重点，从而失去竞争的机会。还有些学生将某一段实习实践经历描述得过分详细，甚至将某一项工作从接手到完成的每一个环节都描述得格外“生动”，整体比较像记叙文而不能达到简历的简明扼要的要求。

（5）排版不整齐、不美观。现在，有的学生仍然使用表格的表现形式。这显然不是一份职业简历应有的展现形式。随着各种互联网资源的丰富，现在排版问题已经基本得到解决，求职者只需要把自己的个人信息上传至网页各栏目中，然后选择自己喜欢的模板就可以在线生成简历。当然，大家会对不同的模板有偏好：一些模板能很好地弥补个人经历不足的短板，适合简历内容相对较少的学生；一些模板可以将较多的内容合理排布，体现充实的实习实践经历。大家可以根据自己的实际情况进行选择，合理展现自己的特点和经历。

2. 高级问题

解决了简历基本问题的学生，可能已经根据网上的各种经验分享或来自学长学姐的亲身经验，掌握了撰写简历的基本方法和技巧。解决了格式、顺序和内容框架的问题后，就可能遇到每段经历的详细信息如何填写的具体问题，即遇到了简历内容细节的高级问题。

（1）重点标记过多。有些学生喜欢将每段经历中自己认为比较重要的地方或体现自己能力的部分进行重点特殊标记，或加粗，或标为斜体。但是，如果标记过多会出现喧宾夺主的情况，破坏简历整体的美感，也未必达到突出重点的效果，可能还会适得其反。

（2）语言表达不当。不能很好地陈述在校内外的经历、口语化表达等是简历中表现比较集中的问题。实习实践经历是简历的核心内容，是简历筛选过程中重点考量的部分。如何运用简洁生动的文字来描述工作表现，需要学生不断摸索，学生要经过不断地修改调整并结合面试材料进行理顺、整合。简历修改不是一个快速的过程，要经过一段时间才能摸索到适合自己的方法，其间通过文字的调整、思路的转变，并有效和未来的面试结合，可以更好地展现个人的综合水平。一般来讲要将经历转化为动宾结构的累加，并运用丰富的词语和相对固定的体例结构，使得简历查看起来美观大方，过程中亦要避免大量的重复用词。

（3）内容展示不能突出特色。很多学生在描述个人经历的过程中，更多展示的是岗位职责而非自己的工作表现。举例来说，很多学生都有过类似的实习经历，如果每个人展示的内容都是对实习岗位所要做的工作的简述，那就意味着拥有相同实习经历的学生会有一样的简历内容，自然就不能突显求职者之间的区别。在修改简历时，求职者要注意，如果这段经历别的实习生也在做，就不能简单地写在简历中，不然不能体现出求职者所需要展示的长处。运用数字表述等小窍门将自己的实际工作内容和别人的实习表现区分开，不失为一个巧妙的方法。

二、求职基本礼仪

了解、掌握并恰当地运用职场礼仪有助于完善和维护职业形象，使你成为一个成功的职业人。在职场中，才华横溢当然是锦上添花的事，但使用一定的职场技巧，用恰当合理的方式与人沟通和交流，方能在职场中赢得别人的尊重，才能在职场中获胜。

（一）求职者的仪态礼仪

1. 求职者站姿的基本要求。站姿是仪态美的起点，又是发展不同动态美的基础。良好的站姿能衬托出求职者良好的气质和风度。站姿的基本要求是挺直、舒展，站得直，立得正，线条优美，精神焕发。其具体要求是：头要正，头顶要平，双目平视，微收下颚，面带微笑，动作要平和自然；脖颈挺拔，双肩舒展，保持水平并稍微下沉；两臂自然下垂，手指自然弯曲；身躯直立，身体重心放在两脚之间；挺胸、收腹、直腰，臂部肌肉收紧，重心有向上升的感觉；双脚直立，女士双膝和双脚要靠近，男士两脚间可稍分开点儿距离，但不宜超过肩膀。

2. 求职者坐姿的基本要求。坐姿是仪态的重要内容。良好的坐姿能够传递出求职者自信练达、积极热情的信息，同时也能够展示出求职者高雅庄重、尊重他人的良好风范。求职者坐姿的基本要求是端庄、文雅、得体、大方。具体要求如下：入座时要稳要轻，不可猛起猛坐使椅子发出声响。女士入座时，若着裙装，应用手将裙子稍向前拢一下。

坐定后，身体重心垂直向下，腰部挺直，上体保持正直，两眼平视，目光柔和。男子双手掌心向下，自然放在膝盖上，两膝距离以一拳左右为宜；女士可将右手搭在左手上，轻放在腿面上。坐时不要将双手夹在腿之间或放在臀下，不要将双臂端在胸前或放在脑后，也不要将双脚分开或将脚伸放得过远。坐于桌前应该将手放在桌子上，或十指交叉后以肘支在桌面上。入座后，尽可能保持正确的坐姿，如果坐的时间长，可适当调整姿态以不影响坐姿的优美为宜。

3. 求职者走姿的基本要求。走姿是站姿的延续动作，可在站姿的基础上展示人的动态美，无论是日常生活中还是社会场合，走姿往往是最吸引人注意的体态语言，最能表现一个人的风度和魅力。求职者走姿的具体要求是：行走时，头部要抬起，目光平视对方，双臂自然下垂，手掌心向内，双臂以身体为中心前后摆动。上身挺拔，腿部伸直，腰部放松，腿幅适度，脚步宜轻且富有弹性和节奏感。

男士应抬头挺胸，收腹直腰，上体平稳，双肩平齐，目光直视前方，步履稳健大方，显示出男性的刚强雄健的阳刚之美。

女士应头部端正，目光柔和，平视前方，上体自然挺直，收腹挺腰，两脚靠拢而行，步履自如、轻盈，端庄文雅，含蓄恬静，显示出女生庄重而文雅的温柔之美。

4. 仪态礼仪方面应注意的 6 个问题。在面试时，求职者的行为举止十分重要。一般而言，求职者在行为举止方面要注意6个问题：

（1）应聘时不要结伴而行。无论应聘什么职位，独立性、自信心都是用人单位对每位应聘者的基本素质要求。

（2）保持一定的距离。面试时，求职者和主考官必须保持一定的距离，不适当的距离会使主考官感到不舒服。如果应聘的人多，用人单位一般会预先布置好面试室，把应试人员的位置固定好。当求职者进入面试室后，不要随意将椅子挪来挪去。有的人喜欢表现亲密，总是把椅子向前挪。殊不知，这是失礼的行为。如果应聘的人少，主考官也许会让你同坐在一张沙发上，求职者这时应界定距离，太近了，容易和主考官产生肌肤接触，这是失礼的行为。

（3）不卑不亢。求职面试的过程实际上是一种人际交往过程，求职双方都应用和平的心态去交流。

（4）举止大方。举止大方是指求职者举手投足自然优雅，不拘束。应从容不迫，显示良好的风度。

（5）忌不拘小节。有的求职者自恃学历高，或者有经验、有能力，不愁用人单位不用，在求职时傲慢不羁，不拘小节，表现出无所谓的样子，这是不可取的。正是这些不易被人注意的细节，使不少人失去了一些好的工作机会。

（6）勿犹豫不决。一般来说，求职者应聘时举棋不定的态度是不明智的，会让主考官感到你是个信心不足的人，难免怀疑你的工作作风和实际能力，这样容易让用人单位有更多的选择机会，而自己却丧失了一次机遇。

（二）求职面试礼仪

1. 遵时守信。求职者一定要遵时守信，千万不要迟到或毁约。迟到和毁约都是不尊重考官的一种表现，也是一种不礼貌的行为。如果求职者有客观原因不能如约按时到场，应事先打个电话通知考官，以免对方久等。

2. 放松心情。许多求职者一到面试点就会产生一种恐惧心理，害怕自己思维紊乱，词不达意，出现差错，以致痛失良机。于是往往会因为紧张而出现心跳加快、面红耳赤等情况。此时，应控制自己的呼吸节奏，努力调节，尽量达到最佳状态后再面对招聘考官。

3. 以礼相待。求职者在等候面试时，不要旁若无人，随心所欲，对接待员熟视无睹，自己想干什么就干什么，给人留下不好的印象。对接待员要礼貌有加，也许接待员就是公司经理的秘书、办公室的主任或人事单位的主管人。如果你目中无人，没有礼貌，在决定是否录用时，他们可能也有发言权，所以，你要给所有的人留下良好的印象，而并非只是对面试的主考官。面试时，应自觉将手机等关掉。

4. 入室敲门。求职者进入面试室的时候，应先敲门，即使面试房间是虚掩的，也应先敲门，千万别冒冒失失地推门就进，给人鲁莽无礼的感觉。敲门时要注意门声的大小和敲门的速度。正确的是用右手的手指关节轻轻敲三下，问一声："我可以进来吗？"待听到允许后再轻轻推门进去。

5. 微笑示人。求职者在踏入面试室的时候，应面露微笑。如果有多位考官，应面带微笑地环视一下，以眼神向所有人致意。一般而言，陌生人在相互认识时，彼此会首先留意对方的面部，然后才是身体的其他部分。面带真诚、自然、由衷的微笑，可以展示一个人的风度、风采，有利于求职者塑造自己的形象，给人留下美好的印象。求职者与主考官相识之后，便要稍微收敛笑容，集中精神，平静的面容有助于求职者面试成功。

6. 莫先伸手。求职者进入面试室，行握手之礼，应是主考官先伸手，然后求职者单手相应，右手热情相握。若求职者拒绝或忽视了主考官的握手，则是失礼。若非主考官主动先伸手，求职者勿切贸然伸手与主考官握手。

7. 请才入座。求职者不要自己坐下，要等主考官请你就座时再入座。主考官请你入座时，求职者应该表示感谢，并坐在主考官指定的椅子上。如果椅子不舒适或正好面对阳光，求职者不得不眯着眼，那么就最好提出来。

8. 递物大方。求职者求职时必须带上个人简历、证件、介绍信或推荐信，面试时一定要保证不用翻找就能迅速取出所有资料。如果送上这些资料，应双手奉上，表现得大方和谦逊。

三、面试基本类型与应对技巧

（一）面试的定义

面试是用人单位招聘时最重要的一种考核方式，是供需双方相互了解的过程，是一种经过精心设计，以交谈与观察为主要手段，以了解被面试者素质等相关信息为目的的一种测评方式。由于面试与笔试相比具有更大的灵活性和综合性，它不仅能考核一个人的业务水平，而且可以面对面观察求职者的口才和应变能力等，所以许多用人单位对这种方式更感兴趣。面试在招聘中的作用已越来越重要。大多数大学生面试经历少，在面试时常常不知所措。学会面试，是大学毕业生在求职择业过程中需要面临的新课题。对于面试官而言，面试中最重要也最难的一件事，是需要他们确定眼前这个应试者以往的业绩是否同样能让公司获得成功。

（二）面试的种类

面试的方式很多，概括起来有以下几种。

1. 模式化（结构化）面试。由主考官根据预先准备好的问题和有关细节，逐一发问。其目的是获得有关应试者的全面、真实的材料、观察应试者的仪表、谈吐和行为，以及沟通意见等。

2. 问题式面试。由主考官对应试者提出一个问题或一项计划，请应试者予以完成解决。其目的是观察应试者在特殊情况中的表现，以判断其解决问题的能力。

3. 非引导式面试（无目的式面试）。即主考官海阔天空地与应试者交谈，让应试者自由地发表议论，尽量活跃气氛，在闲聊中观察应试者的能力、知识、谈吐和风度。

4. 压力式面试。由主考官有意识地对应试者施加压力，针对某一问题做一连串的发问，不仅详细，而且追根问底，直至应试者无法回答。甚至有意识地刺激应试者，看应试者在突如其来的压力下能否做出恰当的反应，以观察其机智程度和应变能力。

5. 综合式面试。由主考官通过多种方式综合考察应试者多方面的才能。如用外语同应试者会话以考察其外语水平，让应试者抄写一段文字以考察其书法，让应试者讲一段课文以考察其演讲能力等，也许还会要求应试者现场操作等。

以上几种面试是根据面试的内容划分的。在实际面试过程中，主考官可能只采取一种面试方式，也可能同时采用几种面试方式。

（三）面试的基本模式

面试是评价求职者素质特征的一种考试方式，根据招聘对象的水平，面试常采用不同的模式。

1. 面试的模式按应试者的行为反应分为言谈面试和模拟操作面试。

言谈面试是通过主试与被试的口头交流沟通，由主试提出问题，由被试口头回答，考察应试者知识层次、业务能力、头脑机敏性的一种测试方法。

模拟操作面试是让被试者模拟在实际工作岗位上的工作情况，由主试给予应试者特定的工作任务，考察应试者行为反应的一种方法。这种方法是一种简单的功能模拟测试法。例如企业在招聘技术工种时，可采用实地操作的测试方法，考察应试者技术的娴熟程度。又如速记、打字、绘图等人员招聘时均可采用实地考试的方式。另外，招聘公关、销售等有关人员时，也可运用模拟操作面试。例如主考官说："（手拿一件产品）这是我公司的一件新产品，现在你作为销售人员开始向我推销。"

2. 面试的模式按其操作方式可分为结构化面试和非结构化面试两种。

结构化面试是指依预先确定的程序和题目进行的面试，过程结构严密，层次分明，评价维度确定，主试根据事先拟好的谈话提纲逐项向应试者提问，应试者针对问题进行回答。

非结构化面试是指在面试中所提的问题，以及谈话时所采用的方式都由主试自由决定，谈话层次交错，具有很大偶然性的面试方式。现在大多数企业在人才招聘中采用的面试均属于这种面试。这对富有经验的面试考官而言是有效简便的方法，但对大多数面试考官来说还是应当采用结构化面试方式。

3. 面试的模式按其主试人员组成可分为个人面试、小组面试、集体面试。个人面试又可分为一对一的面试和主试团面试两种方式。

一对一的面试：多用于规模较小的组织或招聘较低职位的员工，有时也用于人员粗选，另外当公司总经理对人员进行最后录用决策时也常采用这种方式。

主试团面试：是由 2~5 个主考人组成主试团，分别对每个应试者进行面试。采取这种方式时，主试团成员需要进行角色分配，各相互配合。一般主试团由三人组成：人事部门经理、人才招聘专家、业务部门经理。

小组面试：是当一个职位的应聘人较多时，为了节省时间，让多个应试者组成一组，由数个面试考官轮流提问，着重考察应试者个性和协调性的面试方式。

集体面试：主要是将应试者分成数组，每组 5~8 人，主试数人坐在一旁观察。主试中确立一个提问者，提出一个能引起争论的问题展开讨论，从而考察应试者的沟通能力、协调能力、语言表达能力和领导能力。这种方法是现代评价技术中的无领导小组讨论在面试实践中的应用，与单个面试相比较，具有不可超越的优越性。该方式常被大型外资或合资企业采用，有志于到这些公司工作的毕业生应熟悉其面试特点，做好准备，在面试过程中积极抢答问题，提出自己观点，展现自己的才华。

（四）面试的基本内容

从理论上讲，面试可以测评应试者的任何素质，但在人员甄选实践中，并不是以面试去测评一个人的所有素质，而是有选择地用面试去测评它最能测评的内容。面试测评的主要内容如下。

1. 仪表风度。这是指应试者的体型、外貌、气色、衣着举止、精神状态等。像国家公务员、教师、公关人员、企业经理人员等职位，对仪表风度的要求较高。研究表明，仪表端庄、衣着整洁、举止文明的人，一般做事有规律，注意自我约束，责任心强。应试者应该注意着装得体，举止文雅大方，表情丰富，回答问题要认真、诚实。

2. 专业知识。了解应试者掌握专业知识的深度和广度，其专业知识更新是否符合岗位的要求，作为对专业知识笔试的补充，面试对专业知识的考查更具灵活性和深度，所提问题也更接近岗位对专业知识的需求。

3. 工作实践经验。一般根据查阅应试者的个人简历或求职登记表，做些相关的提问，查询应试者有关背景及过去工作的情况，以补充、证实其所具有的实践经验，通过对工作经历与实践经验的了解，还可以考察应试者的责任感、主动性、思维力、口头表达能力及遇事的理智状况等。

4. 口头表达能力。一般观察求职者能否将要向对方表达的内容有条理地、完整地、准确地传达给对方；引例、用语是否确切；发音是否准确，语气是否柔和；说话时的姿势、表情如何。面试中应试者是否能够将自己的思想、观点、意见或建议顺畅地用语言表达出来。考察的具体内容包括：表达的逻辑性、准确性、感染力、音质、音色、音量、音调等。应试者在面试时应注意以下几点：谈话是否前后连贯；主题是否突出；思想是否清晰；说话是否有说服力。

5. 综合分析能力。面试中，应试者是否能对主考官所提出的问题，通过分析抓住本质，并且说理透彻、分析全面、条理清晰。

6. 思考判断能力。一般观察应试者能否准确、迅速地判断面临的状况，能否恰当地处理突发事件，能否迅速地回答对方的问题，且答案简练、贴切。应试者应重点在准确、迅速、决断方面做准备。对自己的判断应该有信心，还要分析对方的判断是逻辑判断还是感性判断。

7. 反应能力与应变能力。主要看应试者对主考官所提的问题理解得是否准确，以及回答的迅速性、准确性等。要看应试者对突发问题的反应是否机智敏捷，回答是否恰当，对意外事件的处理是否妥当等。

8. 操作能力。主要在于考察应试者对于已认定的事情能否进行下去，工作节奏是否紧张有序，对于集团作业的适应性，是否具备单位领导能力。

9. 人际交往能力。主要在于观察应试者遇到难堪问题后的反应；能否让人亲近，对他人有无吸引力等。在面试中，通过询问应试者经常参与哪些社团活动，喜欢同哪种类型的人打交道，在各种社交场合所扮演的角色，可以了解应试者的人际交往倾向和与人相处的技巧。

10. 自我控制能力与情绪稳定性。自我控制能力对于国家公务员及许多其他类型的工作人员（如企业的管理人员）显得尤为重要。一方面，在遇到上级批评指责、工作有压力或个人利益受到冲击时，要能够克制、容忍、理智地对待，不至于因情绪波动而影响工作；另一方面，对待工作要有耐心和韧劲。

11. 工作态度。一是了解应试者对过去学习、工作的态度；二是了解其对应聘职位的态度。在过去学习或工作中态度不认真，做什么、做好做坏无所谓的人，在新的工作岗位也很难说能勤勤恳恳、认真负责。

12. 求职动机。了解应试者为何希望来应聘单位工作，对哪类工作最感兴趣，在工作中追求什么，判断应聘单位所能提供的职位或工作条件等能否满足其工作要求和期望。

13. 业余兴趣与爱好。通过了解应试者休闲时爱从事哪些运动，喜欢阅读哪些书籍，喜欢什么样的电视节目，有什么样的嗜好等，可以了解一个人的兴趣与爱好，这对录用后的工作安排常有好处。

14. 其他问题。面试时主考官还会向应试者介绍本单位及拟聘职位的情况与要求，讨论有关工薪、福利等应试者关心的问题，以及回答应试者可能问到的其他一些问题等。

（五）面试准备

为了获得所求的工作，求职者应该充分做好面试的准备，做到有备而去，在面试中适度地表现自己，要善于展示自己的知识、能力、特长、性格等情况，给招聘者留下满意的印象，争取最后的胜利。除了准备好求职信、简历、成绩单等求职资料外，面试前的准备还包括以下几个方面。

1. 注意语言表达能力的锻炼。对应试者来说，流利自如、文雅幽默的谈吐是面试成功的必备条件。大学生在平时就要有意识地加强语言表达能力的训练，逐渐养成与陌生人自如交谈的习惯，多参加集体活动，课堂讨论时大胆发言，也有助于讲话能力的提高。

2. 充分了解应聘单位和应聘职位。主试者提问的出发点，往往与用人单位有关。因此，面试前应尽可能多了解一些用人单位的情况，对单位的性质、业务范围、发展情况等做到心中有数。对于大型公司、单位往往可以从网上查询到该公司的有关信息。另外，了解所应聘的工作岗位对知识技能的具体要求也有利于有针对性地展示自己的特长。

3. 要准备随时回答有关自己的问题，背熟自己的求职简历。主试者往往把询问求职者的有关情况作为面试的切入点。这个问题看似简单，其实往往不是所有的人都能应付自如的。因此，面试前还得将有关自己的情况在已有个人特色简历的基础上加以浓缩提炼，再拟好提纲性腹稿，以便很短时间内较完整流利地介绍自己，做到重点突出，避免临场手足无措、词不达意。

4. 注意仪表朴实、大方、端庄。服装和外貌同交谈一样，是主试人了解应聘者的重要凭据。从某种程度上说，这绝不亚于面试中的对白语言，应着重对自己的外观进行一番打扮，使自己在面试时有一个良好的外表和精神面貌。

5. 保持正常心态。心态对于面试来说太重要了。紧张的心态会抑制思维的活力，如果有一个放松而平静的心态，那就会稳定思绪，会发挥出本来就想到的东西，甚至还会有创造性地回答意外性的问题。特别对于初试者而言，由于心中底数差一些，更应保持放松的心态，要正确分析自我，根据自身的特长，选准适当的就业位置，保持积极主动的择业心态，敢于竞争、敢于自荐，增强心理承受能力。其次要有充足的睡眠，保持清醒的头脑，对可能出现的问题做出预测，对回答问题的策略做好通盘考虑，以良好的心态从容应试。

6. 进行模拟面试训练。在做好面试准备以后，最好进行一次模拟训练，这样可能效果更好。如学校组织模拟面试活动，大学生应积极参加，锻炼自己，积累经验，大学生相互之间也可交换扮演角色进行演练，以适应面试环境气氛。

7. 注意礼仪。提前5~10分钟到达面试地点，以表示求职者的诚意；进入面试场合不要紧张，开关门动作要轻，以从容自然为好；面带微笑，神态自然。面试是面对面的情感交流，面部表情比语言表达得更丰富、更深刻，可以加深考官的好感。

（六）面试技巧

1. 面试者语言运用的技巧

面试场上你的语言表达艺术标志着你的成熟程度和综合素质，对求职应试者来说，掌握语言表达的技巧无疑是非常重要的。

一是认真聆听，流利回答。主考官向你介绍情况时，要专注，对其问题要逐一回答，口齿清晰，发音准确，语言文雅大方。交谈时还要注意控制说话的速度，以免磕磕绊绊，影响语言的流畅；答话要简练、完整，尽量不要用简称、方言、土语和口头语，以免对方难以听懂。特别提示：一般情况下不要打断主考官的问话或抢问抢答，否则会给人留下急躁、鲁莽、不礼貌的印象。

二是语气平和，语调恰当，音量适中。面试时要注意语言、语调、语气的正确运用。语气是指说话的口气，语调则是指语音的高低轻重配置。打招呼问候时宜用上升语调，加强语气并带拖音，以引起对方注意。自我介绍时，最好多用平缓的陈述语气，音量的大小要根据面试现场情况而定，以每个主考官都能听清你的讲话为原则。

三是注意听者的反应，及时调整。面试不同于演讲，面试时的交流更接近于一般的交谈。交谈中，应随时注意听者的反应。比如：听者心不在焉，可能表示他对你的这段话没有兴趣，你得设法转移话题；侧耳倾听，可能说明由于你的音量过小使对方难以听清；皱眉、摆头可能表示你的语言有不当之处。根据对方的这些反应，就要适时地调整你的语言、语调、语气、音量、修辞，包括陈述内容，这样才能取得良好的面试效果。

2. 面试者回答问题的技巧

一是把握重点，简洁明了，条理清楚，有理有据。一般情况下回答问题要结论在先，议论在后，即先将自己的中心意思表达清晰，然后再做叙述和论证，否则长篇大论会让人不得要领。面试时间有限，神经太紧张，多余的话太多，容易离题，反倒会将主题冲淡或漏掉。

二是讲清原委，避免抽象。主考官提问总是想了解一些应试者的具体情况，切不可简单地以“是”或“否”作答。针对所提问题的不同，分细节回答，有的需要解释原因，有的需要说明程度。不讲原委、过于抽象的回答往往不会给主考官留下具体的印象。

三是确认提问内容，切忌答非所问。面试中，如果对主考官提出的问题一时摸不到边际，以至于不知从何答起或难以理解对方问题的含义时，可将问题复述一遍，并先就自己对这一问题的理解请教对方以确认内容。对不太明确的问题，一定要搞清楚，这样才会有的放矢，不至于答非所问。

四是有个人见解，有个人特色。主考官接待应试者若干名，相同的问题问若干遍，类似的回答也要听若干遍。因此，主考官会有乏味、枯燥之感。只有具体独到的个人见解和有个人特色的回答，才会引起对方的兴趣和注意。

五是知之为知之，不知为不知。面试遇到自己不知、不懂、不会的问题时，回避闪烁、默不作声、牵强附会、不懂装懂的做法不可取。诚恳坦率地承认自己的不足之处，反倒会赢得主考官的信任和好感。

四、就业权益保护与求职安全

（一）就业权益保护常识

毕业生在求职择业及上岗成为新职业者的过程中，依法享有不容侵犯的就业权益。但是在现实中，毕业生的就业权益经常受到有意或无意的侵犯，既损害了毕业生的利益，挫伤了毕业生服务社会的积极性，也影响了毕业生的职业发展前程。因此，大学生在求职与见习的过程中，应该时刻注意对自身合法权益的维护，以便能够顺利择业，愉悦上岗，并在将来的事业上有所建树。

毕业生的就业权益保护主要分两个阶段，一个是求职择业过程中的权益保护，另一个是就业上岗后的权益保护。不同阶段的权益保护有着不同的侧重内容：前者主要集中在就业协议的签订、试用期的纠纷方面，后者主要集中在劳动合同的履行方面。

1. 首次就业维权建议

毕业生在首次就业过程中，一定要时刻保持清醒的头脑，了解和掌握就业方面的知识和政策，并严格按照程序办事，使自己的合法权益能得到充分的保障而不至于轻易受到侵害。

一是端正求职心态。毕业生求职时，往往会出现焦急、浮躁和盲目的心态，直接影响了他们在维护合法权益方面的态度和表现：或不惜委曲求全，或不敢据理力争，或被花言巧语诱骗而轻信对方。虽然不是一次就业定终身，但如果首次就业就令权益和身心都受到伤害，则必然会给自己未来的发展带来不小的负面影响。

二是掌握政策，学习法律。在求职、择业、签约之前，一定要全面了解和掌握毕业生就业政策，做好相关法律法规的知识储备。如此，才能在应聘和签约时保持思路清楚和条理明晰，及早识破不法单位故意设下的陷阱；如此，才能懂得如何通过合法的途径和手段解决就业过程中遇到的问题，最大限度地保护自己的正当权益。

三是全面了解用人单位。毕业生享有全面、真实了解用人单位的知情权。签约前，毕业生应该尽量多方面打听、了解用人单位的运行情况、招聘信誉、用人意图、岗位职责及企业文化等情况。如果有可能，最好去实地考察工作环境，尤其是颇为陌生的单位，未雨绸缪地将未来实际就业中权益受到侵害的可能性降至最低。

四是慎重签订协议。在与用人单位签约时，落笔要慎重，仔细研究就业协议书及其补充协议中的条款，确认合理合法后再签字；重点注意试用期及违约条款的约定；尽量不要在协议书中留下空白条款；对用人单位的口头承诺要尽可能在补充协议中予以书面注明，并明确将来签订劳动合同时对此予以确认。

五是敢于据理力争。如果在求职应聘和签订协议的过程中发现有权益受侵害的不公平现象，不要因害怕失去就业机会而忍气吞声，要学会积极运用法律的武器，力争自己的合法权益。缺乏诚信、用心不良的用人单位不去也罢，否则将来吃亏的还是毕业生自己。加强自身的维权意识，是阻止侵犯毕业生就业权益的现象泛滥的根本途径。

六是借鉴专家意见。如果在首次就业的过程中遇到疑惑和困难，要及时咨询有关专家、老师和家长。毕竟大学生在社会阅历方面还是相对空白，而法律专家的专业视角、学校老师的指导经验，对于毕业生来说会有莫大的帮助。此外，往届校友在就业中的经验和教训，也是可供应届毕业生就业维权时参考的一笔宝贵财富。

2. 劳动关系维权建议

初涉职场的大学生面对纷繁复杂的社会，在注重调整自己、适应职业发展需要的同时，也不要忽略了对自己合法权益的保护，以免给自己的职业生涯造成不必要的阻滞和损失。

一是学习劳动法规。我国的《劳动法》《企业劳动争议处理条例》及各地方性的劳动合同管理规定，是调整劳动关系、签订劳动合同、解决劳动争议的最基本、最常用的法律法规，毕业生在实际就业之前应对这些法律常识有所了解。

二是重视劳动合同。如何签订劳动合同，关系到毕业生在实际就业过程中的合法权益能否得到充分的保障。首先，要及时签订。到单位报到后，毕业生应尽快与用人单位签订劳动合同，使双方的劳动关系能以法律的形式得到确认，使劳动者的合法权益能得到及时保护。其次，要逐条细看。对劳动合同的内容，毕业生要仔细分析，权衡利弊，切忌盲目签字。对模糊词句要质疑，对不平等条款要敢于指出，对不公平合同要坚决拒签。最后，要保存证据。签订劳动合同后，毕业生也要持有一份合同，作为享受权利、履行义务及处理劳动争议的依据。

三是善用救济方式。掌握合法的维权手段是解决合法权益受损最有效的途径。一旦在实际就业中合法权益受到侵犯，应该积极运用法律武器，通过申请调解、仲裁、诉讼等合法途径，维护自己的正当权益。而对于用人单位一般的违规行为或争议不大的问题，劳动者可以先与用人单位协商，也可以向该单位所在的区县劳动保障监察机构举报，让劳动保障监察部门对其进行监督检查和处罚。

如果在实际就业中遇到劳动保障方面的问题，还可以及时拨打全国统一的劳动保障公益服务专用电话，咨询劳动保障的政策，获取有关的信息，更好地维护自己的合法权益。

（二）求职安全

随着大学毕业生数量的增加和就业压力的不断增大，大学生的就业焦虑也越来越严重，求职心情非常迫切。许多毕业生为了找到一份满意的工作，广搜信息，遍投简历，只要是符合自己意愿的招聘信息，就积极行动，绝不放过，但这也给了不法分子可乘之机。有的不法之徒利用大学生求职心切的心理，巧设名目，设置求职陷阱，给大学生求职蒙上难以抹去的阴影，造成恶劣的社会影响。据公安部门统计，这种案件在近些年间呈急剧上升趋势。为了保障自身的求职安全，毕业生应做到以下几点。

一是提高分辨能力，拒绝传销活动。毕业生如接到陌生人的电话，不要轻信，遇到疑问，应与老师或同学一起商量。

二是慎重对待各类招聘信息，对不知名用人单位的信息一定要进行核实。

三是提防就业陷阱。对于互联网上的招聘信息，一定要慎重核实，不要轻易填写过于翔实的个人信息。

四是了解国家的相关规定。例如，国家明确规定用人单位不得以任何名义收取报名费、抵押金、保证金、培训费等费用，不得扣押应聘人身份证。

五是掌握劳动法规和相关政策。求职者在求职前或求职过程中，应主动学习一些劳动法规和相关政策，提高自己的求职素质和独立思考的能力。

六是毕业生外出求职过程中要注意人身安全和财物安全，防止交通安全事故和被盗案件发生。

五、职业化素养

（一）团队与协作

【案例】

每年的9月至11月，加拿大境内的大雁都要成群结队地往南飞行，到美国东海岸过冬。第二年的春天再飞回原地繁殖。在长达万里的航程中，它们要遭遇猎人的枪口，历经狂风暴雨、电闪雷鸣及寒流与缺水的威胁，但每一年它们都能成功往返。

这是因为雁群是由许多有着共同目标的大雁组成的，在组织中，它们有明确的分工，当队伍中途飞累了停下休息时，它们中有负责觅食、照顾年幼或老龄大雁的青壮派大雁，有负责雁群安全放哨的大雁，有负责安静休息、调整体力的领头雁。在雁群进食的时候，巡视放哨的大雁一旦发现有敌人靠近，便会长鸣一声给出警示信号，听到信号的群雁便整齐地冲向蓝天、列队远去。而那只放哨的大雁，在别人都进食的时候自己不吃不喝，体现出一种为团队牺牲的精神。

科学研究表明，雁群一字排开呈“V”字形时，要比单独飞提高22%的速度，因为在飞行中的雁两翼可形成一个相对的真空状态，为后面的队友提供了“向上之风”，这种省力的飞行模式，让每只雁最大限度地节省能量。但正如飞翔的头雁是没有谁给它真空的，漫长的迁徙过程中总有人带头搏击，这是一种自我牺牲精神的体现。但是当前导的雁疲倦时，它会退到队伍的后方，而另一只雁则飞到它的位置上来填补。并且在飞行过程中，雁群大声嘶叫以相互激励并保持速度。

如果在雁群中，有任何一只大雁因受伤或生病而不能继续飞行，雁群中都会有两只的大雁自发留下来守护照看受伤或生病的大雁，直至其恢复或死亡，然后它们再加入新的雁阵，继续南飞直至目的地。

如果我们如同雁群一般，无论在困境还是顺境中都能彼此守护，互相依赖，共享资源，发挥所有人的潜力，那么哪怕再艰辛的路程也不惧怕遥远，这就是团队的力量。

1. 团队及团队协作的定义

管理学家斯蒂芬·P. 罗宾斯认为：团队就是两个或者两个以上的相互作用、相互依赖的个体，为了特定目标而按照一定规则结合在一起的组织。可以简单理解为：团队（team）是由员工和管理层组成的一个共同体，它合理利用每一个成员的知识和技能协同工作，解决问题，达到共同的目标。

所谓团队协作能力，是指建立在团队的基础之上，发挥团队精神、互补互助以达到团队最大工作效率的能力。对于团队的成员来说，不仅要有个人能力，更需要有在不同的位置上各尽所能、与其他成员协调合作的能力。

2. 团队协作的三要素

一是分工。合理明确的分工可以使团队中的各个成员得到真正的“物尽其用”，公司根据不同岗位的职责要求，精心挑选合适的员工，实现“人岗匹配”。另一方面，合理明确的分工使得每一个成员都明确自己的责任，各司其职，当出现问题时就不会出现推诿、扯皮的不良现象。公司像是一部构造复杂的机器，每个员工都是机器上的一个零件，只有每个人各尽其才，才能使得公司机器正常运转。

二是合作。一个团队的整体实力并不是将团队成员的能力进行简单的相加得出的。也就是说，在团队合作中 1+1 并不一定等于 2。就如同拥有众多大牌球星的湖人队，明星员工的内耗和冲突往往会使整个团队变得平庸，在这种情况下，1+1 不仅不会大于或等于 2，甚至还会小于 2。在工作团队的组建过程中，管理层往往竭力在每一个工作岗位上都安排最优秀的员工，期望以此提升团队的整体实力。但是一个团队内部想要发挥出最佳实力，一方面要有合理明确的分工，另一方面还需要成员之间的充分沟通、合作，最终达到能力互补、优势互补，实现 1+1 大于 2。

三是监督。即对现场或某一特定环节、过程进行监督和管理，使其结果能达到预定的目标。在团队管理中监督是一种协作手段，其存在的主要原因是由于成本和收益的关系存在。用西方经济学的概念来解释，即任何理性的人，都希望以最小的支出来实现最大的收益。以此推理，在团队中，任何成员也都希望花费自己最少的精力完成工作任务。因此，如果缺乏有效的监督，就会导致某些成员偷奸耍滑，从而影响团队的整体绩效。有效的监督可以促使团队成员负责任地完成本职工作，并不做出任何可能危害团队成功的行为。

3. 如何成为高效的团队

团队的构成要素总结为5P，分别为目标（purpose）、人（people）、定位（place）、权限（power）、计划（plan）。高效团队是指发展目标清晰、完成任务前后对比显著，团队成员在有效的领导下相互信任、沟通良好、积极协同工作的团队。一般来说，高效团队具备以下几大特征：

一是清晰的目标。高效的团队对要达到的目标有清楚的理解，并坚信这一目标包含重大的意义和价值。而且，清晰的目标还激励着团队成员把个人目标升华到团队目标。在有效的团队中，成员愿意为团队目标做出承诺，清楚地知道团队希望他们做什么工作，以及他们怎样共同工作才能实现目标。

二是相互的信任。成员间相互信任是有效团队的显著特征，也就是说，每个成员对其他人的品行和能力都确信不疑。我们在日常的人际关系中都能够体会到，人与人之间的信任是相当脆弱的。我们需要花大量的时间去培养，而它又很容易被破坏。并且，只有信任他人才能换来他人的信任。所以，如何维持群体内的相互信任，也需要引起管理层足够的重视。

三是相关的技能。高效的团队是由一群有能力的成员组成的。他们具备实现目标所必需的技术和能力，而且都具备与他人合作的个人品质，从而能出色完成任务。后者尤为重要，但却常常被人们忽视。有精湛技术能力的人并不一定就有处理群体内关系的高超技巧，而高效团队的成员则往往兼而有之。

四是一致的承诺。高效的团队成员对团队表现出高度的忠诚和承诺，为了能使群体获得成功，他们愿意去做任何事情，甚至牺牲自我，我们把这种忠诚和奉献称为一致承诺。对成功团队的研究发现，团队成员对他们的群体具有认同感，他们把自己属于该群体的身份看作自我的一个重要方面。因此，承诺一致的特征表现为对群体目标的奉献精神，愿意为实现这一目标而调动和发挥自己的最大潜能。

五是良好的沟通。毋庸置疑，这是高效团队一个必不可少的特点。群体成员通过畅通的渠道交流信息，包括各种言语和非言语交流。此外，管理层与团队成员之间健康的信息反馈也是良好沟通的重要特征，它有助于管理者指导团队成员的行动，消除误解。就像一对已经共同生活多年、感情深厚的夫妇那样，高效团队中的成员能迅速而准确地了解彼此的想法和情感。

六是谈判的技能。以个体为基础进行工作设计时，员工的角色有工作说明、工作纪律、工作程序及其他一些正式或非正式文件加以明确规定。但对高效的团队来说，其成员角色具有灵活多变性，总在不断进行调整。这就需要成员具备充分的谈判技能。由于团队中的问题和关系时常变换，成员必须能面对和应付这种情况。

七是恰当的领导。有效的领导者能够让团队跟随自己共同度过最艰难的时期，因为他能为团队指明前途所在，他们向团队成员阐明变革的可能性，鼓舞成员的自信心，帮助成员更充分地了解自己的潜力。优秀的领导者不一定非得指示或控制，高效团队的领导者往往扮演的是教练和后盾的角色，他们为团队提供指导和支持，但并不试图去控制它。这不仅适用于自我管理团队，当授权给小组成员时，也适用于任务小组、交叉职能型的团队。对于那些习惯于传统方式的管理者来说，这种从上司到后盾的角色变换，即从发号施令到为团队服务实在是一种困难的转变。当前很多管理者已开始发现这种新型的权力共享方式的好处，或通过领导培训逐渐意识到它的益处。但现实中仍然有些脑筋死板、习惯于专制方式的管理者无法接受这种新观念，这些人应当尽快转变自己的老观念，否则就将被取而代之。

八是内部和外部的支持。要成为高效团队的最后一个必需条件就是它拥有良好的支持环境。从内部条件来看，团队应拥有一个合理的基础结构。这包括适当的培训、一套易于理解的并用于评估员工总体绩效的测量系统和一个起支持作用的人力资源系统。恰当的基础结构应能够支持并强化成员行为以取得高水平的绩效。从外部条件来看，管理层应给团队提供完成工作所必需的各种资源。

（二）敬业与责任

【案例】

案例一

一个技艺高超的木匠因年事已高，决定退休，他告诉老板他想离开建筑业，和妻子儿女享受一下轻松自在的生活。老板实在舍不得这样好的木匠离开，所以希望在他离开前盖一栋有他个人品位的房子。木匠欣然答应了，不过遗憾的是，他仅草草用劣质木材完成了这个任务。房子落成后，老板来看并把钥匙给了他，说这栋房子送他了。木匠后悔不已，如果他知道是给自己盖房子，一定选用最好的木材和最精致的工艺把它盖好。其实我们每个人干的活，归根结底都是准备为自己建造一栋房子，如果我们不肯努力，最后，只能住进自己为自己建造的粗糙房子里。

案例二

一个中国留学生在日本东京一家餐馆打工，老板要求洗盘子时要刷6遍。一开始他还能按照要求去做，刷着刷着，发现少刷一遍也挺干净，于是只刷5遍；后来，他发现再少刷一遍还是挺干净，于是又减少了一遍，只刷4遍并暗中留意另一个打工的日本人，发现他还是老老实实地刷6遍，速度自然要比自己慢许多，便出于“好心”，悄悄地告诉那个日本人说，可以少刷一遍，看不出来的。谁知那个日本人一听，竟惊讶地说：“规定要刷6遍，说该刷6遍，怎么能少刷一遍呢？”

◆请思考这两则故事说明了什么。

1. 如何做到爱岗敬业

随着社会经济的不断发展，市场竞争越来越激烈，企业作为市场竞争的主体，面临着空前的挑战和压力，社会的发展呼唤敬业精神，企业的改革和发展需要敬业精神。作为未来企业的主人，我们应当培养、激发自己的爱岗意识，增强敬业精神，用满腔的激情和热忱去迎接明天的挑战。

一是要将工作当成使命。把工作仅仅只是当作一份职业，看重的可能只是薪水，一旦不能满足自己的期望，失落感与挫败感就会显著增强；把工作当作一份事业，责任心和动力会明显增强，个人能力的提高与职位晋升也会相对更快；而把工作当作一种使命的人，不仅不会畏惧遇到的困难，还会更加享受工作中的乐趣，并最终增加个人的幸福感。

二是要做好本职工作。把简单的工作重复做好，你就是专家。人们往往觉得自己的工作枯燥无味，羡慕别人的工作，殊不知自己的人生因为做好本职工作而精彩。生活工作两不耽误，做好自己分内的事情，人生就是一场戏，每一个人都应该扮演好自己的角色。医生救死扶伤，教师教书育人等等，各司其职，人人做好本职工作，社会就在进步。

三是要乐于奉献。奉献精神是敬业精神的升华，是为社会、为企业、为他人发一束光，奉献一份力量。爱岗敬业的职业道德要求企业员工，在个人利益和企业利益发生冲突的时候，为工作的需要做出一定的个人牺牲；有时需要放弃休息和与家人团聚的机会，坚守工作岗位；有时需要独在异乡开展工作，忍受无法与亲人朋友共聚的寂寞，独自承担工作的压力，为企业的发展默默地付出；有时需要克服职业倦怠，用满腔的激情和吃苦耐劳的精神，在自己的工作岗位上孜孜以求、执着拼搏。个人的一份付出产生的力量可能非常小，但聚集了众人的合力就能释放出巨大的能量。

四是要积极进取。明天事业的成功源于今天刻苦努力的学习，大学生需要掌握扎实的专业知识和职业技能。要想胜任企业不断提高的对人才的要求，只有抓住时间，在有限的青春岁月里勤奋求学、积极进取，这样才能为未来的职业发展打下坚实的基础。

五是要培养良好的行为习惯。行为科学研究告诉我们，人类 95% 的行为属于习惯性行为，行为形成分 3 个阶段：第一阶段在第 1 ~ 7 天，重复相同的动作是刻意的、不自然的；第二阶段在第 7 ~ 21 天，重复相同的动作虽然是刻意的，但已趋于自然；第三阶段在第 21 ~ 90 天，重复相同的动作是不经意的、自然而然的。事实上，引导成功最重要的因素是我们每一天所做的事情。我们的习惯将会决定我们能否成功。积极的行为习惯会对我们的成才起到良好的促进作用，同时能使我们终身受益。例如，勤奋、耐心、细心等积极的行为习惯能够转化为个人内在的性格、情操、道德观念，也是为人处世、建功立业的基础。如果我们存在消极的行为习惯，这些行为习惯日复一日地伴随我们，必定会导致我们事业和生活的失败。工作与生活中，常见的消极行为习惯包括浪费时间、懒惰、胆小、缺乏勇气等。习惯的养成绝非一朝一夕就能完成，尤其是那些能将你导向成功的好习惯，在一定意义上有悖于好逸恶劳的人性弱点，需要你严格要求自己，循序渐进、逐步改善。

习惯一：融入团队。简单来说就是大局意识、协作精神和服务精神的集中体现。团队精神要求有统一的奋斗目标或价值观，而且需要信赖。团队精神的核心是协同合作，最高境界是全体成员均具有向心力、凝聚力，反映的是个体利益和整体利益的统一。

习惯二：学会服从。服从、执行是一种奉献，也是一种责任，更是一种品德素质。服从、执行意味着放弃个人的想法或自由，一心一意地去执行上级的命令指示，因此说它是一种奉献。服从、执行意味着工作中要遵章守纪，完成工作任务，因此说它也是一种责任。服从、执行并不只是个态度问题，还是一种品德素质。只有具有服从、执行品质的人，才会在接受命令之后，充分发挥自己的主观能动性，想方设法完成任务。

习惯三：自动自发。自动自发是一个职场新人最宝贵的特质之一。它是未来成功人士必备的人格特质。自动自发就是没有人要求、强迫你，你能自觉而且出色地做好自己的工作。工作是一个包含了诸多智慧、热情、信仰、想象力和创造力的词语。积极主动的人总是在工作中付出双倍甚至更多的智慧、热情、信仰、想象力和创造力，而消极被动的人只是逃避、指责和抱怨。

习惯四：惜时如金。自古以来一切有成就的人，都很严肃地对待自己的生命，在他有限的生命里，总要尽量多工作、多学习，不肯虚度年华，不让时间白白浪费。因此，我们要管理好自己的时间，坚决不做毫无价值的事，对有价值的事情不要轻言放弃，做事不能拖拉，集中时间办大事，利用黄金时间办要事，这样就能达到事半功倍的效果。

习惯五：身心全面发展。身体健康是事业成功的本钱，是一个人正常学习和工作的根本保障，是一个人纵横职场的先决条件。健康的身体好似楼房的地基，只有地基牢固，楼房才能建得高。良好的心理素质和生生不息的奋斗精神会保证你胜任工作、走向成功。

2. 如何增强责任意识

梁启超先生曾说："人生于天地之间各有责任。知责任者，大丈夫之始也；行责任者，大丈夫之终者；自放弃其责任，则是自放弃以为人之具也。"俄国大文豪托尔斯泰也指出："一个人若是没有热情，他将一事无成，而热情的基点正是责任感。"

责任心是指个人对自己和他人、对家庭和集体、对国家和社会所负责任的认识、情感和信念，以及与之相应的遵守规范、承担责任和履行义务的自觉态度。它是一个人应该具备的基本素养，是健全人格的基础，是家庭和睦、社会安定的保障。具有责任心的员工，会认识到自己的工作在组织中的重要性，把实现组织的目标当成自己的目标。责任意识既是一种自觉意识，也是一种传统美德。责任是一种能力，又远胜于能力。责任是一种精神，更是一种品格。所谓的责任意识，就是一个人能够清楚明了地知道属于自己的责任是什么，并能够自觉、认真地履行自己的职责，这种能够把责任转化到行动中去的心理特征就是责任意识。

在企业中，一名优秀的、负责任的员工都具有以下一些共同特点：

一是在工作中保持高度热情并愿意付出额外努力。努力克服职业倦怠，保持高度的工作热情，是我们职业发展的原动力。负责任的员工懂得"一份付出，一份回报"的道理，将团队的利益和企业的发展放在第一位，甚至愿意付出额外的时间和努力，加班加点完成自己的工作。

二是自愿做一些本不属于自己职责范围内的工作。负责任的人从不会把"分内之事"和"分外之事"分得那么清楚，领导安排的工作，即使是分外之事，也会主动承担起来。多承担一些工作意味着更多的历练和机遇。

三是善于助人与合作。在企业中，上司、同事是我们同舟共济的伙伴，每个人的发展都不是孤立的，只有敢于承担责任的人，才能够得到他人的信任和帮助，在与他人的互助和合作中发展自我、实现价值。

四是遵守企业的规则和制度。企业是个人生存和发展的平台，而企业的制度和规则是企业运行的保障，有责任心的员工往往是严格遵守企业制度和规范的好员工。

五是赞同、支持和维护组织的目标。优秀的企业具有很强的向心力，有责任心的员工首先要热爱自己的企业，具有主人翁意识，将个人发展和企业发展结合在一起，将企业的发展目标作为个人努力和前进的方向。

（三）绩效与执行

【案例】

蜀之鄙有二僧，其一贫，其一富。贫者语于富者曰："吾欲之南海，何如？"富者曰："子何恃而往？"曰："吾一瓶一钵足矣。"富者曰："吾数年来欲买舟而下，犹未能也。子何恃而往？"越明年，贫者自南海还，以告富者，富者有惭色。

上面这个故事说到，蜀地的一个偏僻的地方有一穷一富两位僧人，有一天，穷和尚对富和尚说："我想去南海，你觉得怎么样？"富和尚听说便问道："你那么穷，南海路途遥远，你靠什么能够支撑你到达南海呢？"穷和尚回答："一个装水的瓶子和一个装饭的钵就足够了。"富和尚又说道："这么多年来，我一直想买艘船顺流而下，仍然觉得路途艰难，到现在也没能实现所想，你就一个瓶一个钵，怎么可能到达南海呢？"到了第二年，穷和尚从南海归来，将蜀地至南海的行程告知富和尚，富和尚听完，露出了惭愧的神色。

由此可见，对于个人而言，没有执行力（或称行动力），一切梦想、设想、构想、理想，统统都只能是幻想，没有执行力，白白浪费时间和资源，甚至可能一事无成。

1. 执行力的概念

执行力就是准时、按标准、以经济的方法完成既定的任务目标。从组织的角度看，执行力是连接目标和结果的一环，是将企业的长期战略一步步落到实处的能力。因此，判断一个组织的执行力如何，只需要看这个组织能否保质保量地实现既定战略目标。

从个人角度看，执行力即"行动力"，就是每个员工在每个阶段都做到一丝不苟，并最终不折不扣地完成任务。

2. 执行力的理念和原则

任务开始前：决心第一，成败第二。有些事情，现在不做，可能永远都不会做了。若任务已开始执行，还在想是不是应该做，此时执行就会出现问题。若不想做事，任何人都有无数理由拒绝执行。这个时候，能够坚定信念的唯有决心，任何事若在执行前便被执行者认定为无法完成，则该项任务完成的可能性为零。

因此，要建立做事的决心，不能再有“以后再做”的事情发生，今天不是决定明天做什么，而是决定明天成为什么。

执行过程中：速度第一，完美第二。“速度第一，完美第二”，是因为标准程度的完成比完美更重要，不可以因为一味地追求完美，导致任务迟迟无法完成，最终错失时机。

执行结束后：结果第一，理由第二。生存的依靠是结果，而非理由。执行过程中，应多想办法，少找借口。

3. 如何提升执行力

一是目标清晰。开始行动之前必须先确认工作目标，之后的所有工作都向此目标靠拢。

二是及时反馈，请求帮助。在工作的重要节点及时汇报工作进展，遇到不能解决的问题时要及时汇报，请求帮助，注意汇报时带着自己的想法和建议，而不是将问题直接丢给被请求方。及时反馈也可以避免走弯路，因为被请求一方必然掌握了更多的信息和资源。

三是持续学习。要树立不断学习的心态，身边的每一个人都可以成为学习对象，注意取长补短。

四是养成思考和总结的习惯。遇到问题先思考，找出最佳的解决问题方案。每天做自我总结，在过程中发现不足，进而思考下一步如何改进。

五是学会倾听。与人交谈时，注意眼神交流，不要轻易打断，同时做好记录，尤其是在领导或老师布置任务时，如果有疑问，等对方说完，一起提出来。

六是学会提问。问题应该聚焦于需要达成的目标、完成目标的时间节点、涉及的人员关系处理等。

工作绩效与工作行为、工作态度、能力素质和心理品质密切相关，业绩是员工行为的最终成果，能力和态度是员工业绩变化的内因和依据。随着执行力的提升，工作绩效自然也会随之提升。

【本章小结】

大学生就业过程中要注意积累相关知识，并接受一些能力培训。大学生需要在学习过程中发现自我、了解自我，包括了解自己的知识、技能、性格、爱好和身体状况等，先对自己有全面的认识，有针对性地提升自我就业能力。转变就业观念，提升敢闯的勇气，了解职业岗位的工作内容、工作性质和对从业者素质的要求，做到知己知彼，百战百胜。

【本章思考题】

1. 大学生就业技能包含哪些内容？
2. 如何提升自身就业技能？
3. 如何结合自身实际进行职业生涯规划？
4. 简历包含的基本内容有哪些？应注意哪些常见问题？
5. 面试的类型包括哪些？

第二篇 创业指导篇

第四章 创业与创业教育概述

【本章导读】

全面贯彻党的教育方针，落实立德树人根本任务，积极响应“大众创业、万众创新”的国家发展战略，坚持创新引领创业、创业带动就业。习近平总书记在致2013年全球创业周中国站活动组委会的贺信中指出：青年是国家和民族的希望，创新是社会进步的灵魂，创业是推动经济社会发展、改善民生的重要途径。青年学生富有想象力和创造力，是创新创业的有生力量。希望广大青年学生把自己的人生追求同国家发展进步、人民伟大实践紧密结合起来，刻苦学习，脚踏实地，锐意进取，在创新创业中展示才华、服务社会。

青年的创业之路与祖国命运紧密相连，青年的创业实践活动离不开国家经济的发展与政策的扶持。

第一节 大学生创业实践概述

创业（entrepreneurship）是一个跨学科、复杂的现象和活动，它涉及变革、创新、技术与环境的变化、新产品开发、小企业管理、企业与创业家个体和产业发展等问题。对于创业的研究始于18世纪中期，两个多世纪之后，在20世纪80年代得到迅速发展，正如Katz（2003）所指出的那样，创业研究在过去20年里呈现爆炸式增长的态势，新的创业杂志、学术论文和会议、调查数据都在迅速增加。最近十几年来，技术进步、社会转型和经济变革掀起了创业热潮，也唤起了学术界对创业研究的重视，吸引着众多学者在这一领域进行不断的探索。不同的学者基于不同的学科背景、不同的假设、不同的视角对创业进行研究，呈现出类似“井喷”一样的创业研究学科现象，创业研究已成为近期发展速度最快的研究领域之一。

人类认识和改造世界的历史就是人类的创业史。因此，创业是认识的主体与认识的客体相互作用的结果，主体与客体的相互作用是通过实践发生作用的。认识的反复性和无限性使得创业也具有阶段性。早期的研究者受认知能力的限制和实践水平的限制，对创业活动的认知能力有限，不能正确认识其内在规律。随着人们认知能力和实践水平的提升，人们逐渐认识到创业活动的内在规律，开始关注创业者的行为特征。因此，依据认识论的发展过程，创业研究理论可以分为特质学派和行为过程学派。创业特质学派认为创业是少数人的特质，是先天的，只有具备某些特质的人才能创业成功，符合唯心主义认识论特征；创业行为与过程学派认为创业是有内在规律的，是可以认识的，符合唯物主义认识论特征。

创业有狭义和广义的定义，狭义的创业是指创建新企业，广义的创业是指创办新事业。本书从狭义层面对创业进行定义。从创业者与创业环境互动视角来看，创业可以定义为：创业是创业者与创业环境互动，通过创业机会发现、识别、评价和开发利用，从而实现价值创造的过程。基于创业者与创业环境互动视角的创业具有以下特征：创业是一个价值创造的过程，创业的最终目标是为顾客提供有价值的产品或服务。影响创业的要素是创业者、创业环境与创业周期。创业是创业者与创业环境动态均衡的过程。创业者与创业环境的动态均衡是通过创业机会实现的，创业者是创业的主观因素，创业环境是创业的客观因素，因此创业是一个主观因素与客观因素动态均衡的结果。创业的起点和终点都是创业环境，创业者在此过程中发挥了主观能动作用。

一、创业实践历程

从 1984 年起，中国的创业实践主要经历了五次创业浪潮，分别是改革初期的个体创业，20 世纪 80 年代中后期的风险创业，20 世纪 90 年代初的财力创业，20 世纪 90 年代中后期的技术创业，以及 21 世纪的全民创业。

（一）个体创业

1984 年，国家颁布《中共中央关于经济体制改革的决定》，开始放开部分商品贸易，允许小市场经营来弥补国内社会供给不足，为最早的民间创业者提供了生长空间。这一时期的创业者多为个体经营，因此被称为个体创业，包括经营商铺、小商小贩等。当年的个体创业者普遍文化素质较低，但也普遍具有吃苦耐劳、踏实努力的品质，并且成功者多数表现出头脑灵活、对市场反应灵敏和商业意识强烈的特点。可以说，这一时代的创业实践是勇敢者的一次拓荒，代表人物有步鑫生、张瑞敏等。

（二）风险创业

20世纪80年代中后期，我国经济体制改革开始由农村转向城市，生产资料逐步成为商品并进入市场流通，价格实行双轨制，为流通领域的创业实践提供了良好的环境。木材、水泥、钢铁等计划价格和市场价格之间的利差催生出一大批中间商，他们通过对流通领域的运作完成了创业所需的资本原始积累。这一交易风险较大，因此被称作风险创业。这一批创业者往往具有很强的商业意识、经济头脑和创业意识，善于发现机会并把握机会，拥有过人的胆识与气魄。

（三）财力创业

20世纪90年代初，市场经济体制建设迈出了决定性的一步，私营经济快速发展，为之前积累了一定财富和经验的创业者提供了良好的发展机会。这一时期的创业者会抓住一个或多个关键点使自己的企业实现从无到有、从小到大的跳跃式发展。此种创业在实践前期需要大量投资和雄厚财力做保障，因此被称为财力创业。这些创业者具有强烈的投资意识、灵活的头脑和超强的行动力，但有时也会急于求成、不够冷静。因此，只有那些遵循市场规律，具有坚强毅力和承受力的创业者能够最终领导自己的企业发展壮大。

（四）技术创业

20世纪90年代中后期，知识经济的浪潮席卷全球，一批技术创业者应运而生，主要从事科技型创业、文化型创业和策划型创业，凭借一定的技术来进行创业实践活动，因此这种创作又被称作技术创业。这些创业者通常是高级知识分子，具有掌握的科学技术知识，具有较高的个人素质和较强的感召力，代表人物有张朝阳、李彦宏、陈天桥、丁磊、马云等。

（五）全民创业

进入21世纪后，我国创业实践活动开始呈现出全民创业的局面，创业实践成为中国经济转型和升级的发动机。由于企业文化普及和政府政策鼓励等多种原因，社会各个阶层都开始加入创业行列，创业主体开始分散化，具有青年朝气与活力的大学生群体更是创业热情高涨，积极投身于各类创业实践。与前期创业实践不同的是，以2007年通过的《中华人民共和国就业促进法》为标志，我国开始将鼓励创业纳入和谐社会建设的整体框架，高度重视创业活动，并在政策方面为创业实践赋予了新的历史使命。

二、创业实践现状

当前我国巨大的就业压力推动了创业的浪潮，越来越多的大学生开始认识到找岗位不如自己创造岗位，开始积极投身于创业实践，创业成为势不可当的社会趋势。

（一）创业氛围良好

随着市场经济的发展，社会开始倡导积极的创业文化，确立起良好的社会创业氛围。国家高度重视大学生创业实践活动，《国务院办公厅关于发展众创空间推进大众创新创业的指导意见》（国办发〔2015〕9号）、《国务院办公厅关于深化高等学校创新创业教育改革的实施意见》（国办发〔2015〕36号）、《国务院关于推动创新创业高质量发展打造“双创”升级版的意见》（国发〔2018〕32号）指出要“健全促进就业创业体制机制”。政府的一揽子举措为大学生创业实践提供了良好的社会氛围。

高校也不断推进大学生创业能力的培育，通过多种举措在学校营造出良好的创业氛围。众多高校开设创业教育的公共课程，积极组织引导大学生参加“挑战杯”“互联网+”等创业大赛，在校内建设创业孵化基地，帮助大学生创业者进行项目遴选，引导大学生提升创业层次，并为重点创业项目提供孵化通道等，给大学生的创业实践提供了肥沃的土壤。

（二）创业空间广阔

当前大学生的创业实践虽然成功率不算高，但却拥有极大的发展潜力和广阔的发展空间。社会经济的发展和多项创业支持政策的颁布与实施，都为大学生创业者提供了良好的市场环境和发展空间；高校创业教育的推进也将不断提高大学生的创业能力和素质；大学生自身所拥有的科学技术素质和创业必备的个人素养也呈现出越来越优秀的趋势。可以说，大学生创业的机遇、条件、环境都达到多年来的最佳时期。机遇总是偏爱有准备的人，面对如此广阔的创业空间，大学生如果能够艰苦奋斗、主动创新、自主创业，就一定能够乘着社会发展的东风，在创业实践的浩瀚海洋中乘风破浪，实现理想！

（三）创业实践活跃

中国创业实践的活跃程度始终保持在较高水平。一些自主创业的佼佼者更是成为许多大学生的创业偶像，为大学生树立了良好的榜样。在此时代浪潮下，大学生积极参加各类创业实践，以多种形式投入到创业实践活动中去，如成立或加入学校的创业社团、参加各类创业竞赛、申请入驻创业孵化基地等。

三、大学生创业实践趋势

随着社会创业环境的改善，以及政府支持和社会关心的进一步增强，大学生创业实践活动必然会日趋普遍，自主创业的观念也必定会越来越科学，行动也越来越理性，创业成功的概率也会越来越大。相信在不久的未来，大学生创业实践必将会克服重重困难，成为新时代的全新气象。

（一）创业者的数量和质量进一步提升

近年来，高校毕业生人数逐年攀升，且预计未来几年将维持高位稳定。然而受新冠疫情持续影响，经济社会难以持续高速发展，对人才需求的增长难以匹配毕业生人数的增长，因此大学生就业难的现象越发严重。2021年被媒体戏称“最难就业季”，2022年则又被称作“更难就业季”，昔日象牙塔中的“骄子”从一定程度上变成了担心毕业就面临失业的“焦子”。这种就业难的现象使得越来越多的大学生开始选择通过创业实践来谋求发展。我国创业教育虽然起步较晚，但近年来教育活动开展得如火如荼，相信未来也将会有越来越多的大学生选择从事创业实践。

与此同时，随着高校进一步加强对创业型人才的培育，加强对广大学生创新创业素养的提升，大学生创业者的综合素质也逐步提高。在校期间大学生能够得到良好的创业课程教育，通过创业竞赛获得一定的锻炼提升，甚至可以通过进行创业模拟与实践提高创业能力和创业素质。

（二）创业活动被国家和社会进一步扶持

近年来政府逐渐加大了对大学生创业实践的扶持力度，尤其是2015年以来，相继出台了一系列针对大学生的创业优惠政策。如教育部、人力资源和社会保障部、工业和信息化部、国资委、中央广播电视总台、共青团中央等6部门和单位共同实施“百日冲刺”行动，提出要加强对大学生的创业培训和创业服务，明确指出要将大学生创业培训纳入当地创业服务体系，并提供项目开发、专家指导、小额贷款等服务，以支持大学生更好地进行创业实践。党的二十大寄语广大青年要“怀抱梦想又脚踏实地，敢想敢为又善作善为，立志做有理想、有担当、能吃苦，肯奋斗的新时代好青年。”国家工商总局规定，大学生创业1年内免交5种行政费用。各级地方政府也都推出了相应的政策鼓励大学生进行创业实践。社会各界对大学生创业实践的关注度和支持力度也将进一步提升，大学生创业者将得到更多来自社会的资金扶助、培训指导等，更容易被家庭和社会所理解，这无疑为大学生创业者提供了良好的外部环境。

（三）创业项目的多样性和技术性进一步增强

随着知识经济在中国的逐渐形成，对人才的需求也由过去的简单型逐步转为复合型，由知识型转向技能型。高科技产业、第三产业和民营经济将成为人才需求的增长点。未来大学生创业能力将进一步提高，大学生的创业项目将呈现出多样性和技术性的发展趋势。在创业实践活动中，大学生将充分发挥出自身优势条件进行机会型创业，利用所学知识及掌握的技能进行高层次创业，在创业类型上以产品开发型和技术服务型为主，在创业领域方面则主要集中在高科技领域和智力领域。

延伸阅读：

大学生创业基地是国家为缓解大学生就业压力，促进大学生创业提供的一个优良平台。如何选取适合自己创业项目的孵化平台并入驻是想尝试创业的大学生创业者所关心的重要问题。同时，创业者在撰写创业计划书和组建自己的创业团队时，应该认识到团队不稳定的因素，并加以克服。此外，创业者也应该系统地了解与掌握国家关于大学生创业孵化平台的法律法规和政策，从而更好地利用各种优惠政策来为自己的创业项目服务，提高自己企业在未来市场竞争中的竞争力。

在企业的发展过程中，创业者应不断发现制约企业发展的资源因素，采取相应的手段克服不利因素对企业产生的影响。在创业过程中创业者都会碰到这样或那样的问题，使自己举步维艰，难以前行，碰到行业壁垒。大学生创业者需要在实践中不断积累经验，运用所掌握的经验和知识去冲破层层阻碍，坚持与时俱进，秉承可持续发展理念，最终到达成功的彼岸。

第二节　大学生创业实践特性

大学生是一群创新思维活跃、想象力丰富的青年群体，普遍具有较强的专业基础知识，且勇于打破常规，不被经验束缚。因此，相较于社会上普通的创业群体，大学生在进行创业实践时往往具有一定的特殊性，如：创业项目层次高，多以产品开发型和技术服务型为主；创业项目领域广，多集中在高新技术领域和知识服务领域；创业动机多为机会型创业。

一、项目层次特性

根据创业项目层次的不同，创业项目大致可划分为传统技能型、高新技术型和知识服务型三种。社会上的普通创业人员由于不具备良好的科学技术素质，创业层次普遍偏低，从事的创业项目技术壁垒小、专业要求低，创业时通常依靠传统的手工生产方式，而非现代高科技教育所带来的知识技术涵养，因此创业项目层次通常为传统技能型和基础销售型。与此不同的是，大学生长期以来受到良好的教育培养，具备较高的科学技术水平，因此在创业时应当充分发挥自身优势，选择高层次的创业项目，以产品开发型和技术服务型为主。

（一）传统技能型

传统技能型创业项目是指那些利用传统技术、手工艺等，依靠独特的技艺或配方拥有一定市场优势的创业项目。这类创业项目往往与人们的日常生活紧密相关。虽然一些独特的传统技能项目表现出长久的竞争力，但是此种创业项目面临的竞争一定会越来越激烈。因为大学生长期以来在校读书，很难具备良好的传统手工技能及丰富的社会经验，所以与具有丰富经验的社会人员相比，在传统技能型的创业项目中，大学生相对来说竞争力较低。

然而，现在越来越多的大学生能够突破常规，对传统项目另辟蹊径地进行包装融合再升级，将传统与科技结合，开发出崭新的面貌，从而创造全新的商机，收获意外的成功。

（二）高新技术型

高新技术型创业是指知识密集度高，带有前沿性、研究开发性质的新技术、新产品项目。这种类型的创业活动通常充满创新精神，掌握新技术、新产品、新的经营模式和市场模式，具有强大的后发优势和市场竞争力。大学生在此类创业项目中能够很好地发挥出自身优势，拥有较强的竞争力，较易取得创业成功。

高新技术型创业具有三种不同的创业模式：技术先导型、市场先导型和制造先导型。技术先导型创业是由技术创新者发起，拥有技术创新的“创意”，从产品的开发起步，到产品的生产或外加工，最终开发市场，逐步成长为高科技企业，其特点是技术起点高、利润率高、风险大；市场先导型创业以市场需求为导向，在创业投资环境尚不健全时，以较小投入的贸易方式起步，代理销售有市场机会的产品，在经营中积累资金、技术、人才和市场经验，准备自己的产品创新与开发，典型代表是华为公司；制造先导型创业是指一些缺乏开发能力和有竞争力产品的制造业工厂，为了生存而代替外国公司加工制作，没有自己的品牌和知识产权，在加工过程中学习国外的生产技术与管理技术、开发市场、积累资金，逐渐成立自己的开发团队，自行创造产品，并最终发展为具有自主产权的高科技公司。如台湾的一些公司先以代工起步，为国外公司加工，培养自己的生产能力和技术能力，然后开始进行代设计品牌，在减少市场费用和风险的前提下提高团队研发能力，最终在实力雄厚之后建成完整的高科技企业。

（三）知识服务型

当今社会知识更新日益加快，人们对各类知识的需求也越来越大。为满足人们节省精力、提高效率的需求，知识服务型创业项目主要依靠某种专门领域的专业技能或知识，向社会和客户提供以知识为基础的中间产品与服务。

目前，各类知识型咨询服务机构不断增加和细化，知识服务型创业项目投资少、见效快，选择此种创业项目的大学生也越来越多。

二、项目领域特性

社会人员在创业时通常集中在传统项目领域中，如食品加工业、餐饮业、酿酒业、服装业等，而大学生由于知识面广，眼界较宽，具有青春特质，勇于突破常规，因此可以选择的创业项目往往领域非常广阔，且新颖奇特。

（一）高科技领域

高科技领域的创业项目包括网站建设、软件开发、网页游戏等，需要创业者具备良好的科学技术基础。身处高新科技前沿阵地的大学生，在这一领域创业有着“近水楼台先得月”的优势，“易得方舟”“视美乐”等大学生创业企业的成功，就是得益于创业者的技术优势。但并非所有的大学生都适合在高科技领域创业，一般来说，技术功底较深厚、学科知识素养高的大学生才更有成功的把握。有意在这一领域创业的大学生，可积极参加各类创业大赛，获得脱颖而出的机会，同时广开门路吸引风险投资。

（二）智力服务领域

智力是大学生创业的核心资本之一，在智力服务领域创业，大学生整体而言是游刃有余的。例如，家教等学生校外辅导领域就非常适合大学生创业，一方面，这是大学生勤工俭学的传统渠道，积累了丰富的经验；另一方面，大学生能够充分利用高校教育资源，更容易赚到“第一桶金”。此类智力服务创业项目成本较低，甚至很多项目一张桌子、一部电话就可开业，通常的创业项目包括中小学辅导、家教中介、设计工作室、翻译事务所等。

（三）清洁技术领域

被业界称为“下一个四万亿”的七大战略性新兴产业——节能环保、新能源、新材料、新能源汽车 4 项直接归属清洁技术范畴。相关部委已分别就太阳能光伏、LED、污水处理、节能减排等细分行业出台了一揽子目标、细则、管理办法，未来3到5年的方向、做法、补贴力度等都越来越明晰。同时，不仅仅是制造领域，下游配套服务的发展机遇也开始显现。当然，在近两年的我国经济环境中，以光伏、LED、风电为代表的曾经的明星行业都正在“血海”中洗牌，以智能电网等领域为代表的建筑节能，似乎成为当前最有希望产业化的热点。

（四）影视娱乐领域

党的二十大报告提出，要繁荣发展文化事业和文化产业。从国家统计局获悉，据对全国6.4万家规模以上文化及相关产业企业（以下简称“文化企业”）的调查，2021年前三季度，上述企业实现营业收入84205亿元，按可比口径计算，比上年同期增长21.8%；两年平均增长10.0%。并预测中国文化产业将驶入发展快车道，游戏、电影、动漫、电视剧及音乐5个主流文化娱乐形态将形成百舸争流的态势。其中影视娱乐领域中，走平民路线的小成本电影制作、对非票房领域市场空间的开发、新型导演及结合3D、IMAX的大制作电影等目前均被业内人士所看好。

良好的文化传媒产业发展这一外部环境为大学生创业者提供了契机，一些具备艺术素养的大学生可以考虑从拍摄微电影入手进行创业。

（五）B2D服务领域

B2D是指Business to Developer，顾名思义就是指以开发者为对象的服务，它们通过API等形式“售卖”自己某一方面的特长。比如，Stripe将所有与支付相关的组件做好开放给其他开发者，这样他们就不用再从头搭建支付版块，从而节省了开发时间，提高了开发效率。B2D的优势在于，D（开发者）下一步通常都会发展成B（企业），一旦能拿下某个组织内的单个开发者，下一步就可能扩展到更大规模的组织。这一优势的意义在于，B2D企业可以像那些花哨的消费者企业一样去做市场营销（清楚又华丽地向开发者表达自己产品的功能用途），又能像那些面向企业的公司一样去盈利。同消费者不一样的是，开发者往往愿意为相关的产品和服务付费，只要你做的产品能给他们节省时间或者更好地完成某项特定功能。

给淘金者卖水，这就是B2D企业要做的事，而且如今这类卖水人是越来越多了，因为大大小小的公司都希望能将时间和精力更多地集中在自己的核心业务上，把其他周边业务的枝枝节节外包给别的专业机构和个人。

虽然现在大家对企业市场寄予厚望，但B2D其实还处于市场的培育期，从某种层面上来说未来几年内会比传统企业更具发展前景，在美国，它们已经受到投资者的普遍青睐。有学者预测，B2D 服务领域很可能是下一波突破性创业公司爆发的地方。

延伸阅读：

大学生涉世未深，缺乏经验，很容易在创业运营过程中成为骗子的目标，所以创业前“恶补”防骗招数很有必要。专家建议，可以从以下这些方面考察对方是否值得信任。

1. 看身份证。绝大多数骗子不敢出示真的身份证等有效证件。只要注意识别真假证件，大多数骗子将无处遁形。

2. 看产品。看是不是和合同上订的样品一样，价值和价格是不是相等。签订合同是非常严肃的事情，因此关于样品和产品的一切细节应当尽可能诉诸书面形式。

3. 看资质证书。各类资质证书是企业发展水平的标志，绝大多数骗子没有资质证书，或者有资质证书但证书不全。当然也有骗子的证书是全的，但有真有假，因此如有必要应该去有关部门了解一下。

4. 查金融机构和汇款的真假。针对金融机构的真假，主要需通过对方的银行监管局或人民银行进行查证。有的骗子用伪造的银行名称去电信部门登记电话号码，如果你通过电信部门直接查假银行和汇款，那么就有可能上当。

5. 防调包。最好自己运输，收货后人不能离开货物，防止骗子用相同或者相近的运输工具调包。

6. 异地交货。骗子往往不在双方所在地交货，所以对坚持选择异地交货的生意要尤为谨慎，最好少参与。

7. 试探。不妨用语言试探对方，例如同行的朋友是公安部门的经济警察或者某方面的行家，骗子或许会心虚害怕。

第三节　大学生创业实践支持

我国高校创业教育教学近年来取得了良好成效，一些经济和高等教育比较发达的省市目前纷纷将工作重点从创业教学转为深入推进创业实践。从国家至地方政府，各级政府均表现出对大学生创业实践的高度重视，陆续出台了一些创业实践支持政策，常见的有大学生创业扶持政策、系统的创业理论与实战训练、体系化的创业竞赛活动等。

一、创业实践政策

为支持大学生创业，国家各级政府出台了很多优惠政策，涉及融资、开业、税收、创业培训、创业指导等诸多方面。对打算创业的大学生来说，只有了解这些政策，才能走好创业的第一步。

（一）教育支持

创业教育对于促进大学生创业具有非常重要的作用，我国大学生创业教育政策主要包括两个方面：创业教育政策和创业培训政策。国办发〔2015〕9号文件《国务院办公厅关于发展众创空间推进大众创新创业的指导意见》、国办发〔2015〕36号文件《国务院办公厅关于深化高等学校创新创业教育改革的实施意见》分别对这两方面的内容作了规定。

1. 加强创业教育课程体系建设

教育部高等学校创业教育指导委员会要求当前高等学校要更新办学的教育创新观念，面向高校所有的大学生，将创新创业教育纳入到教育和教学的主渠道之中。政府把创新创业教育有效地纳入了专业教育、文化素质教育、教学计划和学分体系，各高校也纷纷建立了多样化、立体化的创新创业教育课程体系，极大地提高了大学生创业的积极性。甚至一些高校开始在创新创业教育的课程中突出了专业教育的特色，将创新创业类的专业课程体系和课程设置有机地融合在一起，将创新创业实践活动与专业实践教学有效地衔接起来。

2. 逐渐在全国高校中普及创业教育

2012年8月，为深入贯彻落实教育规划纲要，推动高校创业教育科学化、制度化、规范化建设，切实加强高校创业教育工作，教育部印发了《普通本科学校创业教育教学基本要求（试行）》，对普通本科学校创业教育的教学目标、教学原则、教学内容、教学方法和教学组织做出明确规定。该文件对于在全国高校中系统推进创业教育教学起到了里程碑式的作用，要求各高校把创业教育教学纳入学校改革发展规划，纳入学校人才培养体系，纳入学校教育教学评估指标，建立健全领导体制和工作机制，制定专门计划，提供有力教学保障，确保取得实效。各高校应创造条件，面向全体学生单独开设“创业基础”必修课；明确职能部门，负责研究制定创业教育教学工作的规划和相关制度，统筹协调和组织学校创业教育教学工作；根据专任为主、专兼结合的原则，按照学生人数及实际教学任务，合理核定专任教师编制，配备足够数量和较高质量的创业教育专任教师。明确要求各高校结合学校实际，把创业教育教学效果作为学校本科教学评估的重要内容及本科人才培养质量的重要指标，加强自我检查和评估，并体现在学校本科教学质量年度报告中，主动接受社会监督。

（二）政策支持

1. 财政专项资金

目前全国性支持创业的财政专项资金主要有科技型中小企业创业基金和中小企业发展专项资金。科技型中小企业创业基金经国务院批准设立，是用于支持科技型中小企业技术创新的政府专项基金。无偿资助数额一般不超过100万元，个别重大项目最高不超过200万元，而且要求企业要有等额以上的自有匹配资金。中小企业发展专项资金对符合一定条件的企业项目给予200万元以内的无偿资助或不超过150万元的财政贴息。另外还有中小企业服务体系专项补助资金、中小企业国际市场开拓资金等。

2. 优惠政策

2020年11月，教育部在《教育部关于做好2021届全国普通高校毕业生就业创业工作的通知》（教学〔2020〕5号）中进一步指出：树立推广就业创业工作典型，发挥其示范引领作用，注重发掘毕业生就业创业工作中涌现出的优秀典型，开展全国普通高校毕业生就业创业典型案例征集活动，并以多种形式总结推广先进经验。鼓励各地各高校结合本地本校实际，培育提炼就业创业典型经验，组织遴选一批优秀案例和优秀成果。

3. 就业创业补贴

就业创业补贴因地域不同而差别较大。镇江市规定：凡2010年1月1日起领取营业执照初始创业、稳定经营在6个月以上符合补贴对象的初始创业人员，可每户一次性给予1000元的初始创业补贴；对大中专技职校毕业生在毕业后两年内创业并缴纳社会保险的，比照灵活就业困难人员给予社会保险补贴；个体工商户升级创办私营企业，可每户一次性给予2000元的创业升级补贴；凡市区各类新创办企业和个体工商户持续生产经营6个月以上的，每新录用1名就业困难人员，并与其签订1年以上期限劳动合同，同时缴纳社会保险的，一次性给予企业或个体工商户500元的岗位补贴；符合条件的“三新”企业每吸纳1名全日制应届大学毕业生，并签订1年以上劳动合同的，分别给予企业3000元补贴、给予大学生个人1000元补贴。

（三）场地政策

1. 建立大学生创业园

创业孵化器具有放大资源的作用机理，即通过聚集孵化资源形成服务体系，然后通过这个体系的作用，使孵化企业由小变大、由弱变强，成为区域经济的新生力量和增长源。2020 年 3 月，教育部在《关于应对新冠肺炎疫情做好 2020 届全国普通高等学校毕业生就业创业工作的通知》（教学〔2020〕2 号）中要求各省级主管部门积极协调并配合有关部门为大学生自主创业提供新的支撑平台，充分利用大学科技园、经济技术开发区、高新技术开发区、工业园区的资源，建立大学生创业孵化基地，并给予场地、资金等方面的支持，切实扶持一批大学生实现自主创业。

全国首个大学生创业园区于 2006 年 8 月在广东东莞市常平镇创立。为更好推进大学生创业活动顺利开展，创办方免费提供经营场地，给予一年免费使用权；免费提供常用办公设备，免费办理大学生创办企业所需的各类证照等。目前，全国各地的地方政府纷纷通过提供研发、生产、经营的场地，通讯、网络与办公等方面的共享设施，系统的培训和咨询，政策、融资、法律和市场推广等方面的支持，降低创业企业的创业风险和创业成本，提高企业的成活率和成功率。

2. 扶持大学生创业孵化器

各级政府不仅负责搭建平台，还出台持续发展政策助推平台优质运行，间接支持大学生创业项目入驻孵化。例如：有的地方对市、区、街道（镇）、社区（村）投资新建或改建的创业孵化基地，经评估认定为市级创业孵化基地的，与吸纳符合条件的下岗失业人员人数挂钩，按政策规定给予一次性补贴，新建的最高补贴不超过 30 万元，改建的最高补贴不超过 15 万元。进入创业孵化基地自主创业者，可享受创业扶持政策，孵化基地实行动态管理机制。对大中专（技、职）院校投资新建、改建的创业实验基地，安排大中专（技、职）院校学生进入创业实验基地创业实验，经评估认定为创业实验基地的，按规定给予一次性补贴。按新建的最高不超过 10 万元、改建的最高不超过 5 万元给予补贴。经认定的创业实训基地吸纳创业培训学员参加创业实训后，创业成功人数高于 80% 的按参加创业实训总人数给予补贴，低于 80% 的按实际创业成功人数给予补贴。补贴标准为每人每月 300 元，补贴期限为 3 个月，最多不超过 6 个月。

3. 入驻大学生创业孵化基地

大学生创业孵化基地建设的出发点往往存在于两个方面：一是弘扬创新创业文化，塑造大学生创业品格，培养大学生创业素质；二是扶持大学生创业实践活动，培育技术服务型、产品开发型、商业服务型等具有一定技术含量的创业团队。大学生创业项目往往需要经过比较严格的审批程序方能入驻孵化基地，孵化基地往往也针对创业项目实施滚动管理，孵化一定年限后必须选择有偿继续孵化或者退出基地。

二、创业实践活动

大学生创业实践活动主要包括各级各类创业竞赛，以及与创业实践活动相关的学生社团等，下面将分别介绍：

（一）“挑战杯”全国大学生系列科技学术竞赛

我国近年来举办各种各样的大学生创业大赛，其中“挑战杯”大学生创业竞赛的相关活动覆盖范围最广，影响程度最深。“挑战杯”全国大学生系列科技学术竞赛由团中央、教育部、全国学联、中国科协联合主办，竞赛官方网站为 www. tiaozhanbei. net。竞赛分课外学术科技作品竞赛和创业计划竞赛两类，每两年举办一届，已被公认为中国大学生的科技奥林匹克圣会。

（二）中国“互联网+”大学生创新创业大赛

中国“互联网+”大学生创新创业大赛，以“‘互联网+’成就梦想，创新创业开辟未来”为主题，由教育部与有关部委共同主办。大赛旨在深化高等教育综合改革，激发大学生的创造力，培养造就“大众创业、万众创新”的生力军；推动赛事成果转化，促进“互联网+”新业态形成，服务经济提质增效升级；以创新引领创业、以创业带动就业，推动高校毕业生实现更高质量的创业就业。竞赛官方网站为 https：//cy. ncss. cn/。

（三）中国科学院青年创业大赛

中国科学院青年创业大赛（CAS Youth Venture Competition，CAS-YVC，以下简称“大赛”）是中国科学院举办的面向全国高校及各科研单位优秀青年的创业比赛。大赛期待每一项创业方案和行动具有经济价值和社会意义；期待以中国科学院青年为代表的广大优秀青年把握时代脉搏，为科学发展和社会经济进步做出贡献。首届中国科学院青年创业大赛于 2005 年举办，大赛得到了全国人大常委会副委员长、中国科学院院长路甬祥院士的肯定和指导。大赛通过建立全国优秀青年与投资者、企业家和社会学者之间合作的平台，促进青年形成和强化创新创业意识，同时为每一项优秀的创业方案筹措资金，促进科技成果转化为应有的经济价值和社会意义。大赛以中国科学院［包括分布在 20 多个省（市）的 12 个分院、113 个科研院所、研究机构、事业单位］为核心，并与中国 20 余所著名高校，包括清华大学、北京大学、中国人民大学、中国政法大学、中国传媒大学、复旦大学、南开大学等展开合作，面向社会开放，接纳上述各方的青年创业团队及青年个人报名参赛。

（四）江苏省大学生就业创业知识竞赛

江苏省大学生就业创业知识竞赛是江苏省教育厅为全面宣传国家和江苏省关于高校毕业生就业创业的政策法规，普及就业创业相关知识，促进高校毕业生就业创业指导和服务工作深入开展所举办的创业竞赛。竞赛一般在每年的 4 月至 10 月之间开展，分宣讲学习、网上参赛、总结评优三个阶段。竞赛内容主要包括国家和江苏省关于高校毕业生就业创业、自主择业的政策法规，以及求职择业应知应会知识等。组委会将在指定网站开通竞赛知识网络学习平台，供参赛学生研读学习相关内容。

（五）江苏省大学生创新创意大赛

为贯彻落实国家和江苏省关于推进大学生创业工作的有关要求，普及大学生创新、创意、创业观念，进一步引导大学生了解创业知识，培养创业意识，提高创业能力，鼓励大学生成长为具有创意创新意识、善于捕捉市场机遇、勇于开拓的创业者，江苏省于每年 5 月至 12 月期间举办“‘12580 求职通’江苏省大学生创新创意创业大赛”，竞赛分为科技创新、现代服务、文化传媒和点石成金四个组别。参赛选手可以登录江苏省大学生创业教育网（www. 3idea. cn）或求职通网站（js. job. 12580. com）提交项目计划书或创作成果。大赛将通过专家评选、大众投票、现场展示等方式评出各类奖项。

三、创业实践训练

为提高创业成功比例，大学生可以利用在校时间参加一些创业实践训练，通过加强创业理论知识学习、创业实践的模拟，来进一步加深对创业的认识，为自主创业打下坚实的基础。目前主要的创业实践训练项目有国家级大学生创新创业训练计划、SIYB 创业培训、创业模拟实训等。

（一）国家级大学生创新创业训练计划

根据《教育部财政部关于“十二五”期间实施“高等学校本科教学质量与教学改革工程”的意见》（教高〔2011〕6 号）和《教育部关于批准实施“十二五”期间“高等学校本科教学质量与教学改革工程”2012 年建设项目的通知》（教高函〔2012〕2 号），教育部决定在“十二五”期间实施国家级大学生创新创业训练计划。国家级大学生创新创业训练计划内容包括创新训练项目、创业训练项目和创业实践项目三类。

创新训练项目是本科生个人或团队，在导师指导下，自主完成创新性研究项目设计、研究条件准备和项目实施、研究报告撰写、成果（学术）交流等工作。创业训练项目是本科生团队，在导师指导下，团队中每个学生在项目实施过程中扮演一个或多个具体的角色，进行编制商业计划书、开展可行性研究、模拟企业运行、参加企业实践、撰写创业报告等工作。创业实践项目是学生团队，在学校导师和企业导师共同指导下，采用前期创新训练项目（或创新性实验）的成果，提出一项具有市场前景的创新性产品或者服务，以此为基础开展创业实践活动。

大学生参加国家级大学生创新创业训练计划，可以强化自身创新创业能力，增强创新能力并提高创新基础上的创业能力，最终使自己成长为创新型国家建设需要的高水平创新人才。

（二）SIYB 创业培训

SIYB 的全称是“START & IMPROVE YOUR BUSINESS”，即创业培训，是国际劳工组织为帮助小微企业发展、促进就业，专门研究开发的一系列培训小企业家的培训课程，其基本内容包括“产生你的企业想法”（Generate Your Business Idea-GYB）、“创办你的企业”（Start Your Business-SYB）、“改善你的企业”（Improve Your Business-IYB）和“扩大你的企业”（Expand Your Business -EYB）四种培训课程。这套培训课程专门培养潜在的和现有的小企业者，使他们有能力创办切实可行的企业，提高现有企业的生命力和盈利能力，并在此过程中为他人创造就业机会。目前 SIYB 已成为国际劳工组织的创业培训品牌，在全球 80 多个国家使用并取得了很好的效果，受到各国的普遍欢迎。

SIYB 培训经国家劳动和社会保障部引入我国后，在部分省市进行试点运行，取得了良好的效果。创业培训不仅使学员的就业观念发生转变，更激发了他们的创业意识，使他们掌握创业技能，增强小微企业抗风险能力，使学员在短时间内成为微型企业的老板。目前我国已经引进了 GYB、SYB、IYB 三个培训模块，在培训过程中取得了良好的社会效果。

（三）创业模拟实训

创业模拟实训是为高等学校在校学生提供的创业模拟实践训练，是创办企业培训的一种特殊形式。创业模拟实训通过指导学员建立虚拟公司、模拟创业过程，亲身体验产品、团队、规划、营销、采购、谈判、管理、资本和财务等创办企业的过程，培养学员的领导能力、营销能力、谈判能力和资源整合等能力，使学员的创业素质得到提高，从而大大提升创业成功率。

培训方式采用理论授课、操作实训和运营演练相结合的形式。培训结束时，学员应完成“创业计划书”并通过专家答辩。创业实训主要以“2+X”培训方式为主，即两天的集中培训和六次岗位演练。集中培训主要是让学员就创业项目、团队建设、产品定位、成本预测等方面进行准备，了解整体模拟公司的运行平台，并成立“模拟公司”；岗位演练主要是根据创业团队的分工，让团队成员分别就财务、经营、采购、人事等岗位进行有工作目标的实岗演练。通过培训，使学生能掌握创业的基本技能，提高驾驭市场和抵抗风险的能力，在短时间内实现微小型企业的创业，提高创业成功率，实现就业倍增效应，为社会提供更多的就业岗位。

【本章小结】

创业实践是指为推进创业活动建立的组织、服务和制度三者相互作用而构成的系统。这个系统可以将创业者、机会（项目）和各种资源有效地结合在一起，为创业者提供必需且创业者自己不容易获得的服务和信息，从而降低创业者的创业成本，提高其创业的成功率和成活率。创业实践为那些有发展前途的小企业或持有科研成果的创业者提供必要的基础设施和一系列的支持性服务，包括：提供生产、研发、经营的场地以及通信、网络和办公等方面的设施，协助创业者解决资金来源；在技术、咨询、市场推广、培训、管理及政策与法律法规等多方面给予创业者支持；为企业发展和成长创造必要的条件，降低企业的创业风险和创业成本，帮助创业者将科研成果迅速地转化为商品，并使企业在市场竞争中站稳脚跟，最终发展壮大。

【本章思考题】

1. 大学生在进行创业实践时应当注意哪些问题？
2. 大学生怎样从无到有开展创业实践？
3. 大学生积极参加创业实践活动对自身的成长成才具有怎样的意义？

第五章　创新创业与政策

【本章导读】

党的十九大报告提出以创新体系提升经济创新力竞争力，建设创新型国家是重要前提。没有创新，实现现代化只能是空想。众所周知，创新既是引领发展的第一动力，又是建设现代化经济体系的战略支撑。创新包括理论创新、制度创新、科技创新、文化创新及其他创新。要瞄准世界科技前沿，在加强应用基础研究、加强国家创新体系建设、深化科技体制改革、培养创新人才等方面下功夫。只有这样，才能优化整个社会的生产函数，获取更多技术红利。

第一节　创新的内涵及来源

一、创新的概念及特征

（一）创新的概念

创新在当今社会中无处不在，时刻影响和改变人们的生活，推动着社会的发展。这也使得创新的概念变得非常宽泛，在每个领域中都有其特质。我们要阐释的是在创业过程中的创新，它是人们主动在现有资源结合一定市场环境的基础上提炼出的，或者是通过偶然的机遇发现的可能成为创业机会的一个新思维、新想法。

（二）创新的特征

1. 无形性

创新是智慧思维的闪光，往往就是一个想法或者一个灵感，但必须遇到适当的条件才能成为一个创业机会。创新表现的是模糊的、不清晰的想法，想法的实现有待于对其进行识别和评价。

2. 客观性

创新原本不是无中生有，而是来源于社会生活，是因为环境等因素的改变而产生的。创新是创业者基于现有的经验和知识，运用系统的思维对客观存在的已有事物进行重新构造而形成的新的想法。从本质上说，创新来源于客观世界，在形式上是主观的，在内容上是客观的。

3. 能动性

创新来源于司空见惯的东西，它必然经过一个过程，一个用全新的方式对旧元素在一定条件下加以分析、理解，进而提出新概念、新思想、新变化、新技术的过程。创新虽然来自客观世界，但是个体的能动性却发挥了极其重要的作用，对同一个事物，不同的个体所能联想到的事物是不一样的，对不同事物进行重新构造，其结果也不尽相同。因此，创新充分体现了个体的创造性和能动性。

二、创新的分类

根据不同的标准，创新可以有不同的分类：

根据发生领域，可以把创新划分为科技创新、经济创新和文化创新。应该鼓励各个领域创新，鼓励全面创新。

根据所属专业，可以把创新划分为设计创新、营销创新、管理创新、技术创新、规划创新等。每一个专业都是创新的产物，也都在创新中发展。

根据完善程度，可以把创新划分为萌芽创新和成熟创新。成熟创新虽然比较理想，但是也来源于萌芽创新。

根据发展状况，可以把创新划分为原始创新和派生创新。原始创新始于原始创意，消化吸收再创新始于派生创意。

根据参与程度，可以把创新划分为团队创新和个体创新。

根据产生条件，可以把创新划分为主动创新和偶然创新。主动创新是有意识的创新，偶然创新是无意识的创新。两者虽然存在有无意识之分，但在创新价值方面往往是没有区别的。我们既要鼓励主动创新，因为这毕竟是创新的主要来源；也要鼓励偶然创新，因为很多偶然创新是灵光突现，往往也会成为一个很好的创业机会。

三、创新来源的相关理论概述

创新从何而来呢？我们应该从什么地方发掘创新呢？众多学者对创新的来源有着各种阐述。Luecke（2004）指出，创新有许多来源，有些来自灵光乍现，有些是无意中得来。Peter Druck 指出，大部分创新是来自刻意、有目标地寻求问题的解答或取悦顾客的机会。他认为创新的来源有七个方面：

（1）意外之事，即经由分析特殊事件来发掘创新。例如，美国一家高炉炼钢厂因为资金不足，不得不购置一座迷你型钢炉，而后竟然出现后者的获利率要高于前者的意外结果。再经分析，才发现美国钢品市场结构已产生变化。因此，这家钢厂就将往后的投资重点放在能快速反映市场需求的迷你炼钢技术上。（2）不协调，即经由分析矛盾现象来发掘创新。（3）程序需要，即经由分析作业程序来发掘创新。例如，在全球生产与运筹体系流程中，就可以发掘极多的信息服务与软件开发的创新。（4）产业和市场结构，即经由分析产业与市场结构变迁的趋势来发掘创新。（5）人口变化，即经由分析人口统计资料的变化趋势来发掘创新。（6）认知、意义和情绪上的变化，即经由价值观与认知的变化来发掘创新。（7）经由新知识的产生来发掘创新。Shane 提出创新来自四种变革：技术变革、政治和制度变革、社会和人口变革以及产业结构的变革。

Peter Druck 关于创新来源的七种分类界限虽然并不十分清晰，彼此之间还有很多重叠的部分，但是与 Shane 的“四种变革”来源说相比要全面得多。通过比较国外几个主要学者的观点，我们发现对于创新的来源很难有一个准确的、全面的、标准的、概念清晰的阐述。

创新是我们在外部环境中通过收集信息、调查分析等手段发现或者偶然发现的原本存在于客观环境中的可能成为创业机会的一些元素的新组合。所以我们在对于创新来源的研究中，应当从实现创新的渠道以及创新存在的环境两个方面来阐述。

四、实现创新的渠道

（一）社会网络

社会网络是实现创新的一个重要渠道。社会网络的研究起源于英国的人类学，英国学者 Elizabeth Bott 的著作《家庭与社会网络》被英美社会学界公认为英国社会网络研究的范例。Michel（1969）将社会网络界定为“特定的个人之间的一组独特的联系”。事实上，广义的创业管理社会网络已经远远超出了个人关系的范畴，它既可以是创业者个人的关系网络，也可以是企业与金融部门、研发部门、供应者、中间商、消费者之间形成的一种相互认知关系、合作关系和信用关系网络。Appleyard（2001）认为产生社会资本的直接与间接联系在个体层次与组织层次中的整体就是社会网络，尽管这些联系常常主要归因于相关的个体行为者。

社会网络有利于信息的获取，Aldrich（1986；1987；1995）认为多样化的网络能够提供多样化的信息来源。对于企业家来说，社会网络能够促进创新、扩散风险、提供竞争优势、创造机会，有利于寻求信息、社会支持。Aldrich 和 Zimmer（1986）认为社会网络是主体获取信息、资源、社会支持以便识别与利用机会的机会结构。Johansson（1990；1996）认为社会网络能够为创业者提供商业信息和处理不确定性的能力。Bide（1985）认为无论在理论上还是在实践上，网络对创业的成功都具有重要的作用。网络有利于企业家寻求信息及得到社会支持，而企业家往往花费大量的时间去获取外界信息。创业者的社会网络能帮助其获取企业创建所需的资源。同时他认为每个企业家的社会网络都不同，并且从社会网络中获取的信息能够成为一种竞争优势。

社会网络已经成为商业信息的重要来源之一，这些商业信息能够帮助创业者更好地获得创业的灵感，找到更多更好的创新机会。同时，社会网络提供给创业者的商业信息可以帮助创业者应对环境的不确定性，有助于某种竞争优势的形成。

（二）自主创新

有很多时候，创新是需要我们自己去创造的，最主要的就是发明创造。有新技术的创造，也有新产品的创造。这些发明创造具有创新性、独占性，很多的创造还具有很强的实用性。

例如，天然牛黄是非常珍贵的药材，只能从屠宰场上碰巧获得。这样偶然得来的东西不可能很多，因此很难得到，也无法满足制药的需求。其实，牛黄这种东西，只不过是某种异物进入牛的胆囊后，在胆囊的周围凝聚起许多胆囊分泌物而形成的一种胆结石。一家医药公司员工们为了解决牛黄供应不足的问题，集思广益，终于联想到“人工育珠”，既然通过人工将异物放进河蚌的体内能培育出珍珠，那么通过人工把异物放进牛的胆囊内也同样能培育出牛黄来。他们设法找来了一些伤残的牛，把一些异物埋在牛的胆囊里，一年后，果然从牛的胆囊里取出了人工牛黄。

（三）其他创新

有些时候我们想创建一个新企业，并不一定非要自己绞尽脑汁寻找创新，我们完全可以用“拿来主义”满足新创企业所需要的创新。首先，我们可以购买他人的专利或者有市场前景的创新，还可以去专利局或专利网站上寻找并购买我们想要的专利技术。其次，我们可以将其他地域的好的、本地没有的、适合本地发展的商业模式或者产品拿到本地市场上开展经营活动。

陈平，北京宅急送快运公司的董事长，做的是送货的生意。2004 年，他的企业已经当选为国内最具竞争力的物流企业，营业收入过亿。1990 年，陈平由一名装甲兵转业后东拼西凑借了不到两万块钱，告别了妻子和年幼的女儿，决定到日本留学。刚到东京不久，一个急着要回国的同学找到陈平，让他帮忙送一件东西到大阪。“我一看就发愁了，我说我怎么送啊，我语言不通，他说你就找宅急便。我说我到哪儿去找，他说到处都有啊，你楼底下不是有超市吗？我说我没钱啊，他说不用，你就签一个对方付款。”这事可没听说过，半信半疑的陈平一下课就跑到了楼下的超市。“也不称称，什么手续都没有，我就签了一个单子给他，他一贴，完了以后，他说OK，可以走了。我出来以后，就一边走一边跳，特别高兴。你想想，那是17 年前，没听说过，所以我就很兴奋，我说我回去要是在北京办这么一个公司，那一下子不就在全国都有名了吗？”但是陈平并不知道这种快递业务的运作模式到底是什么样子的，后来他到一家公司打工，该公司的业务与日本的宅急便相关，他也因此了解到了整个快递的运作模式。1994 年陈平带着这种全新的物流模式回到了祖国，开始了他的创业之路。

（四）偶然创新

1905 年的一天下午，一个叫 Frank Albertson 的人调配好一杯苏打水忘了喝。杯子放在室外，汤匙也忘记从杯里取出。这天夜里，气温骤降到零度以下，苏打水结成了冰块，汤匙被裹在冰块里成了冰块的“柄”。Albertson 欣喜地看出：这样的带柄的冰块不是可以用来制作一种冰食品么？于是没过多久，经 Albertson 的一番加工制作，世界上便有了“冰棍”这种新食品，他也取得了生产这种食品的专利。

偶然的创新看似是运气，但是肯定早就有很多人都曾偶然地遇到过相似的情况，为什么他们都“熟视无睹”“擦肩而过”呢？这是因为要能发现、抓住和利用这样的机遇，最重要的不是靠运气，而是要有更强烈的创新敏感和更锐利的创新眼光。

延伸阅读：

吴明在大三期间就自主创业，成为“上海明都文化有限公司”的创始人，但是由于起步阶段缺乏经验，最初的启动资金都被其用来购买公司设备，导致企业在资金周转方面出现了困难，同时，他接手的订单需要购买另外一批设备，而货款还有部分未收回。一筹莫展之际，其指导老师首先看了他的会计报表，发现他的资金流较少，认为其目前首要任务便是收回欠款，等企业银行账目的现金流动较为频繁时，可以申请小企业贷款，再进行设备的购置。因为银行贷款会考核现金流量是否正常和快速，这也是衡量一个企业还贷能力的体现。吴明采纳了指导老师的建议，将收款作为自己的当前目标，在收回部分货款后，对自己的企业财务制度进行了必要的整改和精简，一个月后，他顺利通过了银行的审核，获得了5万元的小额企业贷款。这笔贷款不仅解决了公司资金周转的问题，还为其购置新设备提供了资金，使其完成了新的订单。这一方面提高了企业的经营能力，另一方面也促使企业的管理更加规范化。第二年，他的公司运营得不错，已经具备了偿还贷款的能力，但是指导老师在分析其具体情况后，建议他借新还旧，以免再次造成自己周转不开的问题。目前，吴明的公司在创业指导老师的指导下，通过自身不断地努力，不仅偿还了所有贷款，现有的固定资产已经是当初的两倍，还解决了部分学弟学妹的就业问题。

当前，国家对大学生创业者的扶持力度较大，创业前贷款、中小企业贷款都很优惠，同时还有部分免息奖励，所以大学生创业者应充分利用国家的优惠政策，铺平自己的创业之路，积极去实现创业目标和计划。可以通过模拟经营以及各方面信息的反馈，来判断自己的创业项目或计划实施的可行性和可能性。

第二节 创新的方法

用设问检查法去发现问题、提出问题往往要比解决一个问题更为重要，合理的、巧妙的设问可以启发人们思考，打开想象的大门，从而去不断创新。设问检查法实际上就是提供了一张提问的单子，针对所需解决的问题逐项对照检查，以期从各个角度进行较为系统周密的思考，探求较好的创新方案。设问检查法主要有奥斯本检核表法和5W1H法等。

一、奥斯本（Shon）检核表法

奥斯本检核表法是根据需要研究对象的特点列出有关问题，形成检核表，然后一个一个地来核对讨论，从而发掘出解决问题的大量设想，它引导人们根据检核项目的一条条思路来求解问题。奥斯本检核表法首先要求针对某种特定要求制订检核表，主要用于新产品的研制开发。它引导主体在创造过程中对照9个方面的问题进行思考，以便启迪思路，开拓思维想象的空间，促进人们产生新设想、新方案。这9个大问题是有无其他用途、能否借用、能否改变、能否扩大、能否缩小、能否代用、能否重新调整、能否颠倒、能否组合。

奥斯本检核表法是一种创造创新的方法。在众多的创造技法中，这种方法是一种效果比较理想的技法。由于它突出的效果，它被誉为创造之母。人们运用这种方法，产生了很多杰出的创新及大量的发明创造。奥斯本检核表法的核心是改进，通过变化来改进。

其基本做法是：首先选定一个要改进的产品或方案；其次面对一个需要改进的产品或方案，或者面对一个问题，从后文论述的角度提出一系列的问题，并由此产生大量的思路；最后，根据第二步提出的思路，进行筛选和进一步思考、完善。

1. 可以引入吗?（是否能够从其他领域、产品、方案中引入新的元素、新的材料、新的造型、新的原理、新的工艺、新的思路，以改进现有的方案或产品?）

2. 可以替换吗?（是否能够用其他东西来替代现有的产品、方案或其中一部分内容?）

3. 可以增加、扩大吗?（是否能够增加一些元素，或者使现有的元素的数值增加，比如新的材料、色彩等?）

4. 可以减少、缩小吗?（是否能够通过缩小某一要素的数值，比如长度、体积、大小、容量，或者减少一部分成分，来实现改进?）

5. 可以引出吗?（可以将该产品或方案的原理、结构、材料、成分、思路等用于其他地方吗?）

6. 可以改变吗?（可以改变该产品的名词、动词、形容词属性和特征，以实现改进吗?）

7. 可以逆反吗?（能否在程序、结构、方向、方位、上下、左右等方面逆反，以实现更好的效果?）

8. 可以组合吗?（能否把现有的产品或方案，与其他产品或方案组合起来，以形成新的思路?）

9. 可以用于其他领域吗?（本产品或方案，能否用于其他领域，扩大用途，或者稍作变化后用于其他领域或其他用途?）

10. 其他任何提问。（可以扩展吗?可以改变功能吗?可以放弃或舍去吗?可以涂改吗?）

利用奥斯本检核表法可以催生很多思路和创新，它对人们的发散思维，有很大的启发作用。当然，运用此方法时，还要注意与具体的知识经验相结合。奥斯本只是提示了思考的一般角度和思路，思路的发展还要依赖人们的具体思考。运用此方法要结合改进对象（方案或产品）来进行思考，还可以自行设计大量的问题来提问。提出的问题越新，得到的主意越有创新性。

奥斯本检核表法的优点很突出，它使思考问题的角度具体化了。但它也有缺点，在运用这种方法时，必须先选定一个有待改进的对象，然后在此基础上设法加以改进。它不是原创型的，但有时候也能够产生原创型的创新，比如把一个产品的原理引入另一个领域，就可能产生原创型的创新。

二、5W1H 分析法

5W1H 分析法也叫六何分析法，是一种思考方法，也可以说是一种创造技法。是对选定的方向、方法或者产品，从为什么（Why）、做什么（What）、何人（Who）、何时（When）、何地（Where）、如何（How）等六个方面提出问题进行思考，将发现的疑点、难点列出，并讨论分析改进措施。这种看似很可笑、很天真的问话和思考办法，可使思考的内容深化、科学化。

（一）对象

公司生产什么产品？车间生产什么零配件？为什么要生产这个产品？能不能生产别的？我到底应该生产什么？如果现在这个产品不挣钱，能否换个利润高的？

（二）场所

在哪里生产？为什么偏偏要在这个地方生产？换个地方行不行？到底应该在什么地方生产？这是选择工作场所时应该考虑的。

（三）时间和程序

现在的这个零部件是在什么时候生产的？为什么要在这个时候生产？能不能在其他时候生产？把后工序提到前面行不行？到底应该在什么时间生产？

（四）人员

现在这个事情是谁在主管？为什么要让他主管？如果他既不负责任，脾气又很大，是不是可以换个人？有时候换一个人，整个生产就有起色了。

（五）手段

手段也就是工艺方法。现在我们是怎样生产的？为什么用这种方法来生产？有没有其他生产方法？到底应该怎么生产？有时候方法一改，全局就会改变。

三、组合创新的方法

“组合就是创新”，创意的产生就是将旧有的元素进行重新排列组合。组合创新也就是按照一定的方法、规律及原理将现有的元素做适当的组合或者重新排列，从而获得具有统一性、整体性的新产品、新技术、新服务或其他新项目。组合创新方法主要有主体附加法、形态分析法等。

1. 主体附加法

主体附加法是指以某一特定对象为主体，通过置换或者插入其他技术或增加新的附件而催生发明或创新的方法。

（1）有目的地选定一个主体。

（2）运用缺点列举法全面分析主体的缺点。

（3）运用希望列举法对主体提出各种希望。

（4）考虑能否在不变或略变主体的前提下通过增加附属物来克服或弥补主体的不足。

（5）考虑能否利用或借助主体的某种功能附加其他东西使其发挥作用。

2. 形态分析法

形态分析法是根据形态学来分析事物的方法。其特点是把研究对象或问题，分为一些基本组成部分，然后对某一个基本组成部分单独进行处理，分别提供各种解决问题的办法或方案，最后形成解决整个问题的总方案。这时会有若干个总方案，因为是通过不同的组合关系得到不同的总方案的。总方案中的每一个是否可行，必须采用形态学方法进行分析。瑞典的学者Zwicky把形态分析法分为以下五个步骤。

（1）明确地提出问题，并加以解释。

（2）把问题分解成若干个基本组成部分，每个部分都有明确的定义，并且有其特性。

（3）建立一个包含所有基本组成部分的多维矩阵（形态模型），在这个矩阵中应包含所有可能的总的解决方案。

（4）检查这个矩阵中所有的总方案是否可行，并加以分析和评价。

（5）对各个可行的总方案进行比较，从中选出一个最佳的总方案。此法最大的优点是对一项“未来技术”（即形态模型中的一个总方案）的可行性分析。不足的是当组合个数过多时，即总方案的个数太多时，第四步的可行性研究就比较困难。

这种方法既可用来探索新技术，亦可用来估计出实现新技术的可能性，为探索未来描绘出清晰的因果图。通常有以下几个步骤。

（1）明确使用此技法所要解决的问题（发明、设计）。

（2）按重要功能等基本组成部分，列出将要解决的问题的相关独立因素。

（3）详细列出各独立因素所含的要素。

（4）将各要素排列组合成创造性设想。

四、逆向转换型方法

有时候我们的惯性思维会蒙蔽我们的眼睛，阻挡我们创新的脚步。逆向思维就是要我们将通常的思路反转过来，以背逆常规的方法去寻找解决问题的新途径、新方法。逆向转换型方法可以从事物的多个不同角度进行反向思考，一般来说，主要可以从原理、功能、结构、属性、因果、程序或方向、观念等角度进行反向思考。

（一）原理相反

科技史上有些重大的创新发明的起源就是在原理上做相反的想象。1819年，丹麦的物理学家奥斯特发现了通电导体可使磁针转动的磁效应；1820年，法国的安培发现通电的螺线管具有与磁石相同的作用。英国物理学家法拉第想：为什么不能用磁产生电呢？于是，他开始做各种各样的试验，经过9年艰苦探索，终于在1831年获得了成功——发现了电磁感应现象，由此创制了世界上第一台发电机，为人类进入电气化现代文明开辟了道路。

类似的，1877年爱迪生在试验改进电话时发现：传话器里的音符随着声音能发生有规律的振动。那么，同样的振动是否能转换成原来的声音呢？根据这一想法，爱迪生发明了人类第一台会说话的机器——留声机。

现代生活用的吸尘器，其原理也是与常规方式相反的。通常桌子、物品上积了尘，都是用“吹”的方式将其清除。但是地面上的灰尘垃圾，如果也用“吹”法清除，会弄得满屋子尘土飞扬。于是就反过来，吸尘器便得以诞生。

（二）功能相反

这是按照事物或产品的现有功能进行相反的考虑，从而设计出新产品来的思路。成语说，煽风点火，意即风是助燃生火的。但是，在某种条件下，风却能灭火。1987 年我国大兴安岭森林大火造成巨大损失，消防部队运用当时的灭火器进行灭火作战，效果并不理想。怎样的灭火器才能更有效呢？伊春林区有位郭师傅从吹灭蜡烛这一现象找到灵感，为什么不用风来灭火呢？经过研制，他发明了轻便有效的风力灭火机。

日本索尼公司名誉董事长井琛大去理发，一边理发一边从镜子里看电视消遣。由于镜子中的图像是相反的，看起来觉得有点别扭。这位喜欢动脑的董事长便萌发了个新想法：如果造个反画面的电视机，那么就能在镜子里看到正常图像了。于是，他让公司技术部研制出新颖的反画面电视。这种画面形象反向的电视不仅可供消遣，还可为乒乓球、羽毛球等运动员做特殊训练：让左右手不同握拍的人经过反画面电视的转换提供互相借鉴。据说，有些惧怕电视射线的人还专门喜欢用反画面电视，以便让射线去冲着镜子，自己则躲在一边安全地欣赏节目。

（三）结构相反

我们可以对已有事物的结构形式进行相反的考虑，看看有无创新价值。例如，日常生活中煮饭做菜都是把锅架在火的上方，因此夏普公司开发的电烤箱同样是热源在下面，需烤制的鱼或肉放在上面。这种结构形式在加热过程中必然会产生这样的问题：鱼、肉经烘烤而析出的油脂要下滴，掉在电热丝上便产生大量焦烟，污染环境。技术人员想了不少办法，最好的方法就是做简单的结构变换，把加热用的电热丝装在烤箱上方，食品置于下方，这样即使鱼、肉掉下去也不会接触电热丝，烟雾的困扰便不复存在。

建筑技术的变迁也含有结构性反转的贡献。在先期的建筑中，墙壁有着双重的功能：既有分隔作用，又有承重作用。这后一种功能迫使建筑师在设计高层建筑时得用厚厚的墙，以支撑整个建筑物的累积重量。这不仅异常笨重，也限制了高层建筑的进一步发展。为此，不得不考虑结构承重的转换：让构架来支撑建筑物，每层楼板由框架梁来承载，而墙壁仅起分隔空间的作用。如此，内墙可以采用轻质材料，并能在工厂预制，不仅减轻重量、提高隔音隔热效果，还可减薄墙壁厚度，提高使用面积比例，施工也非常方便快捷。而外墙则可以采用玻璃幕墙，使整个建筑物更加漂亮、壮观。传统的木工刨床是刨刀在固定的位置旋转，由工人用手将待加工的木料推向刨刀，操作稍有不慎便会弄伤手指。国内外一些木工机械专家为防止工伤，提出了包括借助光电技术在内的各种防护措施，然而皆不能从根本上解决问题。只读了一年半小学的农村木工李林森，运用逆向思维方法，改变了刨床的传统结构，设计出让木料固定不动、刨刀来回移动的新型刨床。这样在加工过程中就不用以手持木推行，杜绝了工伤发生的机会。

（四）属性相反

事物的属性是丰富多彩的，其中有不少属性是彼此对立的，或者是成对的。比如，软与硬、滑与涩、干与湿、直与曲、柔与刚、空心与实心等。以属性逆反进行创新就是有意地以某一属性的相反属性去尝试取代已有的属性，即逆化已有的属性，从而达到与众不同的效果。1924 年，法国青年 Marcel Lajos Breuer 产生了用空心材料代替实心材料做家具的设想，并率先用空心钢管制成了名为“瓦西里”的椅子（Wassily Chair），这种椅子在社会上产生轰动并一直风靡至今。此后，马谢·布鲁尔又用此思路（空心取代实心）完成了包括日内瓦联合国教科文组织大厦在内的许多著名设计，成为新型建筑师和产品设计师的杰出代表。

（五）因果反转

这是指对事物原有的因果关系进行反转的创新思路。在现有的产品中，实际上有不少是因果反转的产物。譬如电动机是将电能转化为机械能，要是电动机的定子部分是永久磁铁，那转动转子后便会产生电流将机械能转化为电能，这就是发电机；平时用的排风扇，反转之即为进风扇。空气压缩机也可以充当真空泵，只要把进气口与出气口互换就是。将进气口接通容器，则起真空泵作用；将出气口接通容器，便具有了空压机功能。

一般双制式空调器是由两套系统组成的：一套是制冷系统，使空调有降温作用；一套是发热系统，使空调有取暖作用。实际上，空调的制冷系统本身就有吸热与放热的两个过程即做介质压缩时产生热量，介质膨胀时吸收热量。那么，让膨胀在室内进行、压缩在室外进行，即制冷空调，反过来便成了制热空调。仅做简单的转换，便可省去一套另加的发热系统。

（六）程序或方向的相反

在造船史上，“反向建造”法对造船的质量与速度有着重大影响。早先的船体结构装焊都是在同一固定状态下进行的，这样就有很多部位必须仰焊。仰焊的劳动强度大，质量不易保证，对快速发展的造船业造成制约。于是，有人便在船体分段结构装焊时将需仰焊的部位暂不施工，待其他部位焊好后将整个分段翻个身，变仰焊为俯焊。显然，装焊的质与速度都有了保证。

俗话说万丈高楼平地起，任何高楼都应从底层开始逐层往上建。如果说要变换顺序，先建顶层，再往下层建造就是“空中楼阁”的幻想。现在，高层建筑施工中的一种新型施工技术，即“升板法”已使这种幻想变为现实。其施工过程是先将大楼的承重立柱竖好，然后就在地面上浇制顶楼面的楼板，固化后以升降器将整个楼面（甚至还可预装分设备）吊升至其应有高度并与立柱连接固定。之后再在地面浇制下层的楼面。这样做的好处很明显，每层楼板都在地面施工，不仅方便快捷，还可省去层层楼面的支架。而且，当上层楼面固定后便可实施内部分隔装修，形成立体施工，大大加快了整个建筑装潢的进度。

另外，火车的车窗原来都是由下向上推开的，这样在快速行驶时进风直扑人面，过于激烈。现在已改为由上向下开启，进风口在上面，避免直接对着人猛吹。此外，在香烟包装上，有人建议将过滤嘴倒过来装盒，这样取烟时就不会触碰到海绵头，显得“卫生”些。

（七）观念相反

随着社会的发展、科学技术的进步，许多旧观念、老观念会产生巨大变化，如能有意识地对习以为常的观念、认识做相反的探索，必定会有新的启迪。

最简单普遍的观念变换是：消费观念从以廉价为主向不同的需求型转换，从吃饱穿暖到吃好穿好。而所谓吃好的观念也完全不是要油水多、鸡鸭鱼肉一大桌的概念，而是变成了追求清淡、天然野生、粗粮杂粮。

海南琼山新坡镇自古以种水稻为业，祖祖辈辈终年辛劳而收入菲薄。1990年初，当地在广州植物园打工的农民，带回一种叫作地毡草的草种，在自己的责任田里种植。镇政府发现后觉得是一项可以推广的种植项目，便动员推广，但无人响应。无奈，镇政府先搞10多亩地做示范，并抓紧开拓市场。由于海南正处在大发展时期，绿地用草需求量大，地毡草一上市便被竞相争购，每平方米卖到3元多。于是大家的观念转变了，一年中，全镇种地毡草收入达300多万元。之后，种植面积进一步扩大，收入达900多万元。一些人感叹说：“种了一辈子水稻，穷了一辈子，想不到种草反而发了财。”

苍蝇是什么？是害虫，疾病的传播者，令人恶心讨厌的污秽之物。然而现代科技显示苍蝇是抗菌大王，是化腐朽为神奇的奇才。通常，一只苍蝇身上带有60多种病菌，合计1700多万个，多的可达几亿个，另外，苍蝇身上还有许多病毒与寄生虫卵。其体内带菌更多，达体外的800倍。苍蝇能传播伤寒、痢疾、霍乱、肠炎、结核等30多种疾病。然而苍蝇自己却“出淤泥而不染”，不为病菌所害，原因是苍蝇体内有种特殊的抗菌蛋白，仅需万分之一的浓度便可杀灭各种病菌。

五、分析列举法

列举是人们思维活动的表现形式之一。列举事物各方面的属性达到一定数量，便有助于产生新的概念，同时可从所列举出来的事物的性质、特征中归纳出更一般的概念。列举法本质上是一种分析法，就是把整体分解为部分，把复杂的事物分解为简单要素，分别加以研究的一种思维方法。列举法中最基本的一种是特性列举，在它的基础上又发展出缺点列举法、希望点列举法、成对列举法等。

（一）特性列举法

特性列举法是一种创造技法。每个事物都是从另外的事物中产生发展出来的。一般的创造都是旧事物改造的结果，所改造的主要方面是事物的特性。特性列举法适用于革新或发明具体事物，特别适合于轻工业产品的改革。此法也适用于行政措施、机构体制及工作方法的改进。特性列举法既可个人使用，亦可集体使用。

以下是实施步骤。

1. 犹如把一架机器分解成一个个零件，将对象的特性或属性全部写出来。每个零件功能如何，特性怎样，与整体的关系如何都列举出来，列成表。如果对象繁复，则应先将对象加以分解后选一个目标较为明确的发明或改进课题，课题宜小不宜大。

2. 从三个方面进行特性列举：名词特性——整体、部分、材料、制造方法；形容词特性——颜色、形状、感觉、性质、状态；动词特性——功能、作用。

3. 在各项目下试用可替代的各种属性加以置换，引出具有独创性的方案。实施这一步的关键是要力求详尽地分析每一个特性，提出问题，找出缺陷，再试从材料、结构、功能等方面加以改进。

4. 提出方案并对方案进行评价讨论，使产品能符合人们的需要和目的。

【案例】

比如新颖水壶的构思：烧水的水壶，似乎已经定型习惯了，不易想到可以改进之处。现用特性列举法分析，便能打开思路。

1. 名词特性。

整体：水壶；点到面。

部分：壶嘴、壶把手、壶盖、壶体、壶底、蒸汽孔。

材料：铝、铁皮、不锈钢、铜材等。

制作方法：冲压、焊接、浇铸。

根据所列特性，可做如下提问：壶嘴长度是否合适？壶把手可否改成塑料以免烫手？壶体可否一次成型？能否避免冒出的蒸汽烫手，改个位置行否？制作材料有无更适用的？

2. 形容词特性。

本部性质：轻、重。

状态：美观、清洁、高低、大小等。

颜色和图案：黄色、白色、各种图案。

形状：圆形、椭圆形等。

由此，也可找到许多可供改进的地方。如怎么便于清洁，颜色和图案该做何变化，底部用什么形状才更利于吸热传热，等等。

3. 动词特性。

功能：烧水、装水、倒水、保温等。

在壶体外加保温材料，则可提高热效率并有保温性能；可以加入提示器，提醒水已烧开。

（二）缺点列举法

1. 基本原理

任何一种产品或商品都不可能是十全十美的，它们或多或少有这样或那样的缺点。然而由于人有惰性，“初看是个疤，久看成了花”，对于习惯了的事物，人们往往不容易甚至不愿意去发掘它的缺点。相反，如果对产品“吹毛求疵”，故意“找毛病”，然后用新的技术加以改革，就会创造出许多新的产品来。

缺点列举法是抓住事物的缺点进行分析，以确定发明目的和创造技法。此法与特性列举法相比，有其独到之处。特性列举法列出的特性很多，逐个分析需要花很多时间。缺点列举法的特点是直接从社会需要的功能、审美、经济等角度出发，研究对象的缺陷，提出改进方案，显得简便易行。此法主要是围绕着原事物的缺陷加以改进，一般不改变原事物的本质与总体，属于被动型的方法。它可用于老产品的改造上，也可用在对不成熟的新设想及新产品的完善上，另外还可用于企业的经营管理方面。

2. 实施步骤与方式

运用缺点列举法，并无十分严格的步骤，一般可按如下程序进行：

（1）尽量列举一事物的缺点，需要时可事先广泛调查研究，征集意见。

（2）将缺点加以归类整理。

（3）针对所列缺点逐条分析，研究其改进方案或能否缺点逆用、化弊为利。

3. 案例

（1）胶布雨衣夏天闷热不透风。

（2）塑料雨衣冬季变硬变脆容易坏。

（3）穿雨衣骑车上下车不方便。

（4）风雨大时，脸部淋雨使人睁不开眼，影响安全。

（5）雨衣下摆贴身，雨水顺此而下弄湿裤腿与鞋。

（6）胶布色彩太单调，无装饰感等。

针对这些缺点可提出许多改进方案。例如：采用新材料使塑料雨衣不脆不硬；在雨帽上加防雨眼镜或眼罩；增加色彩，分别设计针对男、女、老、少的不同式样的雨衣；设计能防止弄湿裤腿及穿着方便的雨衣；等等。

（三）希望点列举法

1. 基本原理

希望点列举法是通过提出来的种种希望，经过归纳，确定发明目标的创造技法。

希望点列举法不同于缺点列举法。后者是围绕现有物品找缺点提出改进设想，这种设想不会离开物品的原型，故为被动型创造技法。而希望点列举法是从发明者的意愿切入提出各种新设想，它可以不受原有物品的束缚，所以是一种积极主动的创造技法。例如，有人提出，希望发明一种“定时安眠药”，可以让人在疲劳时安稳地休息片刻，然后定时醒来，继续工作，而且经常服用无副作用。这种设想为现有产品所不具备，所以它常用于新产品的开发上。

2. 实施方法

与缺点列举法类似，希望点列举法的实施形式可以是灵活多样的，常用的有以下几种：

书面搜集法。按事先拟定的目标，设计一种卡片，发动用户和本单位的职工，请他们提供各种想法。

会议法。召开5~10人的小型会议1~2小时，由主持人就革新项目或产品开发征集意见，激励与会者开动脑筋，互相启发，畅所欲言。

访问谈话法。派人直接走访用户或商店等，倾听各类希望性的建议与设想。

对收集到的各种意见和希望进行分析研究，制订可行方案。具体程序如下。

（1）对现有的某个事物提出希望。希望一般来自于两个方面：一方面是事物本身存在不足，希望改进；另一方面是人们的需求发生变化，有新的要求。

（2）评价所产生的希望，找出可行的设想。

（3）对可行性希望做具体研究，并制订方案、实施创造。

（四）成对列举法

1. 基本原理

成对列举法是把任意选择的两个事项结合起来，成对列举其特征，或者把某一范围内的事物一一列举，依次成对组合，从中寻求创新设想。此法既利用了特性列举法务求全面的特点，又吸收了强制联想法易于破除框框、产生奇想的优点，因而更能启发思路，收到较好的效果。

使用成对列举法要遵循两个规则。首先，必须十分明确所要解决的问题，这样可以确定所列举事物的类别。其次，要对所列事物、因素的所有组合都加以研究，即使一些初看起来是莫名其妙的组合也不要轻易舍弃。

2. 实施步骤

（1）列举，把某一范围内所能想到的所有事项依次列举出来。

（2）强迫联想，任意地选择其中两项依次组合起来，想象这种组合的意义。

（3）对所有的组合做分析筛选。

（4）对所有方案进行分析，发现许多方案均可用于发明新式家具，有些方案事实上已经落实为产品，如床和沙发组合成的沙发床、镜子和柜子组合成的带穿衣镜的柜子、床和箱子组合成的床底可兼做储物柜的组合床等。有些方案则还未见有人尝试过，如茶几与电视机结合、茶几与镜子结合、电视机与镜子结合、椅子和灯结合等。分析这些设想中的组合能否构成可行的方案。如选取书架与椅子组合做进一步构思，在书架旁设计安装几块自动折叠的板条，既可坐人，又可临时放书，还可当踏板帮助人们去拿书架上层的书。不用时，可以折叠或插入，不占任何地方。

六、智力激励法

（一）基本原理

此法是 1939 年由美国纽约 BBDD 广告公司副经理奥斯本（Alex

F. Osborn）发明的技法“头脑风暴法”（brain storming），于1953年总结成书。这是世界上最早付诸实践的创造技法，它适用范围广、易于普及。奥斯本的智力激励法问世后，20世纪50年代便在美国得到推广应用，麻省理工学院为提高工业设计专业学生的创造力，还专门开设了智力激励法课程。随后，欧洲各国及日本等国的学者，相继在本国积极推广普及这一方法，并根据具体情况对此法加以改造，发展形成了多种类型的智力激励法，如默写式智力激励法（635法）、卡片式智力激励法（CBS法与NBS法）等。目前在世界范围内，智力激励法是应用最广泛、最普及的创造技法。这一方法能够在社会、经济、管理、教育、新闻、科技、军事、生活等很多方面提供有效服务。

应当指出，智力激励法也不是解决一切创新问题的灵丹妙药，要客观分析它的作用并恰当运用。奥斯本也指出，智力激励法不是取代某种解决问题的方法，而是对一些方法、思路的补充，特别在以下三个方面作用显著：对个人提出设想的补充；对传统讨论会的补充；作为创造性教育的补充。

实践经验指出，智力激励法常常被成功地运用在下列开放性问题的集体创新活动之中：关于产品或市场的新观念——新的消费观念、未来市场畅想；管理问题——拓宽就业面，提高效率，改善职业结构；新技术的商品化——如何开发一项可取得专利权的新发现，新技术、新材料的扩大应用；规划与故障检修——预测可能的故障及其潜在原因以及处理方案。

智力激励法的宗旨是以一定的会议形式给与会者创造一种能积极思考、启发联想、大胆创新的良好环境，充分激发个人的才智，为解决问题提供大量的新颖设想。掌握本法所定规则与实施程序是其获得成功的保证。

（二）基本原则

基本原则主要有自由畅想原则、延迟批评原则、以量求质原则、综合改善原则、限时限人原则等。

1. 自由畅想原则。要求与会者不受任何已知条件、常识和已知真理、规律的束缚，善于从多种角度或反面去考虑问题。要坚持开放性地独立思考，畅所欲言，敢于提出自己的看法。

2. 延迟批评原则。这是一条十分重要的原则。在讨论问题的过程中，过早地进行批评、下结论，就等于把许多新观念拒之门外，这是极有害的。首先，开始形成的新观念是不完全的、脆弱的，要留给它足够的时间使之逐步完善。其次，一种观念还可引出另外的设想来。日本创造学家丰泽丰雄说:“过早地判断是创造力的克星。”美国的心理学家和教育家梅多(Meadows)和帕内斯(Parness)在做了大量试验和调查之后说：“推迟判断在集体解决问题时可多产生70%的设想；在个人解决问题时可多产生90%的设想。”延迟批评包括自歉性的表白、否定性的评论及肯定性的赞语，诸如下列一些语句均应避免：“这根本行不通”“这个想法已经过时了”“你的高见真绝”“我水平有限，想法很不成熟”等。

3. 以量求质原则。这是显而易见的重要原则。奥斯本认为，在设想问题上，越是增加设想的数量，就越有可能获得有价值的创造。通常，最初的设想不大可能最佳。人设想的后半部分的价值要比前半部分高78%。例如，1952年，华盛顿发生一千多千米电话线因大风造成树挂使通信设备中断的事故。为迅速恢复通信，政府指派空军处理。空军采用直升机以其螺旋桨的垂直气流来吹落树挂，问题迎刃而解。可是这一方案是讨论时提出的第36个方案，要是只提几个或十几个就遇不到这一锦囊妙计了。

4. 综合改善原则。“综合就是创造。”奥斯本曾经指出，“最有意思的组合大概是设想的组合。”会议鼓励与会者借题发挥，对别人的设想加以补充完善生成新的设想。会后对所有设想还要做综合改善。

5. 限时限人原则。会议通常限定时间为30分钟到1小时，人数10人左右。时间太长容易疲劳、松弛，人数太多则不易集中，有些人发言机会少。反之则信息激励联想反应不充分，难以获得大量的设想。

（三）组织形式

智力激励法是集体创造技法，故应有一定的组织形式，包括确定会议的主持人、参加人、记录员、会址等。

1. 主持人

主持人对智力激励法的成功有很大作用。对主持人的要求是：

（1）以平等态度参加会议，友好地对待每一个与会者，促使会议形成融洽气氛。

（2）及时制止违反会议原则的现象，创造一种自由畅想的局面，充分诱导与会者积极思考，提出大胆、独特的设想。

（3）目标统一，讨论要围绕中心议题，发言集中，不允许私下谈话。

（4）对与会者提出的每一个设想，主持人都让记录员记下来，并放到醒目位置。鼓励与会者互相激励，由别人的启发而产生新思想——免费搭车，引起“链式反应”。

（5）对问题必须有比较明确深刻的理解，以便在会议中能做启示诱导。

主持人在会议前应与问题的提出者一起做详细的分析研究。

2. 参加人

（1）人数。会议人数以 5～15 人为宜。人数过多，会增加对问题理解的分歧，使思维目标分散，降低激励效果，也无法保证与会者有充分发表设想的机会。而人数太少则势必造成知识面过分狭窄，难以产生知识互补的效应，同时也容易因缺少足够的思考与联想时机而冷场，这样不利于创造性地解决问题。

（2）结构。人员的专业构成要合理。应保证大多数与会者都是对议题熟悉的行家，但并非局限于同一专业，而是应注意全面多样的知识结构。另外，也要杂以少数外行，以便突破专业思考的约束。

（3）水准。同一次激励会，具体参加者应尽可能在知识水准、职务、资历、级别等方面大致相近。

（4）核心。尽量选择一些有实践经验的人，这对提高会议的效果有益。国外企业在运用此法时，常选拔几名在提出设计方面才能出众的人才，以他们为激励会的核心，再视情况配备其他人员，则效果较好。

3. 记录员与会址

（1）配备 1～2 名记录员，通常记录员不是正式的会议参加人。

（2）对会议中提出的所有方案、设想，不管是奇特还是平庸，均一视同仁，认真记录。

（3）当有几个人同时提出多种新设想时，可请主持人做必要的归纳后记下。

（4）会议地点应选在能避免干扰之处，必要时断开电话。

（四）实施步骤

实施步骤主要包括准备阶段、热身活动、明确问题、自由畅谈、加工整理等几个阶段。

1. 准备阶段。包括产生问题，组建小组，通知与会者会议的内容、时间、地点。在会议举行之前两三天，会议主持人在发出邀请通知的同时附上一张备忘录，上面注明会议的主题和涉及的具体内容，并列出几个希望与会者进行畅想的例子。

2. 热身活动。目的是让与会者尽快进入“角色”，尽量减少会议中冷场的时间。热身活动内容多种多样，如“动物游戏”、互相介绍、讲幽默故事；又如出一道简单的讨论题目，大家一起探讨“茶杯的其他用途”“要是机器人具有了人类的智能，那世界将会怎么样”，等等。热身活动也可以是体力的，只要能使与会者很快地忘掉自己的工作和私事，形成热烈、轻松的气氛就行。

3. 明确问题。通过主持人对问题的分析陈述，与会者全面了解问题，开阔解题思路。执行此步骤时应注意两点：一是不要急于提出具体的设想；二是鼓励与会者尽可能多地对问题提出重叙形式。

介绍问题时不要急于提出具体的设想。主持人先向与会者简明扼要地介绍所要解决的问题，之后可让与会者简单讨论一下，以取得对问题一致的正确的理解。介绍问题时主持人必须掌握简明扼要的原则，只提供与问题有关的必要信息，切忌将背景材料介绍得过多，尤其不能把自己的初步设想全盘托出。因为这样不仅无助于启发他人的思维，反易形成框框，束缚其思路。对于外行来说，所需要的只是对问题实质的深入浅出的通俗解释。

鼓励与会者尽可能多地重新叙述问题。这是指用不同的方式来表述问题，目的是加深对问题实质的理解，使问题的重要方面不至于被遗漏。同时，启发多种解题思路，为提出设想做准备。在此要鼓励与会者从多方面、多角度去审视问题，然后对每一方面都用"怎样"语句来表述。例如，题目是如何增加某商场的营业额，则可重新叙述如下：怎样降低成本；怎样扩大货源；怎样战胜竞争者；怎样做广告宣传；怎样完善售后服务；怎样推销高档或滞销商品；等等。

所有这些新的提问方式，都要由记录员记下，按顺序编号置于醒目的地方，让与会者随时从中启发思维，全面考虑。重新叙述问题之后，通常就可以围绕其进行畅谈。但有时为了使会议效果更好，优先考虑问题的最重要方面，需对重新叙述的问题做分析选择。选择可以由主持人或问题提出者做出，也可由与会者全体决定。

4. 自由畅谈。按照会议原则，针对上述确定的问题进行畅谈。

5. 加工整理。会上提出的设想大都是未经仔细斟酌和认真评论的，有待加工完善之后才有实用价值。一般有增加设想、评价设想和发展设想等方式。

增加设想。在畅谈会的第二天，由主持人或秘书以电话或面谈方式收集与会人员在会后产生的新设想。这是不可忽视的一步，因为通过会后的休息，思路往往会有新的转换或发展，又能提出一些有价值的设想。奥斯本曾引证有一会议提出了百余条设想，第二天又增补了 20 余条，其中 4 条设想比头一天会议上的所有设想都更有实用价值。

评价设想和发展设想是相互联系的两个方面，对它们既要做筛选判断，又要做综合改善。为了便于评价，最好先拟定一些评价指标，如这一设想是否可行，结构是否简单，工艺能否实施，做法是否合理，费用是否节省等。具体拟定哪些指标，要据问题性质及对解决问题方案的要求而定。

参与评选发展设想的人员，可以是设想的提出者，最好是对问题本身负有责任的人。人数应该是奇数，经验证明以 5 人为好。在美国，这一工作多委托专家或问题提出人处理。在日本，多是召开第二次会议，由设想提出人自己来做集体评议。其好处是可省去对设想做说明的麻烦，这种做法常被称为“二次会议法”。

以上是运用智力激励法的一般步骤，具体实施时可依不同情况而有所变化。比如在畅谈阶段采用“间断式”方式，即三分钟提设想，五分钟做考虑，如此反复循环，不断提出设想和进行思维。

延伸阅读：

流行曲之父黄霑说过一句话：“创新就是旧元素的重新排列和组合。”创新的产生常常是旧元素的新组合，两个已经被人熟知的观念合并在一起的时候就可能会成为全新的观念。“水专注于各种组合的可能”这是对创新人的绝佳描述。拼图游戏反映了创新的本质，即新想法实际来源于旧元素的重新组合。创新的核心还是创新，然而创新是相对的，例如电子笔是将手表和笔组合在一起得到的，手表和笔都是已经存在的旧事物，创新只是将这些旧元素重新加以组合。对于创业者来说，系统思维对于创新的发现至关重要。创业者要善于发现不相关事物之间的联系，在看起来不相关的事物之间建立联系，创新就诞生了。

第三节　思想政治教育专业创新实践

思想政治教育专业主要培养从事思想政治教育及管理的相关人员，从工作内容来分，主要可以分为三大类。第一类是直接从事思想政治教育相关工作的人员，最典型的代表就是各类院校中的思想政治课任课教师。第二类是从事相关管理工作的人员，比如从事相关工作的公务员，他们一般不直接对受教育对象开展工作，也就是说不直接开展思想政治教育工作，但可能从更宏观的角度把握思想政治教育工作的开展。第三类是思想政治教育工作的研究者，他们主要就职于研究性机构。此外，思想政治教育专业的毕业生可进入各种国家机关、高等院校、科研单位、新闻出版等事业单位及有关企业单位，负责党务、宣传、行政、组织、党团工作和管理工作。

以江苏大学为例，大学生科技创新工作一直备受江苏大学党政领导重视，学校专门出台了《江苏大学学生科研立项管理办法》，每年列支专项经费用于学生科研立项，资助学生从事课外学术研究、发明创造，涌现出了一批具有示范性和引领性的先进典型。江苏大学马克思主义学院思想政治专业学生科研立项成果丰硕，具体情况如表 5-1 所示。

表 5-1 江苏大学马克思主义学院思想政治专业学生科研立项情况

姓名	专业班级	合作者 1	合作者 2	最高学历	作品名称
孙子文	思政(师)1601 班	梁悦		本科	习近平青年思想政治教育工作重要论述的辩证法思想探究
陈晶晶	马克思主义哲学硕研 1801 班	孙腾		硕士	高校大学生科技创新活动的现状及远景展望研究
孙腾	马克思主义哲学硕研 1801 班	陈晶晶		硕士	习近平创新思维与科技创新研究
罗笑玉	马克思主义哲学硕研 1801 班	芮亚兰		硕士	全球化背景下“文化融通”构建的逻辑路径——以“一带一路”为例的分析
王婕	马克思主义理论硕研 1801 班	吴琳华		硕士	基于宅基地退出的增加农民财产性收入研究
杨健	马克思主义理论硕研 1701 班	谌闰杰	陈宝华	硕士	新型职业农民创业路径研究
杨丰	马克思主义理论硕研 1701 班			硕士	习近平总书记关于民营经济发展的重要论述研究
冯福军	马克思主义理论硕研 1801 班			硕士	高校二级学院党组织政治建设研究
郭彦迪	马克思主义理论硕研 1701 班	唐晨		硕士	习近平人类命运共同体思想的理论价值及实践路径研究
陈燕	马克思主义理论硕研 1701 班			硕士	历史反思与习近平新时代中国特色社会主义思想的形成
周旭慧	马克思主义理论硕研 1701 班			硕士	网络传播对党的宣传思想工作的影响及对策研究
王菲	马克思主义理论硕研 1801 班	王洪基		硕士	绿色发展理念视域下绿色“一带一路”建设研究
杨露	马克思主文理论硕研 1701 班	马晓双	颜婧	硕士	新媒体时代大学生思想政治教育探索
林晓荣	马克思主义理论硕研 1701 班	马晓双		硕士	我国农地流转“规模”之争及其对农民收入的影响

续表

姓名	专业班级	合作者 1	合作者 2	最高学历	作品名称
马俊霞	马克思主义理论硕研 1801 班			硕士	革命文化认同在红色旅游中的实现路径
马晓双	马克思主义理论硕研 1701 班	林晓荣	王婕	硕士	乡村振兴战略视域下基于宅基地制度改革的增加农民财产性收入的研究
张旭	马克思主义理论硕研 1701 班	李赵君		硕士	新时代农村特困人员供养问题研究
王艺	马克思主义理论硕研 1701 班	夏叶	梁金月	硕士	抗战题材历史剧中的历史虚无主义及其应对策略研究
梁悦	思政（师）1601 班	王婷	顾琪	本科	新媒体拟态环境下大学生网络舆情环境的优化——以江苏大学为例
张璐	思政（师）1601 班			本科	以学生为主体提升高校思想政治理论课亲和力研究
赵跃	思政（师）1701 班	黄艳荣	叶梅	本科	文化自信视域下新时代高校思想政治教育立德树人根本任务实现路径探析
林芝	思政（师）1601 班	蒋瑞	唐思琦	本科	基于核心素养目标的中学校本课程研究——以镇江崇实女中为例
王亚联	思政（师）1601 班			本科	网络舆情背景下“微思政”模式对大学生价值观的影响分析——以学习强国 App 为例
邓帆	思政（师）1701 班			本科	自媒体时代高校思想政治教育如何应对新自由主义思潮的影响
顾琪	思政（师）1701 班	邓帆	梁悦	本科	非民族类高校少数民族学生思想政治教育路径探析——以江苏大学为例
蒋艺菲	思政（师）1701 班	王妍	张雨清	本科	中学政治课与高校思政课衔接问题研究
黄艳荣	思政（师）1701 班	秦梦瑶		本科	“互联网+”时代背景下高校思想政治教育困境与路径研究——以江苏大学为例
周欣瑶	思政（师）1801 班	水淼君	罗志珍	本科	高校思想政治理论课学生获得感的提升路径探析

续表

姓名	专业班级	合作者 1	合作者 2	最高学历	作品名称
林鸽	思政（师）1701 班	彭晓	林敏	本科	协同育人视角下高校“课程思政”的价值内核及其建设路向研究
朱诗琦	思政（师）1801 班	温龙英		本科	高校“课程思政”建设现状与优化路径研究——以江苏大学为例
陈智	思政（师）1601 班	黄湘雯	戴馨科	本科	共享发展理念融入新时代高校思想政治教育探索与实践
蒋瑞	思政（师）1601 班	张璐	林芝	本科	隐性教育视角下提升高校思想政治理论课亲和力举措研究
林敏	思政（师）1701 班			本科	“互联网+”视域下创新创业教育融合高校思政教育路径探析
孟诗婷	思政（师）1801 班	罗秋彤		本科	生态文明教育视野下大学生亲环境行为培育研究——以江苏大学实证调研为例
李亚兰	思政（师）1701 班	莫金铃	李彤彤	本科	新时代高校立德树人的实现路径研究
季晓瑜	思政（师）1601 班	陈钦颖		本科	新时代推动高校思想政治理论课改革创新实效性路径研究——基于习近平总书记在学校思想政治理论课教师座谈会上的重要讲话

思想政治教育专业学生进行创新创业实践，应积极贯彻“厚基础、高素质、有特色”的主导思想，坚持“以实践促创新，以特色促发展”的思路，突出思想政治教育专业政治功能，强化思想政治教育专业的社会主义意识形态优势，以提高学生综合素质和创新能力为核心目标，全面强化实践环节，及时跟进学科发展，更新陈旧内容，充分反映中国特色马克思主义前沿的新特点和新要求。

【本章小结】

创业者应深刻理解创新的内涵和创新的产生过程及规律，注重相关领域的知识积累，养成良好的思维方式和习惯，积极参与生产生活实践活动，这样有利于创业者发现机会，形成一些具有潜在价值的创新。创业者还要能够创造性地运用各种激发创新的方法以激发出更多能够满足顾客需求的、可能创造价值的创新，或使原有的创新更加完善，逐步形成自身的特色和优势。

【本章思考题】

1. 大学生应如何搜集整理相关的创业实践政策？
2. 企业进行技术创新和战略管理有哪些关键？

第六章　创业技能与提升

【本章导读】

大学生创业实践现状：当前我国巨大的就业压力推动了大学生创业的浪潮，越来越多的大学生开始认识到找岗位不如自己创造岗位，积极投身于创业实践中，创业成为势不可当的社会潮流。

随着市场经济的发展，社会开始倡导积极的创业文化，营造出良好的社会创业氛围。国家高度重视大学生创业实践活动，2020 年 7 月 15 日国务院总理李克强主持召开国务院常务会议，部署深入推进大众创业万众创新，重点支持高校毕业生等群体就业创业；要求用好地方政府专项债券，加强资金和项目对接、提高资金使用效益；通过《中华人民共和国预算法实施条例（修订草案）》。政府的一揽子举措为大学生创业实践提供了良好的社会氛围。

同时，高校也不断推进大学生创业能力的培育，通过多方的积极举措在学校营造出良好的创业氛围。众多高校开设创业教育的公共课程，积极组织和引导大学生参加“挑战杯”等创业大赛，在校内建设创业孵化基地，帮助大学生创业者进行项目遴选，引导大学生提升创业层次，并为重点创业项目提供孵化通道等，可谓是给大学生的创业实践提供了肥沃的土壤。

第一节　大学生创业计划

一、创业机会识别的影响因素

影响机会识别和开发的各项因素，基本上可以分为两大方面：创业个体因素和外部环境因素。创业个体因素主要包括警觉性、个人特性、先验知识、认知学习能力、资源禀赋等；外部环境因素主要包括市场环境、融资环境、技术环境等。

（一）机会的自然属性

创业者选择某项机会是因为其能够产生足够的价值来弥补投入的成本。创业机会的自然属性相当程度上决定了创业者对其未来价值的预期，因而会对创业者的机会评价产生重大影响。市场需求、市场结构和规模及市场利润是用来筛选商机的重要指标。

阿迪兹威利等根据创业机会的来源和开发情况对创业机会进行了分类。在其创业机会矩阵中，横轴是搜录到的价值，纵轴是企业家创造价值的能力。根据这两个维度，他们把不同的机会划分成四个类型（见表 6-1）。

表 6-1　创业机会的类型

价值搜索 价值创造能力	未确定	已确定
未确定	梦想	尚待解决的问题
已确定	技术转移	企业形成

（二）创业者的个人特征

对机会识别来说，更重要的影响因素应当来自创业者个人。从本质上说，创业机会识别是一种主观色彩相当浓厚的行为。即使某一机会已经表现出较好的预期价值，也并非每个人都能从事这一机会的开发，并且坚持到最后的成功，因此创业者的个人特征对于机会识别来说更为重要。一些与创业机会识别相关的个人因素，包括警觉性、个人特质、已有的知识、社会网络、偶然发现与系统调查等，这些个人因素并非彼此独立存在的，在某种程度上，它们彼此之间也存在一定的相关性。

1. 警觉性

警觉性是创业者对（外部环境中）事物变化的信息、人们行为模式的一种倾向性和敏感性；个人特性是指创业者的背景（如性别、年龄、受教育程度、民族、家庭成长环境等）及潜质方面的特征（如创造性、风险感知能力等）；先验知识是指个体对于市场的先验知识、对于服务市场方式的先验知识，以及对于顾客问题的先验知识；认知学习能力主要是指人可以通过模仿他人来学习的能力；资源禀赋指创业者在创业时期所拥有的资源，一般分为人力资本、物质资本、技术资本、金融资本、社会资本等方面。市场环境主要是就市场开放程度和市场吸引力而言的。市场开放程度是指市场上出现了与经济发展阶段有关的新需求时，就有企业去满足这些新的需求；市场吸引力是指产品在市场上吸引消费者，获得销售份额的能力。

技术环境是指取得产品开发所需技术的容易程度；融资环境是指取得创业所需资本的容易程度。

对信息高度警觉先于任何一种机会识别，这一状态称之为“创业意识”——“对有关事物、时间、环境内行为模式信息的关注和警觉倾向”。拥有在某个领域更多专业知识的人，会比其他人对该领域内的机会更具警觉性与敏感性。

2. 个人特质

首先，许多研究已注意到创业者的乐观精神与机会识别有较密切的关系。其次是创新，成功的创业者可以发现其他人看不到的机会。从某种意义上讲，创新和企业家精神等同，创新在创业决策中扮演了重要角色。

3. 已有的知识

人们倾向于注意与他们已知信息相关的信息，因此，创业者更加关注与他们已经拥有的信息、知识相关的机会。任何给定的创业机会并不是对所有企业家而言都显而易见；每一个体异质性的先前知识建立了一种“知识走廊”；三种先前的知识对创业机会的发现极为重要：先前市场知识、先前服务市场方式知识、先前顾客问题知识。斯格特在她的定性研究中使用了创业机会感知过程的概念图式。她假定有两类与这一感知相关的先前知识，第一类是企业家特殊兴趣领域的知识（领域 1），第二类（领域 2）是多年从事某一特定工作所积累的知识，通常与兴趣爱好无关。企业家在某一行业或领域内工作多年之后会将这两种知识合二为一。两个领域知识的综合会推动企业家识别新机会、新市场或提出解决顾客问题的新途径。

4. 社会网络

个人社会关系网络的深度和广度影响着机会识别。建立了大量社会与专家联系网络的人，比那些拥有少量网络的人更容易得到机会。在社会关系网络中，按照关系的亲疏远近，大致将各种关系划分为强关系与弱关系。强关系以频繁相互作用为特色，形成于亲戚、密友和配偶之间；弱关系以不频繁相互作用为特色，形成于同事、同学和一般朋友之间。研究显示，创业者通过弱关系比通过强关系更可能获得新的商业创新，因为强关系主要形成于具有相似意识的个人之间，从而倾向于强化个人已有的见识与观念。而在弱关系中，个人之间的意识往往存在着较大的差异，因此某个人可能会对其他人说一些激发其全新创新的事情。

5. 偶然发现与系统调查

以前大部分创业研究隐含一个假定：创业机会的识别来源于系统的调查。近年来，一些研究者提出了疑问，认为创业者并非通过系统的调查识别创业机会，而是偶然地发现了蕴含价值的新信息。发现与系统调查的区别在于，前者往往是发现被其他人忽略的客观存在物。大量创业者都是感知创业机会而非寻求机会；基于偶然机会的新创企业往往比那些基于系统调查的新创企业表现出更快的成长速度。

二、市场调研的展开

（一）什么是市场调研

所谓市场调研（市场调查与市场研究的统称），是指为了提高产品的销售决策质量、解决存在于产品销售中的问题或寻找市场发展机会等，运用科学的方法和手段，有目的、有计划、客观地收集、整理、分析有关供求、资源的各种信息、情报和资料的工作。

市场调研包含不同的分类方向。在方法属性分类中，市场调研主要包括定性研究、定量研究；在研究领域中，又可分为渠道研究或产品研究、媒介和广告研究、零售研究、价格研究等；在行业属性中，还可分为商业研究和工业研究。市场调研可以把握市场的供求现状和发展趋势，为制定营销策略和创业决策提供正确的依据信息。它是个人或企业机构根据特定的决策而系统地设计、搜集、记录、整理、分析及研究市场各类信息资料、报告调研结果的一个工作过程。市场调研是创业者市场预测和经营决策过程的必不可少的组成部分。

近年来，随着社会主义市场经济体系的逐步建立与发展，市场调研也在迅速兴起，一些企业已逐步把市场调研作为企业取得所需的生产和经营信息的一种重要手段。伴随着互联网的不断发展和新技术的广泛应用，市场调研往往借助于专业在线调查公司收集信息，处理数据。目前的市场调研发展趋势也主要是网上市场调研，这种高效的调查手段也被许多调查咨询公司广泛应用，其优点表现在调研效率高、节约调查费用、调查数据处理比较方便、不受地理区域限制等方面。但是在线市场调研也存在一定的不足，即在线市场调研并不是轻易可以实现的。

（二）市场调研的功能作用

1. 市场调研的功能

所谓市场调研的功能，就是指通过市场调研可以得到什么样的结果，主要体现在以下三个方面。

（1）收集并陈述事实（获得市场信息的反馈，可以向决策人提供关于当前市场的相关信息和营销活动的客观事实）。

（2）解释市场信息或活动（可以使决策人了解当前市场状况形成的原因和一些影响因素）。

（3）对市场进行预测（通过对过去市场信息的分析推测未来市场变化发展情况）。

2. 市场调研的作用

市场调研的作用主要取决于使用者怎样运用调研结果，主要体现在以下几个方面。

（1）通过了解分析调研所提供的市场信息，可以尽量帮助创业者在制订营销策略时减少错误，也可以帮助决策者了解当前营销策略及营销活动的得失，并提供适当参考。决策者只有在实际了解了市场信息的情况下，才能有针对性地制定其经营发展策略和市场营销策略。

当创业者要针对某些问题进行决策时（如进行产品营销策略、价格策略、分销策略、广告和促销等策略的制定时），通常需要了解的情况和考虑的问题是多方面的，主要有：产品在市场上如何销售较好，才能有发展潜力；在哪个具体的市场上可增加销售数量；如何才能扩大产品的销售量；如何制定产品销售价格才能保证在销售和利润两方面都能上去；怎样组织产品推销，销售费用又将是多少；等等。

这些问题都只有通过具体的市场调研，才可以得到具体的答复，而且只有通过市场调研得来的具体信息才能作为创业者决策的依据。否则，就会形成脱离实际的盲目决策，而盲目带来的往往是失败和损失。

（2）为创业者提供正确的市场信息。市场调研可以使创业者了解市场可能的变化趋势，以及消费者潜在购买动机和需求，同时为消费者提供一个表达自己意见的机会，有助于营销者识别最有价值的市场机会，为其发展提供新的契机。

随着市场竞争发展的日趋激烈，市场也在不断地发生变化，而促使其变化的因素众多，如产品、分销、价格、广告、推销等市场因素和政治、经济、文化、地理条件等市场环境因素。这两类因素往往又是相互关联和相互影响的，而且在不断地发生变化。只有通过广泛的市场调研，及时地了解各种市场因素和市场环境因素的变化，才能有针对性地采取相应措施，通过对市场因素（如价格、产品结构、广告等）的不断调整，去适应市场发展节奏，应对市场竞争。

（3）可以帮助创业者了解当前相关行业的发展状况，为其经营活动提供信息。

当今世界，科技发展迅速，新创造、新发明、新技术和新产品层出不穷，日新月异。技术的进步自然会以产品的形式在商品市场上反映出来。市场调研有助于创业者及时地了解市场经济动态和科技信息，以便更好地学习和吸取同行业的先进经验和最新技术，增强自身项目的竞争力。

（4）适应创业项目整体的宣传策略需要，为创业者的产品宣传等提供信息支持。

做好市场的宣传推广，需要了解产品信息的传播渠道和传播机制，以寻找合适的宣传推广载体和方法，以及详细的产品营销计划，这也需要通过市场调研来解决。在现如今高速变化的市场环境下，以往的经验只能使创业者减少犯错误的可能性，面对现代的市场竞争，创业者更需要实时的信息更新来保证产品的宣传推广。

（5）通过市场调研获得的信息，不仅可以使创业者了解目前市场的情况，还可以帮助创业者通过对信息的整理、分析，对市场变化趋势做出预测，从而提前提出相应对策，充分地利用市场的变化，获取最大利益。

（三）市场调研的方法和程序

1. 市场调研的方法

市场调研的方法主要有以下四种。

（1）文案调研

文案调研主要是二手资料的收集、整理和分析工作，其主要渠道来自网上资料的搜索和图书馆等书籍信息的搜索等。

（2）实地调研

实地调研又可分为询问法、实验法和观察法三种。

① 询问法：调查人员通过各种方式向被调查者发问或征求意见来搜集各种市场信息的一种方法。它可分为深度访谈、问卷调查、GI 座谈会等方法，其中问卷调查又可分为电话访问、留置问卷调查、入户访问、邮寄调查、街头拦访等调查形式。

使用询问法时应注意：所提的问题确属必要并有其合理性，被访者有能力回答所提问题，且访问时间不宜过长，询问的语气、态度、措辞、气氛必须合适。

② 实验法：通过客观实际的、小规模的营销活动来调查某项营销措施执行效果或关于某一产品市场反馈等信息的一种方法。实验的主要内容包含产品的质量、品种、外观、商标、价格、促销方式和销售渠道等。它常被用于新产品的展销和试销。

③ 观察法：调研人员在调研现场，通过仪器或直接观察、记录被调查者的行为和表情，以获取信息的一种调研方法。

（3）特殊调研

特殊调研的形式主要有投影法、语义区别法、推测试验法等购买动机的调查，固定的样本、零售店销量、消费者调查组等持续性的实地调查，以及 CATI 计算机调查等。

（4）对于竞争对手的调研

在市场竞争日趋白热化的今天，不了解竞争市场的情况，不了解竞争对手，就意味着没有胜算。

竞争调研的目的是通过合法途径获得竞争对手的相关信息，包括产品及价格策略、营销（销售）策略、研发策略、竞争策略、财务状况和人力资源等情况，发现其竞争中的弱点，帮助自身制定恰如其分的进攻战略，扩大自己的市场占有额；另外，针对竞争对手最优势的部分，需要制定回避策略，以免发生对自身的损害事件。

2. 市场调研的程序

（1）确定市场调研的必要性；

（2）确立调研目标；

（3）设计调研方案；

（4）确定所需信息的来源和类型；

（5）问卷设计；

（6）确定抽样方案及样本容量；

（7）收集资料；

（8）分析资料；

（9）撰写调研报告。

调研流程：撰写调研计划—设计调研问卷—调研问卷的实施—调研问卷的收集和整理—数据分析—撰写调研报告（图 6-1）。

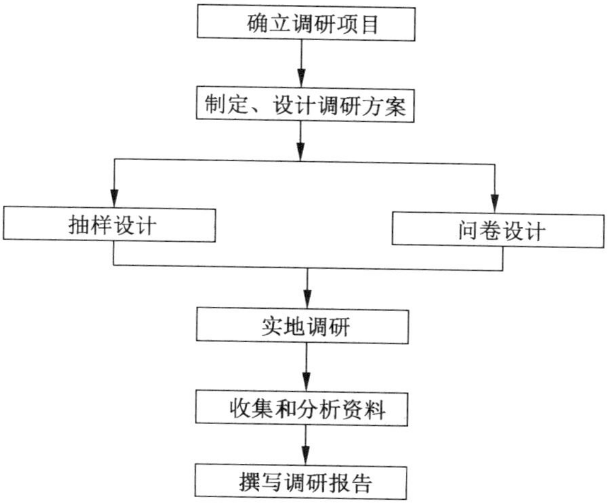

图 6-1　市场调研流程分析图

三、自身优势的确立

随着大学生就业压力的不断增加，许多大学生选择了自主创业，从而实现就业。大学生在自主创业的过程中，如何进行职业定位，形成自己的竞争优势，也成为创业的关键。创业成功与否，能否开创生命力旺盛的宏伟事业，客观环境因素不容忽视，但是创业者本身的主观因素也是决定其成败的关键。纵观所有中外创业成功者走过的路途，以下基本素质都是大多数成功者共同具备的。

（一）身体素质

创业是一项具有挑战性的工作，尤其是在创业初期，需要创业者有足够的精力和体力去完成许多工作。因为创业之初，大多数的创业者都没有足够健全的机构，往往要一人身兼数职，况且在创业活动的初期，一些创造性的思维和想法要消耗掉创业者很多精力和时间。因此，对于创业者而言，有一个良好的身体素质是开始创业的最基本条件之一。

（二）文化素质

知识经济时代的创业者需要复合型的知识结构，大学生创业者身处高校这个知识资源高度密集的场所，如何正确地对其中的资源加以利用，也是创业成功与否的关键因素。在中国新一轮的创业高潮中，成功的创业者大部分都是拥有着良好文化素质的人。但是，所谓高的文化素质，并不是指高学历。文化素质是一种看不到但能感觉到的品质，所以即使是低学历的创业者也不必过分担忧自己的文化素质水平。文化素质是一种个人修养，它通过多读书、勤思考来表征在自己的言行中，只要勤于实践、善于思考，实践与理论相结合，就会不断提升自身的文化素养。

（三）管理与经济素质

创业者不仅需要精通创业项目涉及的相关专业知识，而且需要具备一定的经济头脑和管理素质。管理素质包括协调能力、交际能力、应变能力、判断能力等。当下是需要靠产品、技术来追求效益的时代，更要依靠创业者的科学管理来提高效益；同时面对当今日益激烈的市场竞争，以及市场的资源配置、经济分析、预测决策、经济核算、成本费用、市场利润等一系列经济问题，创业者更需要具备一定的经济才能，才能使自己的利润最大化。

（四）思想道德修养与心理素质

思想道德修养与心理素质是两种既相互关联又互不相同的基础素质，其具体表现为：乐观与自信、富有理想、拥有紧迫感、勇于面对风险、坚韧的毅力等。良好的思想道德素质是高尚人格的集中反映，是个人与社会统一的前提，是人与人团结合作的基础。心理素质是一种意志品质，它是人们在面对不可知的环境和前途时表现出的一种态度和信念，因为创业具有不确定性和复杂性，所以在面对突发问题时，心理素质在创业是否成功中也占有举足轻重的地位。

（五）创造性思维素质

创造性思维素质是指能以较高的质量和效率来获取知识，并可以根据市场的需要灵活运用所掌握的知识开发出适合市场需要的新产品和新技术的思维方式。创造性思维素质不仅仅要求创业者具备对知识的学习和灵活运用能力，更强调发现问题和解决问题的能力。

（六）法律素质

对于创业者来说，法律知识是必不可少的，市场经济本质上就是法治经济。随着市场经济的逐步成熟与完善，相关法律法规已渗透到生产、交换、分配、消费等经济领域的各个环节，创业者只有了解和熟悉市场与社会等大环境的法律法规及运行机制，才能在市场大潮中大展拳脚。更为重要的是，创业者要能运用法律武器，规范自己和企业的行为，保护自身的合法权益。

四、创业计划的撰写

在整个创业过程中，创业计划书是创业的灵魂，它记载了有关创业的内容，是创业者实施创业的“宏伟蓝图”，是创业者叩响投资者大门的“敲门砖”。它不仅仅是一份业务构想的策划书，也是吸引投资的宣传说明书，更是以后公司运作的指导书。创业计划书就如同上市公司的招标说明书，对融资公司或项目进行较为详细的陈述和剖析，制定创业规划书的过程也是创业者理清自己创业思路的过程，创业计划书完成的质量，对于创业者来说是又一次理性的思考，而且往往会直接影响创业发起人能否找到创业合作伙伴、取得必要的经营资源、获得资金及其他方面的支持。

对于大学生创业者来说，如果有一份好的创业计划书，许多问题就能得到比较好的解决，也就意味着创业已经成功了一半。该如何制定创业计划书？创业计划书应该侧重于解决哪些创业难点？下面让我们来一起探讨。

（一）什么是创业计划书

创业计划书又称商业计划书，是一份全方位的商业计划，是创业者在创业初期就选定的某个具有市场前景的产品和服务项目，向潜在的投资商、风险投资公司、合作伙伴等描述与拟创办的新企业相关的内、外部环境条件和要素的载体，以便于他们能对企业和项目做出评判，从而获得融资的商业报告。通常创业计划是市场营销、财务、生产、人力资源等各项职能计划综合的书面材料，同时也是创业前三年内所有的短期和中期决策制度的大致方针。

（二）创业计划书的内容

创业计划书是创业者将有关创业的想法落实成文字的载体。创业计划书的好坏，往往会直接影响到创业者能否找到合作伙伴、获得资金及其他的政策支持。创业计划书的撰写也要根据目标观者，即看计划书的对象而有所不同，根据不同目的来撰写的创业计划书，其侧重点和格式也有差异，但其基本内容是大致相同的。

通常一份创业计划书要有一个美观的封面，封面的设计要具有艺术性，一个好的封面会使阅读者产生最初的好感，形成良好的第一印象。同时还需要写一页左右的摘要，它浓缩了创业计划书的精华。计划书的摘要涵盖了计划的要点，以便读者能在最短的时间内评审计划并做出判断。接下来是创业计划书的具体章节，一般可分成十章进行撰写。

1. 企业描述

介绍企业时，需介绍企业的基本情况、创业思路及创业者自己和创业团队成员的基本情况等。必须对所要进入的行业，所属产业的生命周期是处于萌芽、成长、成熟还是衰退阶段，以及企业要用独资形成还是合伙形成，打算何时开业，营业时间有多长等问题进行阐述。

2. 产品或服务介绍

产品或服务介绍，就是要对产品或服务做出一个详尽的说明，包括：产品或服务的概念、性能；有什么特色和竞争优势；主要产品包含什么；产品的研发和制作过程；如何满足顾客的需要；后续产品的跟进；等等。一般来讲，在进行产品或服务介绍时，都需附上产品原型或相关照片、图纸等介绍。

3. 市场分析

首先根据市场调研的信息，界定目标市场：是瞄准既有的市场已有的客户，还是需要开发新的市场和新的潜在客户。在确定目标之后，决定如何将自己的产品包装上市、怎样促销和定价等，并且做好预算。

4. 创业选址

根据创业项目性质的不同，选取创业地址，一般地点的选择对公司影响不是很大，但是如果要开店，就要考虑到客户群体的消费和接受能力，店面地点的选择就很重要了。

5. 营销策略

营销策略也是创业计划的重要组成部分，主要围绕产品或服务如何进行分销、定价和促销来展开。应根据不同的客户群制定不同的经营策略，以实现产品或服务在市场中的最大占有率，为企业带来利润最大化。在创业计划书中，营销策略主要包含：市场机构和营销渠道的选择、营销队伍和管理、促销计划和广告策略、价格决策等。

6. 企业和人事管理

企业运转得好与坏，经营得成功与否，相当程度上与其管理者和员工有直接关系。能否规避企业的经营风险，使企业在市场经济的大潮中蓬勃发展，与企业的组织和管理相关。高素质的管理人员与良好的管理机制则是管理好一个企业的重要保证。因此，在创业过程中，要考虑人事需求，并且需要具体考虑引进哪些专业技术人才和管理人才等。

7. 财务需求与运转

创业者需要考虑如何来支配创业筹集到的资金，考虑融资款项的运用、营运资金的周转、新技术的开发，并预测未来 3~5 年的资产负债表，做出盈亏平衡点、损益表、现金流量表和财务比率的分析，做出一个财务计划，以便为企业的长期经营提供一个全面的认识。

8. 风险评估

创业者一定要选择自己有经验和自己所喜爱的工作。对于刚走出校门的大学生来说，在不熟悉的行业、没有任何经验，很难取得创业成功。而对于任何一家企业来讲，也都面临着潜在风险和意外风险，风险来自各个方面，有市场风险、技术风险、经营风险、财务风险、人力资源风险，以及在创业和经营过程中不可预知的其他风险等，所以创业者必须进行必要的风险评估，以便及早制定有效的市场战略来应对风险。

9. 企业预期利润

这是投资者最为关心的一项内容，也是创业计划书中最直观、最具“卖点”的内容。作为投资者，最关注的就是能从你的创业项目中得到多少回报，取得多少利润。所以，创业者在预估企业利润时，更需要做好前期创业计划的统筹工作，达到利润的最大化，才能吸引投资者的资金和优势资源。

10. 成长与发展

企业是需要持续经营的，在创业计划书中，企业创办起来之后下一步要怎么样，三年后如何，五年甚至更长的时间后如何，也是在创业计划书中要提及的。企业的经营是持续的，所以在规划时要能够做到多元化和全球化，在撰写创业计划书时不一定要写得十分具体，但是应该有一个长远的规划和较为明确的宏伟蓝图。

以上就是创业计划书的内容，创业者在撰写创业计划书时可根据不同创业项目的具体情况进行增添或删改，这都是为了创业计划的成功。创业计划书虽然不能确保创业计划的成功，但一份详细的创业计划书可以吸引投资者的目光，为创业者指明前进的方向，有效地指导创业活动，减少和规避错误和风险，提高创业成功率。

延伸阅读：

机会型创业的出发点不是为了谋生，机会型创业是为了追求一个商业机会而从事创业的活动。大学生创业更多属于机会型创业，是大学生寻求更高层次就业、谋求更理想发展，以及更优秀地去展示个人价值和社会价值的内在要求。机会型创业以市场机会为导向，着眼于新的市场机会，拥有更高的技术含量，以创造新的需要或满足潜在的需求为目标，带动新产业的发展，有很大可能会创造出更大的经济效益，从而改善经济结构。相比生存型创业，机会型创业不仅能解决创业者自身的就业问题，而且能解决更多人的就业问题。

第二节 大学生创业机会的识别

一、创业机会的识别过程

（一）创业机会的概念及特征

创业机会是具有商业价值的创新，它以不同形式出现。概括来说，创业机会是指在市场经济条件下，社会的经济活动过程中形成和产生的一种有利于企业经营成功的因素，是一种带有偶然性并能被经营者认识和利用的契机。

创业机会是一种稀缺的创业资源，一般来说具有以下特征。

1. 客观性和偶然性

创业机会是在特定条件下产生的，它是客观存在的。但对于一个企业来说，创业机会的发现和捕捉带有很大的不确定性，任何创业机会的产生都有“意外”因素。

2. 时效性和消逝性

创业机会只能存在于一定的时空范围之内，随着客观条件的变化，创业机会就会相应地消逝和流失。与此同时，创业机会持续时间受到众多因素的影响，如专利保护、先占优势和学习曲线等都会延长持续时间。

3. 均等性和差异化

创业机会在特定范围内对某一类人或企业是均等的。但不同个人和企业对同一创业机会的认知会产生差异，创业主体的素质与能力不同，利用机会的可能性和程度也会产生差异。

（二）创业机会的类型

创业机会类型的选择会影响创业者的创业过程开发和事业的成功，我们有必要系统地对创业机会进行分析，理清创业机会的类型。

1. 根据创业机会来源来分类

（1）问题型机会。该类型指的是由现实中存在的某些未被解决的问题产生的机会，要识别这类创业机会，必须学会观察与发现。

（2）趋势型机会。该类型机会的产生是由于不断变化的环境造就市场空间，创业者若能在变化中看到未来发展方向，预测将来的潜力和机会，把握变化的趋势和潮流，就能抢占市场。

（3）竞争型机会。该类型是指能利用竞争对手的弱点和盲区，弥补其缺陷与不足，并将之转化为自己的事业而获得的创业机会。创业者要走差异化路线，达到“人无我有、人有我优、人优我精、人精我专”的境界。

（4）组合型机会。该类型是将现有两项及以上的产品、技术、服务等因素加以组合，以获得新的用途和价值而产生的创业机会。其突出特点是将多项要素组合起来，实现产品和服务的增值。

2. 根据创业者实现目的和所利用手段的对应关系是否明确来分类

（1）识别型机会。该类型是指市场中实现目的和所利用手段关系十分明显而产生的机会。当创业者发现存在尚未解决的问题时，对他而言就是一个潜在商机；创业者也十分清楚该用何种方式去解决这一问题。

（2）发现型机会。该类型是指市场中的目的和手段中的任意一方状况未知，需要创业者自我发掘而产生的机会。创业者或者发现了现实中存在的某一问题，而不清楚如何解决；或者解决某类问题的技术和方法现存，却不知道应用到哪个领域去解决什么问题。

（3）创造型机会。该类型指的是目的和手段尚不明确，因此创业者要比他人更具先见之明而产生的机会。创业者必须具备与众不同的思维方式，才能创造出有价值的市场机会。

（三）创业机会识别的一般过程

创业过程开始于创业者对创业机会的把握。创业者从成千上万的创新中选择他心目中最佳的创业机会，随之持续开发这一机会，直至最终获得成功。简单地说，识别创业机会是思考与探索反复互动，并将创新加以转变的过程。

创业者在与外部环境（机会来源）互动的过程中，利用各种渠道和方式掌握并获取有关环境变化的信息，从而发现在现实世界中产品、服务、原材料和组织方式等方面存在的差距，找出改进或创造的可能性，最终识别出可能带来新产品、新服务、新原料和新组织方式的创业机会。因此，获取信息及相应的信息处理能力是识别创业机会的关键所在。

1. 机会的搜寻。这一阶段创业者对整个经济系统中可能的创新展开搜索，如果创业者意识到某一创新可能是潜在的商业机会，具有潜在的发展价值，就将进入机会识别阶段。

2. 机会的识别。相对于整体意义上的机会识别过程，这里的机会识别应当是狭义上的识别，即从创新中筛选合适的机会。这一过程包括两个步骤：首先是通过对整体的市场环境及一般的行业环境进行分析来判断该机会是否在广泛意义上属于有利的商业机会，我们称之为机会的标准化识别阶段；第二步是考察对于特定的创业者和投资者来说，这一机会是否有价值，也就是个性化的机会识别阶段。

3. 机会的评价。实际上这里的机会评价已经带有部分“尽职调查”的含义，相对比较正式，考察的内容主要是各项财务指标、创业团队的构成等。通过机会评价，创业者决定是否正式组建企业，吸引投资。在一些研究中，机会识别和机会评价是共同存在的，创业者在对创业机会进行识别时也有意无意地进行评价活动。机会识别和机会评价并非完全割裂的两个概念，创业者在机会开发中的每一步，都需要进行评估，也就是说机会评价伴随着整个机会识别的过程。在机会识别的初始阶段，创业者可以非正式地调查市场的需求和所需的资源，直到断定这个机会值得考虑或进一步深入开发；在机会开发的后期，这种评价变得较为规范，并且主要集中于考虑这些资源的特定组合是否能够创造出足够的商业价值。

Teach 等人于 1989 年揭示了与机会识别过程相关的 8 个要素：（1）正式计划；（2）正式评价；（3）市场与技术驱动；（4）细致调查；（5）意外发现；（6）先前职业；（7）创新与改进；（8）信息调查。他们确定了 4 种不同的机会识别模式，这 4 种独特的模式反映了 4 种不同的组织文化。第一种模式印证了机会鉴定是一个深思熟虑的过程，即创业者需要做一些“功课”，例如从图书馆、商家或其他地方寻找与机会相关的知识；第二种模式是根据正式计划和评价过程按部就班地对机会进行鉴定；第三种模式是自主开发产品、自我鉴定机会；第四种模式是把机会鉴定看作一个随机过程，没有正式的计划或评价。有资料表明，不同模式在产品进入市场、破坏市场均衡和加倍销售的时机选择上有所不同，但不会导致利润差别。

对机会的识别源自创新的产生，在创新没有产生之前，机会的存在与否意义并不大。有价值潜力的创新一般会具有以下基本特征：独特、新颖、难以模仿。创业的本质是创新，创新的新颖性可以体现为新的技术和新的解决方案，可以体现为差异化的解决办法，也可以体现为更好的措施。另外，新颖性还意味着一定程度的领先性。不少创业者在选择创业机会时，关注国家政策优先支持的领域就是在寻找具有领先性的项目。不具有新颖性的想法不仅将来不会吸引投资者和消费者，而且对创业者本人不会有激励作用。新颖性还可以加大模仿的难度。有价值的创新绝对不会是空想，而要有现实意义，具有实用价值，简单的判断标准是能够开发出可以把握机会的产品或服务，市场上存在对产品或服务的真实需求，或许可以找到让潜在消费者接受产品或服务的方法。

二、创业机会的评估方法

（一）创业机会评估准则

1. 市场评估准则

市场评估准则包括6个方面：

（1）市场定位。可由市场定位是否明确、顾客需求分析是否清晰、顾客接触通道是否顺畅、产品是否持续衍生等，来判断创业机会可能创造的市场价值。

（2）市场结构。应对创业机会的市场结构进行几项分析：进入障碍，供货商、顾客、经销商的谈判力量，替代性产品的威胁，以及市场内部竞争的激烈程度。由此可以知道企业在未来市场中的地位，以及可能遭遇竞争对手反击的激烈程度。

（3）市场规模。市场规模大者，进入障碍相对较小，市场竞争激烈程度也会略微下降。若要进入的是一个十分成熟的市场，那么利润空间会很小，不值得再进入；若是一个成长中的市场，只要时机正确，必然会有获利的空间。

（4）市场渗透力。对于一个具有巨大市场潜力的创业机会，市场渗透力评估将会是非常重要的。应该选择在最佳的时机，也就是市场需求正要大幅增长之际进入市场。

（5）市场占有率。一般而言，低于5%的市场占有率，则表示这个新企业的市场竞争能力不强，尤其是处在具有赢家通吃特点的高科技行业，新企业必须拥有成为市场前几名的潜质，才比较有投资价值。

（6）产品的成本结构。从物料与人工成本所占比重之高低、变动成本与固定成本的比重，以及经济规模的产量大小，可以判断企业创造附加价值的幅度及未来可能的获利空间。

2. 效益评估准则

效益评估准则包括以下4个方面。

（1）合理的税后净利。一般而言，具有吸引力的创业机会至少需要能够创造15%及以上税后净利。如果创业预期的税后净利在5%之下，那么这就不是个很好的投资机会。

（2）达到损益平衡所需的时间。合理的损益平衡应该在两年之内达到，如果三年还达不到，恐怕就不是个值得投入的创业机会了。当然，有的创业机会确实需要经过比较长的耕耘时间，通过前期投入，创造进入障碍，保证后期的持续获利，这样的情况可将前期投入视为投资，才能容忍较长时间的损益平衡时间。

（3）投资回头率。考虑到创业面临的各种风险，合理的投资回报率应该在25%以上，而15%以下的投资回报率是不值得考虑的创业机会。

（4）资本需求。资本需求量较低的创业机会，投资者一般会比较欢迎，资本额过高并不利于创业成功，甚至还会带来稀释投资回报率的负面效果。通常，知识越密集的创业机会，对资金的需求量越低，投资回报反而会越高。因此，在创业开始的时候，不要募集太多资金，最好通过盈余积累的方式来创造资金，而比较低的资本额将有利于提高每股盈余，并且可以进一步提高未来上市的价格。

（二）创业机会评估目标

1. 认识商业概念的价值

创业机会评价无论是对创业主体还是对投资商来说，都是一个挖掘商业概念价值的过程。一个商业概念能否成为一个可以开发的商业模式，根本标准是商业概念本身是否能够给顾客带来持续的商业价值。创业机会评价就是从财务、顾客、内部因素和创新成长 4 个方面对商业概念进行评估，目的是挖掘潜在的商业价值。

2. 减少创业风险

风险与价值是并存的，创业被理解为在不拘泥于当前资源条件限制的情况下对机会的捕捉和利用，对创业主体来说，创业资源是紧缺的，创业环境是不确定的。如何规避创业风险是创业主体关注的主要问题。创业机会评价就是对商业概念的价值和风险进行全面的评估，从而最大限度地规避风险，创造价值，提升创业成功率。

3. 吸收风险投资

吸收风险投资能够促进创业机会的开发，而风险投资商需要对创业者提供的商业概念、商业模式进行科学评估。将风险投资商的评价和创业主体的评价结合起来考虑，既能作为创业主体评价商业概念的标准，又能为风险投资商进行风险投资评价提供借鉴。

4. 规划新创企业战略

创业机会评价从财务、顾客、内部因素和创业成长 4 个方面展开，涉及风险、市场、财务、团队、战略等各方面的因素。这些因素是一个新创企业需要考虑的因素，一旦商业概念通过评价被发展成为成熟的商业模式，一个新创企业的规划和战略就很清晰了，新创企业的预期回报、风险规避和团队管理等都通过创业机会的评价得到清晰体现。

（三）创业机会评估步骤

1. 确定评价目标

确定评价目标是评估的第一步，评价目标直接影响评价指标体系、评价方法等。在评价开始的时候，要对评价目标的特性进行充分分析，以更好地确定创业机会的影响因素，从而确定创业机会评价的基本框架。

2. 对创业机会影响因素进行分析

影响创业机会的因素很多，既有内部创业团队的因素，也有外部创业环境的因素；既有社会因素，也有经济因素；既有市场因素，也有社会网络因素。从各种影响创业机会的因素中抽象出关键性的因素，便构成了创业机会评价指标体系。

3. 构建评价指标体系

创业机会评价指标体系是在对创业机会影响因素进行分析的基础上构建的。蒂蒙斯（Jeffry A. Timmons）提出了具备 8 个一级指标、55 个二级指标的评价指标体系，包括了其他理论涉及的指标体系，是最全面的创业机会评价指标体系，可以作为创业机会评价的属性库。

4. 选择和应用恰当的评价方法

评价方法是对评价指标的排序和量化。创业机会评价涉及众多指标，有些指标可以量化，如潜在市场规模、预期市场增长率等，而有些指标不易量化，如产品结构等。用单纯的定性方法难以对创业机会的优劣进行排序，用单纯的定量方法难以对决定创业机会的关键要素进行选择。因此，应该选择定性与定量结合的方法进行评价。

5. 评价实施

创业机会评价实施是实际操作阶段，对定量指标和定性指标进行处理，引入需要的数据和相关专家的评定，并结合相关模型，最终得到评价结果。

6. 评价反馈

创业机会评价是一个动态过程，创业机会评价本质上是一个主观的、理论上的分析过程，商业概念能否真正成为一个成熟的商业模式，是否可以在现实中开发，需要进一步从实践中证明。依据创业实践活动，可以从风险规避和价值创造两个方面对创业机会评价结果做进一步修正。

（四）马林斯机会评估模型

成功的企业由三个至关重要的要素构成：市场、行业及构成企业家团队的一个或几个关键人物。马林斯正是以三要素为中心，从宏观和微观两个维度，构建了创业机会评估的七领域模型。

该模型深刻揭示了大多数创业者都会忽视的三个细节：市场和行业有吸引力吗？这个机会能为消费者带来不寻常的利益，能比其他满足消费者需求的解决方案更有可持续优势吗？团队有能力实现自己的预期目标吗？

1. 市场和行业的差别

市场是由购买者而非产品组成的。市场是由一群当前的和（或）潜在的消费者组成的，而这些消费者愿意并且有能力购买产品（或服务）来满足他们的需求。因此，市场不是由产品组成，而是由购买者（消费者）或组织的需要组成。一个行业是由出售者组成的（典型的出售者是组织），它提供各种产品，这些产品有类似性而且互为替代品。为什么说市场和行业之间的差别这么重要呢？因为一个想服务于市场的人对于市场吸引力的判断和想进入某一行业的人对该行业的判断是不一样的。

2. 市场

怎样评估市场的吸引力呢？马林斯认为，必须兼顾宏观（广义上的市场）和微观（专指目标市场）两个层面才能做出正确的评估。区分宏观市场和微观市场，主要是因为这两个市场评估的问题不同。

一是宏观层面的市场。宏观层面的分析旨在激发创业者对市场规模、增长速度及可能会影响到将要提供的产品（或服务）需求的各种趋势产生更多的思考。这项工作的目的主要有两个：找到创业企业能够实现相当规模的程度或判断是否更可能成为一个小企业；基于可能会影响消费者购买习惯的趋势，找到未来需求可能增长或减少的程度。这里的关键趋势包括技术趋势、法律法规趋势、社会和文化趋势、经济趋势、人口趋势和自然趋势。宏观层面的市场测评对创业者是非常重要的，因为冒险几年的结果仅得到一个小规模市场，也许对那些有抱负的创业者来说是不值得的。因此，创业者的志向是服务于一个有吸引力的大机会，还是服务于一个潜力有限的小机会，这是非常重要的。

二是微观层面的市场。大多数成功的创业者不会去谋取整个市场，而是在整个市场中瞄准一小部分消费者。微观层面的市场测评需要问消费者 4 个关键问题：有没有一个目标细分市场能让新公司进入，并以消费者愿意接受的价格向他们提供明确、有吸引力的利益？这些利益对于消费者来说在某些方面是不是与其他现有的解决方案不同——更好、更快或更经济？这个细分市场有多大，发展有多快？进入这个细分市场将来是否有利于进入所期望的其他细分市场？创业者应谨记：没有差异化的利益，大多数消费者不会购买；没有成长空间，大多数投资者不会投资。

3. 行业

巴菲特曾说过，行业的重要性比企业家的才能更重要。认真的创业者喜欢在大部分企业都能获得良好效益的行业中竞争，而不愿在那些很多公司为了生存而拼命挣扎的行业里打拼。

首先是宏观层面的行业。20 世纪 70 年代后期，迈克尔·波特提出了决定行业吸引力的 5 种力量。这些力量是影响任何行业利益率的决定性因素。

（1）新进入者。一般而言，威胁小的行业对新进入者更有吸引力，这意味着竞争对手不容易进入行业来模仿你的成功。反过来讲，也意味着开始你的创业将非常困难。

（2）供应商和其他价值链成员的能力。一般来说，当供应商和其他价值链成员没有能力制定价格和条件时，行业更有吸引力。

（3）购买者。一般来说，当购买者没有能力制定价格和交易条件时，行业更有吸引力。

（4）替代品。一般来说，当替代品的威胁小时，行业更有吸引力，这意味着其他行业的产品或服务不能很容易成为你的行业的产品的替代品。

（5）现有竞争对手。一般来说，现有竞争对手越多，竞争越激烈，该行业的吸引力就越有限。

其次是微观层面的行业。识别并测评新企业竞争优势的可持续性对于微观层面上的行业测评是必不可少的。怎样从微观层面上做出这些行业判断呢？测评未来新企业竞争优势的可持续性需要确定能够维持企业初始优势的特定因素是否存在，这些因素是：

（1）专有因素——其他公司不能复制或仿效的专利权、商业秘密等；

（2）其他企业很难复制或模仿的卓越的组织流程、能力或资源；

（3）具有经济可行性的商业模式——不会很快花光钱的商业模式；

（4）与所需的资本投资和可得利润有关的收入；

（5）争取和维护消费者的成本，以及争取消费者需要花费的时间；

（6）总利润及支撑企业运作所必需的成本结构的充裕程度；

（7）与企业创造的利润相关的运作现金周转的特征，比如，营运资本（如存货）中必须预留多少现金、消费者多快会付款、供应商货款和员工工资可以多慢支付等。

4. 团队

测评团队不只是判断团队成员的性格和阅读团队成员的简历，更主要的工作是考察以下三个领域：机会是否符合团队的使命、个人志向和冒险倾向；团队是否在特定的机会上发挥上佳表现，也就是说，团队有无执行关键成功因素的能力；团队是否与价值链内外建立起很好的关系网络，可以很快地注意到机会或在条件允许的情况下改变方向。

（1）团队的使命、个人志向和冒险倾向

创业者和投资者在测评机会时往往会带有个人偏好，表现为：他们希望服务的市场；他们愿意竞争的行业；他们的志向；他们愿意承担的风险。不符合这些偏好的机会一般被认为是缺乏吸引力的，尽管另外一些人因为个人偏好和梦想的不同认为它很有吸引力。

（2）团队执行关键成功因素的能力

创业者的背景和经验使他们在执行一些关键成功因素时比执行其他因素更有能力。理解某一特定的机会及与其所在行业相关的关键成功因素，衡量团队执行这些关键成功因素的能力，是大多数创业者在机会评估中要注意的问题。创业者如果不能准确评估自己和团队是否具有在关键成功因素上的执行能力，在寻求外界投资的时候，除了要冒企业的风险之外，还要冒很大的个人风险。

（3）团队与价值链内外建立的关系网络

创业团队应该经常思考在价值链的上下游——供应商与消费者——和本行业之外建立的关系网络是否庞大，如何建立这些关系网络，以及关系网络的拓展等，这有利于创业团队快速、熟练地应对市场变化。

以上三个领域的评估，有利于创业者实现三个方面的收益。

如果团队需要进一步巩固以抓住一个好机会，那么最好在创业行动开始前评估团队，及早评估能使创业行动从团队新成员的才能、远见和看法中获益。

把投资者当作团队的一部分看待也可以增强信任感，降低投资者对企业风险的预期。愿意承认自己不具备所需的所有技能的创业者经常会被投资者给予很高的评价。

如果需要寻求外部资金的话，推销一支不适当的团队可能不仅会失败，还会损坏团队成员的可信度和名誉，因此也会损害将来的融资能力。应该先建立起正确的团队，再把它推销出去。

延伸阅读：

生存型创业是创业者为了生存，在没有其他选择的情况下无奈进行的创业，显示出创业者的被动性。此种类型的创业活动大多属于尾随和模仿现有企业，在现有市场中捕捉机会，因此往往会加剧该业态的市场竞争。我国劳动力众多，自谋职业的生存型创业占有较大比例，此种创业以生存为基础，主要创业资源是创业者的内生性资源如体力，较难长期向良好发展。另外，由于进行生存型创业的创业者往往受生活所迫，物质资源匮乏，因此他们通常会选择技术壁垒较低，同时具有低成本、低门槛、低风险、低利润的创业活动。

第三节　思想政治教育专业创业实践途径

大学生思想政治教育与创新创业教育内部存在着必然的联系，这种联系是由思想政治教育和创新创业教育的本质决定的。从教育的本质看，两者都是要把当代大学生培养成为全面发展的优秀人才，在教育目标上具有一致性。思想政治教育的主要目标是“培养德智体等方面全面发展的社会主义事业的建设者和可靠接班人”。现阶段，随着知识经济的兴起，产业、职业行业的变动，创新型人才成为社会所需要的现代化新型人才，创新创业教育所着力培养的思想精神，反映了社会发展对人才的要求，契合了高校思想政治教育的培养目标。

一、把握创业机会的途径

（一）着眼于问题把握创业机会

创业机会并不意味着无须代价就能获得，许多成功的企业都是从解决问题起步的。所谓问题，就是现实与理想的差距。顾客需求没有得到满足就是问题，而设法满足这一需求，就抓住了市场机会。比如，美国“牛仔大王”李维斯的故事多年来为人们所津津乐道。19 世纪 50 年代，李维斯像许多年轻人一样，带着发财梦前往美国西部淘金，途中被一条大河拦住了去路，李维斯设法租船，做起了摆渡生意，结果赚了不少钱。在矿场，李维斯发现由于采矿出汗多，饮用水紧张，于是，别人采矿他卖水，又赚了不少钱。李维斯还发现，由于跪地采矿，许多淘金者裤子的膝盖部分容易磨破，而矿区有许多被人丢掉的帆布帐篷，他就把这些旧帐篷收集起来洗干净，做成裤子销售，“牛仔裤”就这样诞生了。李维斯将问题当作机会，最终实现了他的财富梦想。

（二）利用变化把握创业机会

变化中常常蕴藏着无限商机，许多创业机会产生于不断变化的市场环境之中。环境变化将带来产业结构的调整、消费结构的升级、思想观念的转变、政府政策的变化、居民收入水平的提高等；人们透过这些变化，就会发现新的机会。在国营事业民营化的过程中，创业者可以在交通、电信、能源等产业中发掘创业机会。如私人轿车拥有量的不断增加，将产生汽车销售、修理、配件、清洁、装潢、二手车交易和陪驾等诸多创业机会。任何变化都能激发新的创业机会，需要创业者凭着自己敏锐的嗅觉去发现和创造。许多很好的商业机会并不是突然出现的，而是对“先知先觉者”的一种回报。聪明的创业者往往选择在最佳时机进入市场，当市场需求爆发时，他已经做好准备等着接单。

（三）跟踪技术创新把握创业机会

世界产业发展的历史告诉我们，几乎每一个新兴产业的形成和发展，都是技术创新的结果。产业的变更或产品的替代，既满足了顾客需求，又带来了前所未有的创业机会。比如，电脑诞生后，软件开发、电脑维修、图文制作、信息服务和网上开店等创业机会随之而来。任何产品的市场都有其生命周期，产品会不断趋于饱和达到成熟直至走向衰退，最终被新产品所替代。创业者如果能够跟踪产业发展和产品替代的步伐，通过技术创新就能够不断寻求新的发展机会。

（四）在市场夹缝中把握创业机会

创业机会存在于为顾客创造价值的产品或服务中，而顾客的需求是有差异的。创业者要善于找出顾客的特殊需要，盯住顾客的个性需要并认真研究其需求特征，这样就可能发现和把握商机。时下，创业者热衷于开发所谓的高科技领域等热门课题，但创业机会并不只属于“高科技领域”，在金融、保健、饮食、流通这些所谓的“低科技领域”也有机会。例如，随着打火机的普及，火柴慢慢退出了人们的视线，而创业者沈子凯却在这个逐渐被人淡忘的老物件里找到了新商机，他创造的“纯真年代”艺术火柴红遍大江南北。有不少创业者追求向行业内的最佳企业看齐，试图通过模仿快速取得成功，结果使得产品和服务没有差异，众多企业为争夺现有的客户和资源展开激烈竞争，企业面临困境。所以，创业者要克服从众心理和传统思维习惯的束缚，寻找市场空白点或市场缝隙，从行业或市场在矛盾发展中形成的空白地带把握创业机会。

（五）捕捉政策变化把握创业机会

中国市场受政策影响很大，新政策出台往往会引发新商机，如果创业者善于研究和利用政策，就能抓住商机稳立潮头。2006 年国家出台了新的汽车产业政策，鼓励个人、集体和外资投资建设停车场。在停车场日益增多的同时，人们对停车场建设中的智能门禁考勤系统、停车场系统、通道管理系统等的需求也随之增多，专门供应停车场所需的软硬件设备就成为一个重要商机。事实上，从政策中寻找商机并不仅仅表现在政策条文所规定的表面，随着社会分工的不断细化和专业化，政策变化所提供的商机还可以延伸，创业者可以从产业链在上下游的延伸中寻找商机。

（六）弥补对手缺陷把握创业机会

很多创业机会是源于竞争对手的失误而“意外”获得的，如果能及时抓住竞争对手策略中的漏洞而大做文章，或者能比竞争对手更快、更可靠、更便宜地提供产品或服务，也许就找到了机会。为此，创业者应追踪、分析和评价竞争对手的产品和服务，找出现有产品存在的缺陷，有针对性地提出改进方法，形成创新，并开发具有潜力的新产品或新功能，就能够出其不意，成功创业。

二、把握创业机会的技巧

（一）正确识别几种机会

1. 现有市场机会和潜在市场机会

现有市场机会是市场机会中那些明显未被满足的市场需求，往往发现者多，进入者也多，竞争势必激烈。潜在市场机会是那些隐藏在现有需求背后的、未被满足的市场需求，不易被发现，识别难度大，往往蕴藏着极大的商机。

2. 行业市场机会与边缘市场机会

行业市场机会是指在某一个行业内的市场机会，发现和识别的难度系数较小，但竞争激烈，成功的概率低。边缘市场机会是在不同行业之间的交叉结合部分出现的市场机会，处于行业与行业之间出现“夹缝”的真空地带，难以发现，需要有丰富的想象力和大胆的开拓精神，一旦开发，成功的概率也较高。

3. 目前市场机会与未来市场机会

目前市场机会是指那些在目前环境变化中出现的机会，未来市场机会是通过市场研究和预测分析它将在未来某一时期内实现的市场机会。若创业者预测到某种机会会出现，就可以在这种市场机会到来前早做准备，从而获得领先优势。

4. 全面市场机会与局部市场机会

全面市场机会是指在大范围市场内出现的未满足的需求。在大市场中寻找和发掘局部或细分市场机会，见缝插针，拾遗补阙，创业者就可以集中优势资源投入目标市场，这有利于增强主动性，减少盲目性，增加成功的可能。局部市场机会则是在一个局部范围或细分市场内出现的未满足的需求。

（二）善于抓住好的创业机会

1. 变化就是机会

环境的变化，会给各行各业带来良机，人们透过这些变化，就会发现新的前景。变化可以包括：产业结构的变化；科技进步；通信革新；政府放松管制；经济信息化、服务化；价值观与生活形态变化；人口结构变化。

2. 从“低科技”中把握机会

随着科技的发展，开发高科技领域是时下热门的课题，但公司机会并不只属于高科技领域。在运输、金融、保健、饮食、流通这些低科技领域也有机会，关键在于开发。

3. 集中盯住某些顾客的需要就会有机会

机会不能从全部顾客身上去找，因为共同需要容易被发现，基本上已很难再找到突破口。而实际上每个人的需求都是有差异的，如果时常关注某些人的日常生活和工作，就会从中发现某些机会。因此，在寻找机会时，应习惯把顾客分类，认真研究各类人员的需求特点，机会自见。

4. 追求“负面”就会找到机会

追求“负面”，就是着眼于那些大家“苦恼的事”和“困扰的事”。因为人们总是迫切希望解决苦恼和困扰，如果能提供解决的办法，实际上就是找到了机会。

（三）借助“机会选择漏斗”

在现实经济生活中，适于创业的机会并不是很多。创业者需要借助“机会选择漏斗”，经过一层又一层筛选，在众多机会中筛选出真正适于自己的创业机会。

首先要筛选出较好的创业机会。一般而言，较好的创业机会多有 5 个特点：一是在前景市场中，前 5 年中的市场需求会稳步快速增长；二是创业者能够利用该机会获得所需的关键资源；三是创业者不会被锁定在“刚性的创业路径”上，而是可以中途调整创业的“技术路径”；四是创业者有可能创造新的市场需求；五是特定机会的商业风险是明朗的，且至少有部分创业者能够承受相应风险。

然后要筛选出利已的创业机会。面对较好的创业机会，特定的创业者需要回答 4 个问题：一是创业者能否获得自己缺少但他人控制的资源；二是遇到竞争时，自己是否有能力与之抗衡；三是是否存在该创业者可能创造的新增市场；四是该创业者是否有能力承受利用该机会的各种风险。

（四）养成几种良好习惯

1. 养成良好的市场调研习惯

发现创业机会的最根本一点是深入市场进行调研。要了解市场供求状况、变化的趋势，顾客的需求是否得到了满足，竞争对手的长处与不足，等等。调查是通过一定的科学方法对市场进行了解和把握，在调查活动中收集、整理、分析市场信息，掌握市场发展变化的规律和趋势，为识别机会提供可靠的数据和资料，从而找到好的商机。为保证调查的有效性，一般要保证调查样本足够大，同时注意样本的选取，避免系统性偏差。最有效的样本是“随机”调查部分人口，这意味着样本不会产生选择的特殊性，也不会只包括自愿参加调查的人。

2. 多看、多听、多想

我们常说见多识广，识多路广。每个人的知识、经验、思维及对市场的了解不可能面面俱到。多看、多听、多想能使我们广泛获取信息，及时从别人的知识、经验、想法中汲取有益的东西，从而提高发现机会的可能性和概率。一个新的机会可能会由顾客识别出来，因为他们知道自己究竟需要什么，然后顾客还会为创业者提供机会。顾客的建议多种多样，例如，他们会提出“如果那样的话不是会很棒吗”这样的非正式建议。

3. 培养独特的思维

机会往往是被少数人抓住的。我们只有克服从众心理和传统的习惯性思维的束缚，敢于相信自己，有独立见解，不人云亦云，不为别人的评头论足、闲言碎语所左右，才能发现和抓住被别人忽视或遗忘的机会。

三、思想政治教育专业学生创业实践途径

（一）成立社团组织

广泛吸纳那些具有创业精神，未来想要自己进行创业活动的大学生参加。学校在学生创建社团组织的过程中应该提供必要的活动场所及开展活

动所需的经费，有条件的可以安排专门的教师来指导和帮助学生创建并且促进社团的发展，定期或不定期开展以思想政治教育专业为主题的实践活动。实践活动可以围绕社会对人才的新要求，培养学生的创业能力和实践能力，让学生在社团实践活动中学习新知识、开拓新视野，进而全面提高自身的创业素质，为学生提供创业理论学习和创业实践的舞台。

（二）举办各类创业计划竞赛活动

推动学校创业教育氛围的形成，通过积极倡导学生参加“互联网+”大学生创新创业大赛、“青年红色筑梦之旅”专项赛、“挑战杯”全国大学生课外学术科技作品竞赛红色专项等竞赛活动，使学生在参加活动的过程中提高个人创业的理论水平和决策思考能力，起到活跃校园的文化生活的作用。与此同时，在创业竞赛活动中，为学生提供展示个人风采的舞台，使学生以小组合作的方式在讨论创业方案和创业思路的过程中增强个人的逻辑思考能力和条理分析能力。竞赛活动有助于学生了解和学习更多的创业理念和专业知识，通过分析和总结成功的创业案例，学习更多的经营管理理念和具有创新性的创业思路，丰富创业理论知识，将知识理论内化为个人的创业能力，提高创业所需的思想素养。

（三）依托校企合作机制

学校通过社会实践活动为学生提供实际演练机会，为学生安排实习活动，使学生通过参加实习和创业实践活动提升个人的创业热情，引导学生在实践过程中体验自主创业的艰辛和不易，锻炼学生的自主创业能力，磨炼学生的个人意志品质，促进学生形成良好的创业人格，为以后自主创业提供宝贵经验和有效参考。

【本章小结】

创业前必做 7 项细节规划：

在创业初期，创业者应该规划的细节需要包括以下几点。

1. 重视并评估自己的财务能力。企业是由人才、产品和资金所组成的，自有资金不足，往往会导致创业者利息负担过重，无法成就事业。因此，创业青年要有“有多少实力做多少事”的观念，不要过度举债经营；企业应“做大”而非“大做”，“做大”是有利润后再逐渐扩大，“大做”则是勉力举债而为，只有空壳没有实际，遇到风险必然失败。

2. 慎选行业。创业要选择自己熟悉又专精的事业，初期可以小本经营或找股东合作，按照创业计划逐步拓展。

3. 要有长期规划。企业的发展，“稳健”永远比“抢跑”重要，因此要有跑马拉松的耐力及准备，按部就班，不可存有抢短线的投机做法。

4. 先求生存。企业应先求生存再求发展，打好根基，勿好高骛远、贪图业绩、罔顾风险，必须重视经营体系，步步为营，再求创造利润，进而扩大经营。

5. 精兵出击。公司创建初期必须精简规模、讲效率、重实质，不要一味追求表面的浮华，以免徒增费用。

6. 要有意志力。光有年度计划，有目标，有理想还不够，必须有坚强的耐心与意志力来贯彻，愈挫愈勇，不达目标绝不中止。

7. 策略联盟。创业要讲求战略，小企业更需要与同业联盟，也就是在自有产品之外，附带推销其他相关产品。用“策略联盟”的方式结合相关产业，不仅能提高产品的吸引力、满足顾客的需求，也能增强自己的竞争力，扩大收益。

【本章思考题】

1. 大学生创业者该如何选择自己的创业方向，如何规避创业中的风险？
2. 选好创业项目后，该如何组建自己的创业团队？
3. 一个团队需不需要进行定期的人事变动或岗位轮换？

“互联网+”大学生创新创业大赛
项目计划书

项 目 名 称：________________

项 目 类 型：________________

团 队 成 员：________________

指 导 教 师：________________

申 报 日 期：________________

一、项目概述

1. 项目简介
2. 市场分析及定位
3. 产品介绍
4. 商业模式
5. 营销策略
6. 财务分析

二、公司简介

1. 公司概述
2. 公司现状
3. 发展规划（介绍公司的目标、理念、宗旨、使命、愿景等，以及未来5年的发展规划和策略）。

三、产品与研发

1. 产品/服务介绍

1.1 产品的用途、功能

1.2 行业领域

1.3 市场定位

1.4 客户价值

2. 产品/服务特色优势

3. 技术研发水平
3.1 项目研究内容，已有技术成果（或实施背景、基础）及指标
3.2 项目实施的技术方案
3.3 项目的关键技术、创新点
4. 知识产权情况

四、产业化程度（已注册企业填写）

1. 目前产业化进展
2. 已具备的产业化条件
3. 未来产业化进程

五、市场营销

1. 市场分析
2. 市场定位
3. SWOT 分析
3.1 优势（Strengths）
3.2 劣势（Weakness）
3.3 机会（Opportunity）
3.4 威胁（Threats）
4. 风险分析
4.1 资金风险及规避方案
4.2 技术风险及规避方案
4.3 市场风险及规避方案
5. 营销策略
市场进入和开发阶段（1~2 年）
市场成长阶段（3~5 年）
市场成熟阶段（5~10 年）
6. 盈利方式
7. 市场预测

六、发展战略（近期、中期、长期）

近期指 2 年以内，中期指 3~5 年，长期指 6 年以上。

七、商业模式

八、财务分析

1. 未来 3 年营收预测表

单位：万元人民币

项　　目	2022 年	2023 年	2024 年
一、主营业务收入（不含税）			
减：主营业务成本			
主营业务税金及附加			
二、主营业务利润（亏损以“-”号）			
加：其他业务利润（亏损以“-”号）			
减：营业费用			
管理费用			
财务费用			
三、营业利润（亏损以“-”填列）			
四、利润总额（亏损以“-”填列）			
减：所得税			
五、净利润（亏损以“-”号填列）			

2. 未来 3 年费用预测表

单位：万元人民币

年份	研发	市场	生产	行政	设备	其他	合计支出
2022							
2023							
2024							

九、融资说明

1. 项目总投入
2. 资金用途

3. 资产估值

十、团队介绍

1. 团队核心成员介绍
2. 公司组织结构及人力资源配置
2.1 公司组织结构及职责
2.2 人力资源配置

十一、项目其他附件材料

（营业执照复印件、专利证书、著作、政府批文、鉴定材料）

第三篇 考研指导篇

第七章　考研形势与政策

【本章导读】

考研首先要了解考研的形势和政策，正所谓“知己知彼，百战不殆”，只有对考研的情况有清晰的认知才能更好地备战考研，成功上岸。为了帮助大学生更快地了解考研的相关信息、清楚地把握考研的形势与政策，本章共分为三节，从研究生教育概述、考研形势与发展及考研政策几个方面详细讲解。

第一节　研究生教育概述

研究生教育是国家培养高层次人才的顶层教育阶段。中华人民共和国成立以来的70多年，尤其是恢复研究生招生以来的40多年，我国研究生教育与国家发展和社会进步同呼吸、共命运，走过了从无到有、从小到大、从弱到强的不平凡历程，走出了一条中国自己发展研究生教育的道路，构建了具有中国特色的现代学位制度体系，实现了立足国内培养高层次人才的战略目标，形成了完整的不同层次、不同类型的研究生培养机制，建立了具有中国特色的研究生教育质量保障体系，提升了中国研究生教育的国际影响力，培养了大批高层次创新型人才，满足了我国改革开放对高层次人才的需求，为国家经济建设、社会发展和科技进步做出了基础性、支撑性贡献。

我国研究生教育在校生规模现居世界前列，我国已成为研究生教育大国。在创新型国家建设和快速接近高等教育普及化阶段的今天，我国研究生教育进入了迈向研究生教育强国的新的历史发展阶段。许多新问题不断出现，原有的深层次问题日益凸显。回顾往昔，雄关漫道真如铁，我国研究生教育始终在改革、探索、创新的路上前行，在实践—研究—反思—发展中砥砺前行，积累了较为丰富的研究生教育实践经验，初步形成了研究生教育学科框架和理论体系，研究生教育导师队伍、管理队伍和研究队伍不断壮大成熟。展望未来，而今迈步从头越。由于历史原因，长期以来研究生教育研究一直是我国教育研究中的一个薄弱环节。我们深知，理论体系的形成需要漫长的过程，需要不断培育扩大研究队伍。

近年来，伴随着现代社会的快速发展，社会对高层次人才的需求日益增加，研究生教育成为社会关注的焦点。改革开放 40 多年来，我国研究生教育得到长足发展，已经构建起了包括两个培养层次、两种学位类别、两类培养形式、十三大学科门类的研究生教育体系。本章以研究生教育的基本认识、基本理论为逻辑起点，通过厘清研究生教育的概念、特征、发展历程，辨析研究生教育与社会的关系，深度解读研究生教育的发展内涵。

一、研究生教育的基本概念

研究生是指在高等学校研究生院（部）或科研机构学习、研究的学生。研究生从大学、专门学院的本科毕业生或具有同等学力的人员中招考录取。设有硕士学位研究生、博士学位研究生。硕士研究生教育的基本修业年限为二至三年，博士研究生教育的基本修业年限为三至四年①。2009 年版的《学生辞海》对研究生的定义如下："在高等院校或研究机构攻读博士、硕士学位以及就读于研究生班的学生。"② 2016 年第 7 版《现代汉语词典》中，将研究生定义为："大学本科毕业（或具有同等学力）后经考试录取，在高等学校或科学研究机构学习、研究的学生。一般分为硕士研究生、博士研究生两级。"③ 研究生教育是指在大学本科后进行的培养高层次专门人才的一种教育，属于国民教育的最高阶段。研究生教育一般与学位制度相联系，我国研究生教育分为攻读硕士学位和攻读博士学位两个层次④。

二、研究生的分类情况

目前我国研究生的种类比较复杂，可看作学位层次、培养类型、培养方式三个不同维度所构成的组合，如图 7-1 所示。

---

① 中华人民共和国高等教育法［A］. 2018-12-29.

② 盛平. 学生辞海［M］. 北京：海洋出版社，1992：3572.

③ 中国社会科学院语言研究所词典编辑室. 现代汉语词典：7 版［M］. 北京：商务印书馆，2016：1507.

④ 王战军. 学位与研究生教育评估技术与实践［M］. 北京：高等教育出版社，2000：4.

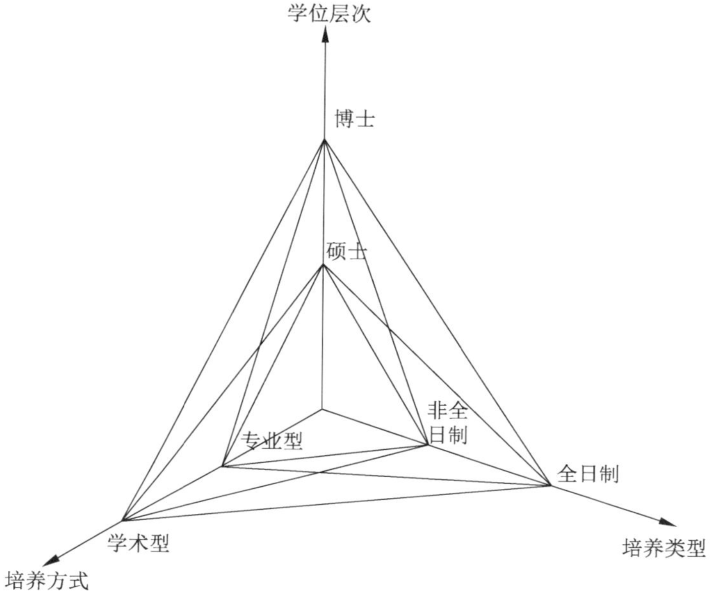

图 7-1 研究生三维分类模型

1. 按学位层次划分

按学位层次，可以将研究生分为硕士、博士两个层次。《中华人民共和国学位条例》规定，高等学校和科学研究机构的研究生，或具有研究生毕业同等学力的人员，通过学位的课程考试和论文答辩，成绩合格者，如在本门学科上掌握坚实的基础理论和系统的专门知识且具有从事科学研究工作或独立担负专门技术工作的能力，授予硕士学位。如在本门学科上掌握坚实宽广的基础理论和系统深入的专门知识，具有独立从事科学研究工作的能力，在科学或专门技术上做出创造性的成果，授予博士学位。

2. 按培养类型划分

按培养类型，可以将研究生分为全日制研究生和非全日制研究生两种。全日制研究生是指符合国家研究生招生规定，通过研究生入学考试或者国家承认的其他入学方式，被具有实施研究生教育资格的高等学校或其他高等教育机构录取，在基本修业年限或者学校规定的修业年限内，全脱产在校学习的研究生。非全日制研究生是指符合国家研究生招生规定，通过研究生入学考试或者国家承认的其他入学方式，被具有实施研究生教育资格的高等学校或其他高等教育机构录取，在基本修业年限或者学校规定的修业年限（一般应适当延长基本修业年限）内，在从事其他职业或者社会实践的同时，采取多种方式和灵活时间安排进行非脱产学习的研究生。

3. 按培养方式划分

按培养方式，可以将研究生分为学术型研究生和专业型研究生两种。学术型学位与专业型学位处于同一层次，培养规格各有侧重，在培养目标上有明显差异。学术型学位按学科设立，以学术研究为导向，偏重理论和研究，培养大学教师和科研机构的研究人员；而专业型学位以专业实践为导向，重视实践和应用，培养在专业和专门技术上受到正规的、高水平训练的高层次人才。专业型学位教育的突出特点是学术型与职业性紧密结合，获得专业型学位的人，主要不是从事学术研究，而是从事具有明显职业背景的工作，如工程师、医师、教师、律师、会计师等。专业型学位与学术型学位在培养目标上各自有明确的定位，因此，在教学方法、教学内容、授予学位的标准和要求等方面均有所不同。

4. 按录取类别划分

研究生分为定向研究生和非定向研究生两种。这两种由中央或地方财政拨款培养的硕士生，在培养方式、培养费用、毕业就业方面都会有所不同。

（1）定向培养研究生指由国家按照计划招收，学习期间的培养费由中央或地方财政拨款。在录取时就确定将来的就业单位，并由考生与招生单位定向单位分别签订定向培养合同书，档案、人事、户口、工资关系仍留在原工作单位，毕业后按合同规定到定向地区或单位工作。

（2）非定向研究生是国家计划内非定向培养的研究生，学生的培养费用由中央或地方财政拨款，在校期间享受国家规定的奖学金和其他生活待遇。入学时，学生还需将档案、人事、户口、工资关系转到学校，毕业时应服从国家就业指导，在国家规定的服务范围内进行安排或实行双向选择。非定向是大多数学生选择的方式，入学时没有与培养单位签订协议，毕业后自主择业。

除此之外，研究生还可以按学籍管理的不同，分为学历教育研究生和非学历教育研究生；按培养单位的不同，分为高等院校培养的研究生和科研院所培养的研究生；按经费渠道的不同，分为国家计划研究生（2014 年取消）、委托培养研究生（简称委培生）和自费研究生。

三、研究生教育的特征

研究生教育是大学本科后进行的培养高层次专门人才的一种教育，属于国民教育的最高阶段。这一概念包含三个层次的意思：（1）研究生教育的人才培养具有高层次性；（2）研究生教育是一种专业教育，是在大学本科教育之后开展的专业教育；（3）“研究”是研究生教育的基本特征。研究生教育与本科教育或其他阶段教育的最大区别就在于，研究生教育主要是通过研究生参加必要的研究活动如参加课题研究、进行专题调查等，使其在本学科、专业领域具备一定的研究能力和创新能力。可以发现，研究生教育具有适应性、创造性、研究性、最高层次性等基本特征。

第一，适应性，即研究生教育的发展与社会需求相适应。长期以来，研究生教育的发展以社会服务为导向，充分履行服务社会经济发展的责任和义务，不断提高自身的内涵建设水平。根据马克思主义的基本观点，社会的进步是生产力和生产关系相互作用矛盾推动的结果：生产力的发展改变生产关系，推动社会的进步；而社会的进步也反作用于生产力的发展①。马克思还深刻地指出：“社会劳动生产力，首先是科学的力量。”② 尤其在知识经济时代，研究生教育作为社会经济基础之上的上层建筑的重要组成部分，首先表现为在特定的历史条件下，作为实现社会发展目的的手段，如何为社会政治经济的良性运行和健康发展服务，并发挥独特的作用。这是研究生教育的根本特征，也是研究生教育产生和发展的基石。离开这一基石，势必导致研究生教育与社会关系简单化，从而导致认识上的片面化和行为上的极端化。其次，社会发展对研究生教育理论研究提出了更高的要求。目前，我国研究生教育面临着诸多问题，这些问题的解决情况关系着研究生教育的发展质量，也影响着研究生教育社会功能的有效发挥。研究生教育应遵循什么样的发展规律、怎样构建研究生教育主动适应社会发展的调节机制、怎样科学评价研究生教育质量、如何提高研究生创新能力等问题，都有待研究生教育研究者们解决。

第二，创造性，即研究生教育侧重于对已有知识的再创造。研究生教育是以学习和创造为起点的高层次专业化教育，体现人才培养的专业性、学术性、研究性的特征。本科教育强调“素质教育为主的基础性专业教育”，旨在将学术性理论知识习得、技术性能力的强化、综合能力素养的形成有效迁移到本科生的社会职业实践与发展中，体现了基础性、通识性、

---

① 中共中央马克思恩格斯列宁斯大林著作编译局．马克思恩格斯选集（第4卷）［M］．北京：人民出版社，2012：409.

② 中共中央马克思恩格斯列宁斯大林著作编译局．马克思恩格斯选集（第4卷）［M］．北京：人民出版社，2012：219.

应用性、实践性与较强的社会职业适应性特征。本科教育以知识结构逻辑化的通识性课程体系为主要教学活动载体，强调对逻辑化知识体系的内化与应用，教学内容呈现出强烈的通识性、实践性、基础性、应用性与宽厚性。在教学组织形式方面，研究生教育以科学研究活动为主，教学组织形式更为灵活多样，具有学习场所的多样化和人员构成的小规模化的特点。本科生以课程教育为主，教学组织形式具有活动场域的集中性、班级授课的规模化的特点。

第三，研究性，即研究生教育培养专业人才。研究生教育的根本任务和目的，就是服务国家重大发展战略，服务国家和区域经济社会发展需要，不断满足人民对优质研究生教育的需求①。研究生教育与高等教育虽然同是国民教育的重要组成部分，但在具体的培养目标上，研究生教育对所要培养的人才的要求却远远高于本、专科教育。《中华人民共和国学位条例》第三条规定，“我国研究生教育分为攻读硕士学位和攻读博士学位两个层次”；第四条规定，“高等学校本科毕业生，成绩优良，达到下述学术水平者，授予学士学位：较好地掌握本门学科的基础理论、专门知识和基本技能；具有从事科学研究工作或担负专门技术工作的初步能力”。研究生教育在培养目标上则以“掌握坚实宽广的理论基础和系统深入的专门知识，具有独立充实科学研究的能力，并且可以在科学或专门技术上做出创造性的成果”为准则。

第四，最高层次性，即研究生教育培养高层次人才。从研究生教育的内涵可以看出，最高层次性是研究生教育最明显的特征，其表现为，研究生教育是国民教育的最高阶段，是建立在大学本科教育基础之上的最高层次教育。我国古代就出现了稷下学宫、太学、国子学、六学二馆、书院等教育层次。梁启超在 1902 年设计的《教育制度表》中，详细地设计了“三级三类”的学制蓝图：幼稚园（2 年）——小学校（8 年义务教育）——中学校（8 年，文、实分科）——各科大学（3~4 年）——大学院（自由研究，不拘年限）②。其中的“大学院”，显然属于研究生的专门设施。1904 年颁布的《奏定学堂章程》中规定了高等学堂、分科大学堂、通儒院（一般认为相当于现今的研究生院）几个教育层次；1934 年 5 月《大学研究院暂行组织规范》文件中规定了预科、大学本科、研究生几个教育层次。如

① 王战军，乔刚．改革开放 40 年中国研究生教育的成就与展望［J］．学位与研究生教育，2018（12）：7-13.

② 梁启超．饮冰室合集：三［M］．北京：中华书局，1989：62.

果把国家的教育层次用金字塔来比喻的话，研究生教育无疑处于塔尖的位置。知识经济时代，社会的发展与教育的创新发展是相互推动、相互促进的，尤其是研究生教育作为国民教育的最高层次，肩负着高层次人才培养的重任，是培养精英人才的主阵地，是社会经济发展的重要保障。研究生教育既不同于大学本科教育，也不是大学本科教育学制的“延长”，它是高一层次的教育，具有明显的阶段性特征①。在整个国民教育体系中，研究生教育有着自己的特点，探讨研究生教育的基本特征，探究研究生与本科生的差异性，将有助于我们更为清晰、全面、客观地认识研究生教育的特殊性，对促进研究生教育发展十分有益。

四、研究生教育的作用

研究生教育是教育事业的重要组成部分，承担着高端人才供给和科学技术创新的重要使命，是新思想、新知识产生的重要源头，是知识经济的主要驱动力，是建设创新型国家的重要力量，是国家强国战略的重要支撑，其地位不断提高，作用不断扩大，因而受到世界各国的重视。

第一，传承和创新人类文明。纵观人类社会的发展，自西欧中世纪大学高级学位教育产生以来，研究生教育便作为社会要素，与政治、经济、文化、科技等共同维护社会结构的良好发展。例如中世纪高级学位教育的培养目标受到社会多种因素的制约，既为法、医、神三科培养合格的后备人才，又培养社会政治、经济和宗教、文化生活中所需要的各类高层次人才②。高级学位教育虽然并非研究生教育，却是现代研究生教育的原型，对近代研究生教育产生了深远影响。由此可知，研究生教育作为支撑社会系统运行的要件，总是以不断提高知识生产、积极回应社会需求、引导研究生教育与社会的双向互动达到传承和创新人类文明的目的。

第二，助力政治、经济、文化的发展。长期以来，研究生教育的发展以社会服务为导向，充分履行服务社会经济发展的责任和义务，不断提高自身的内涵建设水平。从研究生教育与社会系统其他要素之间的联系来看，研究生教育在适应经济、政治、文化、科技发展的同时，又对其具有正向的推动作用。一方面研究生教育增强国民核心素养。所谓国民核心素养，是 21 世纪人人都需要具备的关键少数高级行为能力，是知识、技能、态度

---

① 李煌果，王秀卿．研究生教育概论［M］．北京：科学技术文献出版社，1991：4.

② 李盛兵．研究生教育模式嬗变［M］．北京：教育科学出版社，1997：20-21.

的统整与融合①。另一方面，研究生教育作为教育系统的最高层次，其性质决定了它在整个教育体系中与社会联系的密切性和直接性，这也决定了在知识经济时代社会对研究生教育的高依赖、强需求。研究生教育通过培养高层次创新型人才，能够有效地为社会经济发展提供高层次的人力资源，以满足社会发展的需求，从而推动经济社会的持续健康发展。

第三，培养高层次人才。研究生教育是培养高层次、创新型、复合型人才的重要教育形式，是产出一流科研成果、支持技术变革的重要领域。改革开放以来，我国社会经济发展对高端人才的需求，推动了研究生教育的大发展和大变革。在中国特色社会主义进入新时代、社会主义现代化国家建设进入新征程的今天，我国明确提出要实施人才强国战略和创新发展战略，将人才作为实现民族振兴的重要战略资源，培养造就一大批具有国际水平的战略科技人才、科技领军人才、青年科技人才和高水平创新团队；要加快建设创新型国家，将创新作为建设现代化经济体系的战略支撑。新的时代背景要求研究生教育有效发挥人才培养、科学研究和社会服务的作用，以科学的研究生教育支撑国家发展。

第四，支撑“双一流”建设。2015 年 11 月国务院正式印发《统筹推进世界一流大学和一流学科建设总体方案》（以下简称“双一流”建设）。“双一流”建设深入贯彻习近平总书记系列重要讲话精神，按照“四个全面”“五大发展理念”和党中央、国务院决策部署，坚持以中国特色、世界一流为核心，以立德树人为根本，以支撑创新驱动发展战略、服务经济社会发展为导向，加快建成一批世界一流大学和一流学科，提升中国高等教育综合实力和国际竞争力，为实现“两个一百年”奋斗目标和中华民族伟大复兴的中国梦提供有力支撑。

第五，实现人的个性化价值。研究生教育促进个体主体性发展是由活动的本质，即认识世界、改造世界，发现问题、解决问题所决定的。研究生的个体独特性表现在个体心理要素的特有组合结构上，包括兴趣、信念、世界观、性格等。研究生将研究生教育的有关活动与个性要素融合，形成个体独特的生命结构，体现了研究生个体的差异化。研究生的创造性内含着研究生个体价值实现的要求，是个体发展的动力。

---

① 褚宏启．核心素养的国际视野与中国立场：21 世纪中国的国民素质提升与教育目标转型［J］．教育研究，2016，37（11）：8-18.

第二节 考研形势与发展

一、考研形势概况

随着21世纪的到来，我国高等教育规模逐渐扩大，研究生教育迎来了大发展期。据统计，21世纪头十年报考人数逐年增长，2000年我国考研人数为39.2万人，2010年则增长到140万人，同比增长了两倍有余。在第二个十年中，根据教育部统计，2019年考研人数达290万人，比2018年激增52万人，增幅达21.8%，而自2015年起，研究生考试报名人数连续5年上涨，总涨幅超过75%，且增速逐年上升，2020年更是猛增到341万人，相比2019年增长了50余万人。

二、考研发展分析

（一）需求分析

（1）考研竞争压力大。近年来，我国大学保送研究生比例逐渐上升，保研的这部分本科生称为“推免生”，全称“推荐优秀应届本科毕业生免试攻读硕士学位研究生”。如清华大学的保研率高达58.14%，保送生可免考研初试直接参加复试，甚至可以免试直推，这进一步压缩了各个高校的研究生录取名额，加大了考研的竞争压力，特别是名校的考研竞争压力。随着考研竞争压力的增加，我国考研学生参加培训的意愿也进一步提高。

（2）高端人才供不应求。社会上毕业研究生总体上仍供不应求。2021年我国已全面建成小康社会，经济形势呈现出良好的发展态势，这些必将导致我国对高端人才的需求增加。大学生为了适应社会的发展，努力提高自身学历层次，进一步激发了考研行业的潜在市场。

（3）自身的需求增加。近年来，随着高校扩招，高等教育的普及，我国本科生规模不断扩大，本科毕业生在社会上已没有太大的竞争力。许多在校本科生为了获取更优质的工作和更高的工资，纷纷参加考研，以更好地满足自身需求和适应社会的发展。考研人数的快速增长带来大量的培训需求，使我国考研市场日益庞大。

（二）供求分析

（1）考研培训机构众多。据不完全统计，我国考研培训机构超过1500家，几乎每一所大学校内及周边都有多家考研辅导机构。从供应数量的角度来看，我国考研行业拥有众多供应商，使考研市场定价透明化，学生选择多元化，降低了消费者被欺骗的可能性；大量供应商在考研培训行业竞争，促使考研培训资源不断优化，逐渐建成完善的考研培训市场体系。

（2）供应商的能力不足。目前我国市场上大部分考研培训机构没有自己的核心力量，课程研发能力和专业名师不足，大部分机构只是充当中介商。这导致部分机构没有核心竞争力，容易在日益激烈的考研行业中被淘汰出局。此外，部分机构自身能力不足，需要聘请社会上的名师，甚至联系在读研究生来指导教授学员，这也增加了机构的成本支出，使其获得的利润降低。

三、近年考研趋势分析

（一）研究生报考人数再创历史新高

据教育部公布的数据显示：2021 年考研报考人数 377 万人，较 2020 年 341 万人增加 36 万人，报考人数再创历史新高。

2020 年硕士生录取人数 111. 4 万人（包括博士研究生与推免硕士研究生），相比 2019 年有较大增幅。有关专家认为，2020 年在疫情特殊时期，研究生扩招较多，而 2021 年研究生即使扩招，其幅度也很小。在全国研招单位的研招计划中，除去博士和推免硕士研究生名额，硕士研究生考试录取的实际比例将低于 20%。因此考研整体难度将继续提升。

（二）考研报名集中度呈现历史新高

2021 年考研全国报名人数同比增幅 10. 6%，但在报考分布上呈现向热门高校和专业明显集中的态势。

中国人民大学研究生报考人数达到 26443 人，同比增幅高达 33%。中央民族大学研究生报考人数 15462 人，同比增幅高达 31%。西南石油大学研究生报名人数近 8000 人，同比增幅高达 40%。郑州大学研究生报考人数为 41000 多人，同比增幅为 18%。

考生不仅在研招单位选报上呈现集中态势，在专业选报上同样高度集中。据相关专家介绍，少数热门专业，例如工商管理、法律硕士、会计、金融、公共管理、计算机科学与技术、新闻与传播、通信工程等吸引了大量考生，全国 700 多个研招专业中，约 14%的热门专业集中了约 50%的报名考生，形成了两极分化的报考格局。

研究生报考向热门院校与专业高度集中的态势，形成了全国硕士点竞争强度的不均衡分布。建议考生应该在理性分析适配专业、职业前景和自身实力的前提下做出合理报考决策，以提升考研成功率。

（三）专业硕士招生比例呈现历史新高

据统计 2020 年学术硕士招生人数占比为 37.6%，专业硕士招生人数占比为 62.4%。2021 年专业硕士招生人数占比还将继续提高。专业硕士主要集中于工程师、教师、律师、会计、审计、税务、临床医学、公共卫生等亟须高层次人才的职业领域。《专业学位研究生教育发展方案（2020—2025）》中指出，专业学位硕士研究生招生规模将扩大到硕士研究生招生总规模的三分之二。

例如，上海交通大学航空航天学院在 2020 年招收专硕的比例为 69.3%，2021 年增长到 82.4%。清华大学经济管理学院金融硕士 2020 年招生人数为 22 人，2021 年招生人数为 32 人，增幅达 45%。

专业硕士已成为高层次应用型人才的培养重点，相关部门大力推进专业学位与职业资格的有机衔接，实施“国家产教融合研究生联合培养基地”建设计划，大力开展研究生联合培养基地建设，着力提升研究生的实践创新能力。

（四）招考对综合素质的要求呈现历史新高

2021 年的研究生招考政策及相关规定中提高了对考生综合素质的要求。《关于加快新时代研究生教育改革发展的意见》等相关文件明确提出深化硕士研究生考试招生改革，优化初试科目和内容，强化复试考核，综合评价考生考试成绩、专业素养、实践能力、创新精神和一贯学业表现等，择优录取。

关于综合素质的要求，主要体现在对契合新时代经济与科技发展的创新、创业、创造能力的综合考评上，尤其在复试环节将有更高标准。很多研招单位都出台了相关规定。例如，中国传媒大学就明确要求复试选拔流程包括材料评议和复试考核两个环节。在新增设的材料评议环节，将对考生的报考材料、既往学业水平、科研创新能力、专业实践能力、综合素质等进行综合评分。由材料评分和初试成绩按比例计算出综合成绩，按综合成绩划定复试分数线，综合成绩达到复试分数线的考生才能参加复试考核。

（五）往届考生报考比例呈现历史新高

2021 年考研群体中往届考生比例继续提高，并且多个研招单位的往届考生报名人数已经超过应届考生。

据相关数据统计，从 2016 年到 2020 年，辽宁省考研人数中往届生比例从34.5%上升到41.8%。西北师范大学2020年往届生考研人数为6913人，占比57%，2021年往届生考研人数为8392人，占比62%。就录取情况来看，北京航空航天大学2020年往届生录取2136人，应届生录取3415人；应届生群体中，推免录取1494人，因此统考应届生仅占录取人数的47%，意味着往届生考上北航的概率要高于应届生。

四、考研难易程度分析

（一）客观条件分析

1. 竞争对手

相对而言，考研的竞争对手比高考少得多。一般大学里的“学霸”会被学校推免，家庭条件优越者会出国深造。因此，考研竞争对手能力水平基本相当，考生只要努力超出自己目前的水平就可以了。

2. 考研内容

众所周知，研究生考试内容较多，既有英语、政治、数学公共课，也有专业课；既有笔试，也有复试。主要考查学生对复杂内容的灵活应用能力。考研复习内容多、科目广，因此有人说“高考考智力，考研考毅力”。

3. 公平性

从公平性上来看，考研的区域公平性要好得多，考研区域是根据考生报考学校所在区域划分的，比如无论考生来自山东、贵州、宁夏还是北京，想考北京的学校，只要报考的是同一学校同一专业，考试和录取的要求都是相同的，根本不用担心地域的限制。

（二）主观条件分析

1. 复习时间

相比之下，考研一般只有一年的复习时间，甚至有些同学是报名的时候才临时决定考研，复习时间更短。而且大学期间的学习并不是以考研为目的，而是以专业课为主，所以考生的复习都是利用课余时间。

2. 心态差异

高考是为了上大学，而上大学却不一定是为了考研。大学毕业后学生的出路比较多，可以找工作，可以出国，可以创业等。正是因为有了太多出路，很多同学在考研过程中意志不坚定，容易动摇，由刚开始的激情澎湃转为最后的半途而废。

3. 学习环境

考生不仅要准备考研，还要学习本专业知识，甚至会受到很多外界因素干扰，比如班里有个同学去旅游了，有个同学谈恋爱了，又有个同学去聚会了，这就需要考生不断地强化自己的信心，坚守奋斗目标。

4. 信息获取

考研需要获取的信息非常多，如报考院校、专业、导师的信息等。很多同学就是由于获取的信息严重不对称而导致考研失败。

5. 志愿填写

考研只能选一个学校一个专业，而且是在考前填写，很多考生对志愿把握不准，不知如何报考适合自己的学校和专业。全国研究生招生数据调查报告显示，目前考研最热门的专业见图 7-2。

图 7-2 考研热门专业

考研到底难还是不难，每个人的感受都不同。我们从不同角度对考研难度进行分析，目的不是让考生们了解这些难度知难而退，而是希望考生在了解了考研所能遇到的困难之后慎重考虑并选择，然后坚定自己的信念。切记不能“小马过河”，不要用自己的未来去验证他人话语的真伪。只要我们在复习备考过程中解决了以上构成考研难的要素，考研就不再难。

（三）跨专业考研难易度分析

考研不易，在职考研更不易，而跨专业考研最最不易。“隔行如隔山”，想要跨专业考研，难度会比较大。

跨专业考生的最大劣势在于没有本专业考生的本科学习基础，备考时在专业课上必然会耗费更多的时间与精力，可能会遇到意想不到的困难。但是，考生如果在公共课方面很有优势，并且确实对跨专业领域更有天赋、能力，那么跨专业报考也未尝不可。选择新专业时，考生要客观评价自己的实力，权衡利弊冷静分析后再做决定。对于管理、经济之类的热门专业要慎选，因为热门专业的竞争是比较激烈的。文理大转行更要深思熟虑。一般而言，理工科转文科相对容易，成功的可能性较大。文科转理工科就不一样了，涉及实验技能考核，尤其是高等数学的学习是一个大问题。建议考生尽量选择与本科所学专业相近或相关的学科报考，而且最好能找到报考专业与所学专业的交叉点。

一旦考生决定跨专业报考了，在备考时至少要比别人早 2~6 个月开始寻找学校和专业，涉猎与新专业相关的期刊、书籍，充分利用这段时间的学习来弥补跨专业造成的知识不足。跨专业考生在确定要报考的学校和专业后，要抓紧时间按照报考学校列出的书目买全专业课教材。历年试题对于跨专业考生非常重要，报名之前一定要找到学校相关专业的历年试题仔细研究，总结命题规律和重点难点等。

下面对经管类、文史类、理工类和医学类这四类跨专业考研难度进行分析，供考生参考。

1. 经管类：相近专业可跨考

经管类考生拥有较强的案例分析和语言逻辑能力，拥有一定的数理统计知识储备。考生可以在经管专业大类中跨考，如从会计学跨考财务管理，从工商管理跨考管理科学与工程，从经济学跨考金融学等。相近专业的跨考成功率高。

同属于工商管理一级学科下的工商管理、旅游管理、市场营销、人力资源管理等专业彼此之间跨考难度较低；同属于应用经济学一级学科下的金融学、国际金融、保险学等专业跨考成功率较高。如果考生在数学方面不擅长，对文史方向感兴趣，跨考文史类专业也有一定优势。因为经管类专业的许多延伸读物涉及文史哲的相关内容，考生在大学学习中多少都会有所涉及。此外，专业学位中的公共管理硕士、法律硕士等科目由于不考数学，而且经济管理类考生或多或少学过部分专业课，因此备考难度会降低。除非有特殊的兴趣和特长，否则很少会有经管类考生跨考理工类专业。

2. 文史类：跨考经管、理工类专业难度大

文史类考生往往拥有出色的语言文字表达能力和资料整合能力，英语基础普遍较好，文史知识储备充足，擅长回答主观性的大题，在文史大类的相关专业中跨考的难度较小，成功率较高。如从哲学跨考中文，从中文跨考新闻学，这些专业需要培养的能力都是相通的，考生完全可以利用自己原有的知识积累。

然而，文史类考生普遍数理能力较弱，很多考生在大学甚至没有学过高等数学，所以想要跨考经济管理、理工类专业，备考难度较大。此外，随着近些年专业硕士学位的兴起，很多专业硕士学位不考数学，如教育硕士、汉语国际教育硕士等，非常利于文史类考生发挥优势，跨考成功率较高。

3. 理工类：互相跨考成功率高

理工类考生往往拥有较强的逻辑推理能力，其选择范围相对较宽，可以在理工大类中跨考，也可以跨考经管类专业。在理工大类中，理学和工学可以互相跨考，如数学专业与计算机专业互相跨考，生物学与生物医学工程专业互相跨考等，因为彼此都有相同的专业基础课程，知识储备相近，跨考思维习惯相近，跨考成功率较高。

此外，理工类考生跨考经济管理类专业也同样具有非常大的优势。目前，经济管理类的诸多前沿性问题都需要借助数学、逻辑等理工科思维，需要考生有非常强的数理推算能力和逻辑分析能力，这给跨考的理工科考生带来了机遇。

4. 医学类：跨考风险较大

医学类考生学习的内容、专业技能具有非常强的专业性，跨考难度较大，风险较大。医学考生很少选择跨专业报考，即使跨专业，考生也通常选取与医学相关的公共管理类专业，如公共卫生事业管理等，跨考难度较低。

总之，考研备考的时间非常有限，要想在短时间内提高跨专业考研成功率，关键在于根据自身专业基础和优势，选择与自身专业相近，最起码是有交集的专业报考。千万不要盲目从众报考热门专业，而忽视了自己前几年的知识储备和已经拥有的专业技能，人为地提高备考难度。

第三节 考研政策

研究生招生恢复以来，我国研究生教育不断发展壮大，目前各类在读研究生数量较多，并且还有继续增长的趋势。研究生培养模式也逐渐由过去的全日制形式发展成多种形式并存。研究生的培养为我国现代化建设输送了大量亟需的各类人才。在建设科技强国的形势下，加大研究生培养的力度成为建设现代化强国的途径。随着我国高等教育的普及化发展，研究生招生改革也将进入深水区。研究生招生工作受政策影响十分明显，为此对招生政策进行深入的分析有重要的意义。在此，我们以教育部印发《2022 年全国硕士研究生招生工作管理规定》为例，带领大家快速了解相关政策。

一、总体目标

研究生作为国家培养的高水平人才，对国家未来的发展有着深远的影响，严把研究生招生质量关是确保研究生培养质量的有效手段。高等学校和科学研究机构招收硕士研究生，旨在培养热爱祖国，拥护中国共产党的领导，拥护社会主义制度，遵纪守法，品德良好，具有服务国家服务人民的社会责任感，掌握本学科坚实的基础理论和系统的专业知识，具有创新精神、创新能力和从事科学研究、教学、管理等工作能力的高层次学术型专门人才以及具有较强解决实际问题的能力、能够承担专业技术或管理工作、具有良好职业素养的高层次应用型专门人才。硕士研究生招生坚持按需招生、全面衡量、择优录取和宁缺毋滥的原则。

（一）招生对象

《规定》中指出全国硕士研究生招生考试对象为拥护党的领导，品德良好，遵纪守法，身体健康状况符合国家和招生单位规定的体检要求的中华人民共和国公民。报考人员需达到一定的学业水平，能够适应研究生教育教学、科研需要，在相关专业领域有一定的知识基础和培养潜力。同时《规定》对研究生招生入学考试中部分特殊性质的招生对象（少数民族计划考生、退役大学生计划考生、国防生和现役军人考生等）也做了详细的说明。

（二）招生类别

我国研究生教育属于国民教育序列中的高等教育，硕士研究生的种类较为复杂，按照不同的角度可以划分为不同的类别。比如按照学习方式可以分为全日制研究生和非全日制研究生，按照经费渠道不同分为计划内研究生和委托培养研究生（或称“定向委培”），按照招生方式可以分为统考硕士生、单独考试硕士生、推免硕士生，按照培养类型可以分为学术型硕士生和专业学位硕士生。

学术型硕士研究生（学硕）的教育目标是培养具有创新精神、创新能力和从事科学研究、教学、管理等工作能力的高层次学术型人才。

专业学位研究生（专硕）的教育目标是培养具有较强解决实际问题的能力、能够承担专业技术或管理工作、具有良好职业素养的高层次应用型专门人才。

（三）推免生政策

推免生是指普通高等学校推荐优秀应届本科毕业生免试攻读硕士学位研究生。为深化研究生招生改革，2006 年起教育部印发了《全日制普通高等学校推荐优秀应届本科毕业生免试攻读硕士学位研究生工作管理办法》，加大创新人才培养力度，推出推免生政策。从 2014 年起，教育部规定推荐学校不得限制本校推免生报考其他单位研究生，并鼓励推免生择校交流，推免名额不再区分学术学位和专业学位。

经具有推免资格的本科学校选拔并确认资格的推免生（包括“研究生支教团”和“农村学校教育硕士师资培养计划”的推免生），在国家规定时间内登录“全国推荐优秀应届本科毕业生免试攻读研究生信息公开暨管理服务系统”填报志愿并免除初试直接参加复试。推免生要在规定日期截止之前落实接收单位，对于未落实接收单位的推免生不再保留推免资格。已被招生单位接收的推免生，不得再报名参加当年硕士研究生招生考试。

推免生推荐和接收办法由推荐学校和接收单位根据教育部有关规定制定并公布。所有推免生均享有依据招生政策自主选择报考招生单位和专业的权利；推荐学校所有推免名额（除有特殊政策要求的专项计划外），均可向其他招生单位推荐。凡按规定可接收应届本科毕业生报考的学科（类别）、专业（领域）均可接收推免生。

二、考试政策

参加研究生招生考试是考生获得入学资格的必需条件，入学考试包括初试和复试两个环节。初试由国家统一组织，复试由招生单位自行组织。研究生招生考试环节，根据不同的学科门类和专业特征设置不同的考试方式和类型，综合、全面地考查考生的整体水平，确保人才选拔的质量。

（一）统筹管理，自主决策

研究生招生考试初试应按国家规定，在同一时间举行。不在规定日期举行的硕士研究生招生考试，国家一律不予承认。考试时间一般为每科 3 小时，建筑设计等特殊科目考试时间最长不超过 6 小时。详细的考试时间、考试科目及有关要求等由考点和招生单位予以公布。单独考试须由招生单位在省级教育招生考试机构指定的考点组织进行。

研究生招生考试初试科目由各招生单位根据相关规定确定考试试题。统考科目必须按照国家规定，选择对应试题。招生单位可以根据自身条件和需要，自主选择考试科目和命题。

硕士研究生招生入学考试初试一般设置4个单元考试科目，即思想政治理论、外国语、业务课一和业务课二，满分分别为100分、100分、150分、150分。

教育学、历史学、医学门类初试设置3个单元考试科目，即思想政治理论、外国语、专业基础综合，满分分别为100分、100分、300分；体育、应用心理、文物与博物馆、药学、中药学、临床医学、口腔医学、中医、公共卫生、护理等专业学位硕士初试设置3个单元考试科目，即思想政治理论、外国语、专业基础综合，满分分别为100分、100分、300分；会计、图书情报、工商管理、公共管理、旅游管理、工程管理和审计等专业学位硕士初试设置2个单元考试科目，即外国语、管理类联考综合能力，满分分别为100分、200分。

全国统考科目为思想政治理论、英语一、英语二、俄语、日语、数学一、数学二、数学三、教育学专业基础综合、心理学专业基础综合、历史学基础、临床医学综合能力（中医）、临床医学综合能力（西医）。

复试应采取差额形式，招生单位自主确定复试差额比例并提前公布，差额比例一般不低于120%。教育部按照一区、二区制定并公布参加全国统考考生进入复试的初试成绩基本要求。招生单位在国家确定的初试成绩基本要求基础上，结合生源和招生计划等情况，自主确定本单位进入复试的初试成绩基本要求及其他学术要求，但不得出台歧视性或其他有违公平的规定。

经教育部批准的部分招生单位可自主确定考生进入复试的初试成绩基本要求及其他学术要求。参加单独考试的考生进入复试的初试成绩基本要求由招生单位依据教育部有关政策自行确定。复试时间、地点、内容范围、方式由招生单位自定。复试办法和程序由招生单位公布。全部复试工作一般应在录取当年的4月底前完成。

（二）多种途径选拔人才

为深化研究生招生改革，结合区域和专业发展需要，创新人才选拔模式，研究生招生考试初试设置了几种不同的考试形式：初试分为全国统考、联合考试、单独考试及推荐免试。

（1）全国统一考试的部分或全部考试科目由教育部考试中心负责统一命题，其他考试科目由招生单位自行命题。

（2）联合考试在特定学科（类别）、专业（领域）进行，部分或全部考试科目联合或统一命题。

（3）单独考试由具有单独考试资格的招生单位进行，考生须符合特定报名条件，所有考试科目由招生单位单独命题。

（4）推荐免试是指依据国家有关政策，对部分高等学校按规定推荐的本校优秀应届本科毕业生及其他符合相关规定的考生，经确认其免初试资格，由招生单位直接进行复试考核的选拔方式。

（三）设置照顾政策促进学科、区域间的均衡发展

为促进西部地区、基层地区的发展，国家制定了大学生西部计划、服务基层计划、大学生入伍等项目。在研究生招生考试复试环节，针对为基层、西部发展做出贡献的大学毕业生，国家给予一定的考试加分政策支持，鼓励大学生到基层去、到国家需要的地方去。具体政策如下：

（1）参加“大学生志愿服务西部计划”“三支一扶计划”“农村义务教育阶段学校教师特设岗位计划”“赴外汉语教师志愿者”等项目服务期满、考核合格的考生，3 年内参加全国硕士研究生招生考试的，初试总分加 10 分，同等条件下优先录取。

（2）高校学生应征入伍服义务兵役退役，达到报考条件后，3 年内参加全国硕士研究生招生考试的考生，初试总分加 10 分，同等条件下优先录取；在部队荣立二等功及以上，符合全国硕士研究生招生考试报考条件的，可申请免试（初试）攻读硕士研究生。

（3）参加“选聘高校毕业生到村任职”项目服务期满、考核称职以上的考生，3 年内参加全国硕士研究生招生考试的，初试总分加 10 分，同等条件下优先录取，其中报考人文社科类专业研究生的，初试总分加 15 分。

各省级教育招生考试机构、各招生单位应严格规范执行硕士研究生招生考试的初试总分加分政策，除教育部统一规定的范围和标准外，不得擅自扩大范围、另设标准。招生单位应对加分项目考生提供的相关证明材料进行认真核实。

三、调剂政策

研究生招生考试结束，对于未能被报考院校录取且满足国家招生控制线的考生，可以了解其他招生单位的生源缺额信息，待教育部调剂系统开放后，考生可登录“研招网”调剂服务系统了解其他招生单位的调剂要求，并按相关规定自主填报多个平行调剂志愿。招生单位应按教育部有关政策确定并公布本单位调剂工作的具体要求和程序。

考生申请调剂需满足以下基本条件。

（1）符合调入专业的报考条件，且初试成绩符合第一志愿报考专业在调入地区的全国初试成绩基本要求。

（2）调入专业与第一志愿报考专业及初试科目相同或相近，其中统考科目原则上应相同。

（3）符合专业之间的调剂政策。

第八章　备考技巧攻略

【本章导读】

报名参加研究生入学考试是正式进入考研环节的第一步。考生要具备什么基本条件才能报名参加考试？初试是取得入学资格的第一步，该如何准备？复试是取得入学资格，又有哪些注意事项？对于思想政治教育专业学生而言，考研又该如何备考？本章共四个小节，这些问题的答案都会在以下内容中找到。

第一节　报考攻略

一、报考硕士研究生的条件

1. 报名参加全国硕士研究生招生考试人员须满足的基本条件

（1）中华人民共和国公民。

（2）拥护中国共产党的领导，品德良好，遵纪守法。

（3）身体健康状况符合国家和招生单位规定的体检要求。

（4）考生学业水平必须符合下列条件之一：

a. 国家承认学历的应届本科毕业生（含普通高校、成人高校、普通高校举办的成人高等学历教育应届本科毕业生）及自学考试和网络教育届时可毕业本科生，录取当年9月1日前须取得国家承认的本科毕业证书。

b. 具有国家承认的大学本科毕业学历的人员。

c. 获得国家承认的高职高专毕业学历后满2年（从毕业后到录取当年9月1日，下同）或2年以上，达到与大学本科毕业生同等学力，且符合招生单位根据本单位的培养目标对考生提出的具体业务要求的人员。

d. 国家承认学历的本科结业生，按本科毕业生同等学力身份报考。

2. 报名参加学术学位和专业学位研究生招生考试人员的须满足的基本

条件

报考学术学位研究生和专业学位研究生的考生都要符合上述的考生基本条件。二者的不同之处主要体现在培养目标、培养过程和就业指向方面。

（1）我国的学术学位研究生教育旨在培养热爱祖国，拥护中国共产党的领导，拥护社会主义制度，遵纪守法，品德良好，具有服务国家、服务人民的社会责任感，掌握本学科坚实的基础理论和系统的专业知识，具有创新精神、创新能力和从事科学研究、教学、管理等工作能力的高层次学术型专门人才。研究生毕业后的就业岗位主要面向教学、科研与管理工作。

（2）专业学位研究生教育旨在培养热爱祖国，拥护中国共产党的领导，拥护社会主义制度，遵纪守法，品德良好，具有服务国家、服务人民的社会责任感，掌握本学科坚实的基础理论和系统的专业知识，具有创新精神、创新能力，具有较强解决实际问题的能力，能够承担专业技术或管理工作，具有良好职业素养的高层次应用型专门人才。研究生毕业后的就业岗位主要面向具有明确职业领域的专业岗位。由于各个专业学位具有明确的职业背景和较强的职业指向，因此，不同的专业学位对于考生会有不同的要求。

二、报考程序

研究生入学考试报名包括网上报名和现场确认两个阶段。所有参加硕士研究生招生考试的考生均须进行网上报名，并到报考点现场确认网报信息、缴费和采集本人图像等相关电子信息。

应届本科毕业生原则上应选择就读学校所在省（区、市）的报考点办理网上报名和现场确认手续：单独考试考生应选择招生单位所在地省级教育招生考试机构指定的报考点办理网上报名和现场确认手续；工商管理、公共管理、旅游管理、工程管理等专业学位考生和其他考生应选择工作或户口所在地省级教育招生考试机构指定的报考点办理网上报名和现场确认手续。

（一）网上报名

1. 考生应在规定时间内登录“中国研究生招生信息网”（网址：http：//yz. chsi. com. cn 或 http：//yz. chsi. cn，以下简称“研招网”）浏览报考须知，并按教育部、省级教育招生考试机构、报考点以及报考招生单位的网上公告要求报名。报名期间，考生可自行修改网报信息。逾期不再补报，也不得修改报名信息。

2. 考生报名时只填报一个招生单位的一个专业。待考试结束，教育部公布考生进入复试的初试成绩基本要求后，考生可通过“研招网”调剂服务系统了解招生单位的生源缺额信息，并按相关规定自主多次平行填报多个调剂志愿。

3. 以同等学力身份报考的人员，应按招生单位要求如实填写学习情况和提供真实材料。

4. 考生要准确填写本人所受奖惩情况，特别是要如实填写在参加普通和成人高等学校招生考试、全国硕士研究生招生考试、高等教育自学考试等国家教育考试过程中因违纪、作弊所受处罚情况。对弄虚作假者，将按照《国家教育考试违规处理办法》《普通高等学校招生违规行为处理暂行办法》严肃处理。

5. 报名期间将对考生学历（学籍）信息进行网上校验，并在考生提交报名信息3天内反馈校验结果。考生可随时上网查看学历（学籍）校验结果。考生也可在报名前或报名期间自行登录“中国高等教育学生信息网”（网址：http：//www.chsi.com.cn）查询本人学历（学籍）信息。未通过学历（学籍）校验的考生应及时到学籍学历权威认证机构进行认证，在现场确认时将认证报告交报考点核验。

6. 考生报名时须签署“考生诚信考试承诺书”。所有参加全国硕士研究生统一招生考试的考生都必须签署“报考硕士研究生考生诚信考试承诺书”（网上报名时点击后即视为签字认可）。

7. 按规定享受少数民族照顾政策的考生，在网上报名时须如实填写少数民族身份，且申请定向就业少数民族地区。“少数民族高层次骨干人才计划”招生以考生报名时填报确认的信息为准。

网上报名有关具体要求和注意事项，可以参看教育部的《全国硕士研究生招生工作管理规定》（每年9月在教育部官网 http：//www.moe.edu.cn 发布）及“研招网”的报考须知。建议考生合理安排报名时间，避开报名高峰时间段，避免网络拥堵。

（二）现场确认

1. 所有考生（不含推免生）均应在规定时间内到报考点指定地点现场核对并确认其网上报名信息，逾期不再补办。现场确认时间由各省级教育招生考试机构根据国家招生工作安排和本地区报考组织情况自行确定和公布。

2. 考生现场确认应提交本人居民身份证、学历证书（应届本科毕业生持学生证）和网上报名编号，由报考点工作人员进行核对。报考“退役大学生士兵”专项硕士研究生招生计划的考生还应提交本人“入伍批准书”和“退出现役证”。

3. 在录取当年9月1日前可取得国家承认本科毕业证书的自学考试和网络教育本科生，须凭颁发毕业证书的省级高等教育自学考试办公室或网络教育高校出具的相关证明方可办理网上报名现场确认手续。

4. 未通过网上学历（学籍）校验的考生，在现场确认时应提交学历（学籍）认证报告，以供核验。

5. 所有考生均应对本人网上报名信息进行认真核对并确认。报名信息经考生确认后一律不做修改，因考生填写错误引起的一切后果由其自行承担。

6. 考生应按规定缴纳报考费。

7. 考生应按报考点规定配合采集本人图像等相关电子信息。

（三）报考资格审查

相关单位在审查考生资格时，发现考生持伪造证件时，应通知公安机关并配合公安机关暂扣相关证件；发现可疑学历证书时，可要求考生在规定时间内提供权威机构出具的认证报告。

招生单位审查考生网上报考信息后，对符合报考条件的考生发放准考证。招生单位将在复试前对考生的居民身份证、学历证书、学历学籍认证报告、学生证等报名材料原件及考生资格进行审查，对不符合规定者，不予复试。对弄虚作假者，一经查实，即按有关规定取消报考资格、录取资格、入学资格或学籍。

（四）打印准考证

在规定的时间，考生可凭网报用户名和密码登录“研招网”下载打印“准考证”。“准考证”正反两面在使用期间不得涂改。考生凭下载打印的“准考证”及居民身份证参加考试。

为了让广大考生能更清晰地了解考研的报考流程，列出报考流程图（图8-1），可以参看。

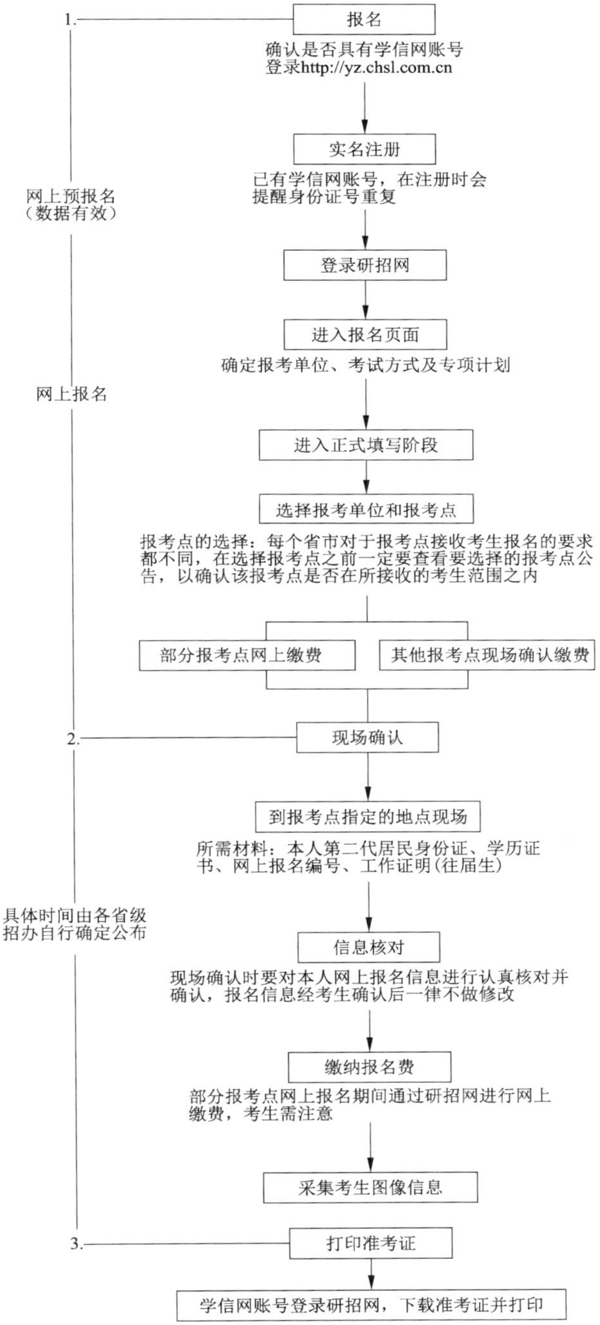
1.
报名
确认是否具有学信网账号
登录http://yz.chsl.com.cn
实名注册
已有学信网账号，在注册时会
提醒身份证号重复
网上预报名
（数据有效）
登录研招网
进入报名页面
确定报考单位、考试方式及专项计划
网上报名
进入正式填写阶段
选择报考单位和报考点
报考点的选择：每个省市对于报考点接收考生报名的要求
都不同，在选择报考点之前一定要查看要选择的报考点公
告，以确认该报考点是否在所接收的考生范围之内
部分报考点网上缴费
其他报考点现场确认缴费
2.
现场确认
到报考点指定的地点现场
所需材料：本人第二代居民身份证、学历证
书、网上报名编号、工作证明(往届生)
具体时间由各省级
招办自行确定公布
信息核对
现场确认时要对本人网上报名信息进行认真核对并
确认，报名信息经考生确认后一律不做修改
缴纳报名费
部分报考点网上报名期间通过研招网进行网上
缴费，考生需注意
采集考生图像信息
3.
打印准考证
学信网账号登录研招网，下载准考证并打印

图 8-1　考研报考流程图

提示：

1. 所有考生（不含推免生）均应在规定时间内到报考点指定地点现场核对确认其网上报名信息，逾期不再补办。

2. 在校研究生报考须在报名前征得所在培养单位同意。

3. 报考点只对考生居民身份证、非应届本科毕业生的学历证书及应届本科毕业生和成人应届本科毕业生的学生证进行核对，考生资格的全面审查由招生单位复试时进行。

4. 要仔细阅读教育部、省（区、市）的招生单位及报考点发布的公告。

第二节　初试攻略

一、制订考研复习计划

制订复习计划是考研复习的第一步，对于多数考生来讲明确自己的目标和自身水平是制订计划的重要依据。制订考研复习计划要有大局观，要有个体差异性，计划应当是长期的、整体的规划。复习计划是否合理、是否适合自己、考生是否按计划去复习往往决定着复习的效果。

（一）如何制订考研复习计划

考研复习计划的制订因人而异，在制订考研复习计划时通常要根据自己的学习基础、报考学校和复习准备时间来确定。如果决定考研，考生就要暂时搁置其他事情，专心复习，避免既想考研又想找工作的情况，左右不定的结果往往是一事无成。

1. 根据自身情况制订

考研复习计划的制订要根据考生自己的学习情况和准备的复习时间来决定。如果准备较早，复习时间较长，并且平时成绩较好，复习起来会相对轻松；如果自身准备较晚，复习时间较短，并且基础相对薄弱，那就需要抓紧有限的复习时间，通过提升复习的效率来弥补前期的不足。

对于任何一位考研的学生来说，要考研就必须做好充足的心理准备，对自己的学习水平和学习能力有正确的评估。综合近年来考研报录比例来看，考研难度并不算大，只要考生能根据自己的目标和学习水平选择合适的报考单位，充分准备，都能取得不错的效果。考生在备考的过程中要避免过于轻视或过于高估考试难度的现象，过于轻视可能会导致考生因复习准备不足而落榜，过于夸大考试的难度也有可能会让考生因产生畏惧感而放弃考研。

考研复习计划的制订主要考虑以下两个方面：一是自身学习水平，二是考研复习时间的长短。

（1）根据自身水平来制订考研复习计划

考研复习是考生针对自身薄弱环节完成针对性补弱的过程。所有考生应当在复习之前正确地评估自己的水平，并针对自己的知识水平制订恰当的复习计划。考研科目有限，考生在评估自己的水平时要做到客观真实，不能把平时成绩当作评价自身水平的唯一标准。考生要明确自己的弱势科目，在制订复习计划时要有针对性。

（2）根据自己的复习时间来制订考研复习计划

多数学生考研准备时间在 10 个月左右，但是也有部分考生准备较晚，只有四五个月的时间。在制订复习计划时需要考虑自己的准备时间，避免时间过长、计划过紧导致精神紧张而影响复习效果的情况；也要避免时间短、计划宽松，到最后没有复习完的情况。

制订考研复习计划时，一定要从自己的实际出发，其他同学的复习计划只能当作参考。有些同学基础很好，知识掌握比较牢固，复习起来比较快，效果较好，有极少数同学裸考都能取得较好成绩。一定要结合自身实际，合理安排复习时间和复习任务。

2. 根据报考院校来制订

研究生招生工作是在教育部指导下由各培养单位按照自己的招生计划完成招生的过程。不同单位的招生计划和报考人数之间可能存在着很大的差异，考试科目也会有所不同，所以考生在制订复习计划时要充分考虑报考单位的实际情况。

（1）根据报考院校的考试科目来制订考研复习计划

不同招生单位在招生考试中设置的考试科目可能会有所不同，考生在确定好报考单位和专业后要及时关注报考单位的招生指南，参照往年考试信息确定专业课程考试科目，如果是自主命题的要明确考试范围，根据考试科目和范围制订复习计划。

（2）根据报考单位的报录比例来制订复习计划

各招生单位的报录比例一般都会有所不同，每年也都会有差异。考生可以通过各种途径大体了解报考单位的竞争情况来制订自己的复习计划。如果竞争压力较大，考生可以参照成功的学长、学姐的成绩来有针对性地制订自己的复习计划，提高复习的效率。不要因为自己以前学习成绩好而掉以轻心，也不要因为以往成绩不好而直接放弃。

（3）根据报考单位的具体要求来制订复习计划

各招生单位可能会对考生有某方面的具体要求。比如有的单位要求考生英语水平较高，有的可能要求考生动手能力较强。考生在制订复习计划时应当想办法与往届考生取得联系，总结他们成功的经验或失误的教训，有针对性地调整自己的复习计划，避免方向性的错误。同时，请教往届考生来制订复习计划，会使复习更具有针对性。

（二）考研复习计划

1. 时间计划

考研复习时间计划要根据考生自己的准备时间来定，如果时间多，那么考研复习压力相对较小，但要强调复习过程中的坚持，不能因为时间宽裕就有所松懈；如果时间紧迫，考生就需要抓紧有限的时间有条不紊地进行复习。总体来说，考研复习大致可以分为 4 个阶段：起步阶段、强化阶段、提升阶段和冲刺阶段。

（1）起步阶段：3—6 月

起步阶段也称基础阶段。在此阶段，考生要明确报考单位和专业，按照以往考试科目复习，打好基础。对于应届考生来说，在此阶段学业压力较大，一般利用课下时间对本专业考研课程进行梳理，深化学科知识体系，针对具体考试科目，强化基础知识，打好专业课程知识基础。对于往届生或已经参加过考研但落榜的大四考生而言，要做好后期计划。如果选择继续考研，则应在此阶段总结考试失利的原因，找出自己在考试科目上存在的问题以及与目标学校之间的差距，制订下一步复习计划。要有针对性地加强最薄弱科目的复习训练，同时兼顾其他专业课的回顾。跨专业考研人员则需要在此阶段熟悉跨考的专业课程体系、考试科目和考试要求，尽快完成专业课程的自主学习并对专业内容体系进行深入了解，同时也要注意本专业课程的学习和考试。

（2）强化阶段：7—8 月

强化训练，分专项做练习题。掌握解题思路和技巧，完成知识的强化。对于应届考生来讲，此阶段处于暑假期间，有比较完整的时间学习。在此阶段要系统地准备所有考试科目，搭建完整的课程体系框架，针对考试科目的重难点进行专门的加强和突击。在此阶段要完成从基础复习到突击的转变，完成重点难点的攻坚，总结考点的出题形式、解答方法，为后期的针对性提升训练做好准备。考生应把握好这段完整的时间，为取得好成绩打下基础。

（3）提升阶段：9—11月

巩固专项训练成果，完成专项技能的提升。在此阶段，各招考院校会给出招生简章和招生专业目录，统考科目也会给出考试大纲。考生应当根据报考院校的招生简章和考试大纲适当调整复习计划。经过强化学习阶段，考生应当明确自己复习过程中存在的问题，总结强化学习阶段的笔记并进行专项训练，总结归纳专题知识。复习历年真题，开始模拟训练，发现自身在复习中存在的问题。通常研究生招生网上报名在此阶段，一定不要忘记报名！同时也不要因为报名问题而过多地分心，影响复习计划。

（4）冲刺阶段：12月至考试前

在此阶段，考生主要注意两方面问题：一是对考试课程专业知识进行梳理，建立清晰的知识框架体系；二是完整地按照考试要求进行模拟训练，并针对存在问题抓紧补足。经历几个月的复习，考生在此阶段容易进入疲惫期，考生要根据自身情况保持良好状态，有必要的话可以参加考研冲刺班。

2. 课程复习计划

（1）英语

英语是研究生入学考试中的重要组成部分，对于部分英语基础较差的同学，英语成绩往往会成为他们能否顺利进入复试的关键。英语因为学科本身的特点，其复习通常需要较长的时间，强调日常学习中的积累。

英语的复习主要包括单词、语法、阅读、翻译和作文。单词的复习要贯穿整个复习过程；语法、阅读、翻译和作文则应在不同的阶段有重点地进行复习。

a. 单词的复习：单词是英语学习的基础，在英语复习的前段时间要着重强调。起步阶段以单词记忆为主，建议每天至少用半个到一个小时的时间复习单词。复习方法因人而异，可以通过记单词软件和单词书来记忆，可以采用技巧性的方法，也可以死记硬背，最重要的是每天都背。在后半段单词的记忆中主要通过做题等方式来完成，在做题过程中遇到不懂的单词要查看、记忆，在做真题和其他专项训练的过程中强化记忆。建议大家建立自己的生词本，将有问题的、不能准确把握的单词记录下来，方便在冲刺阶段复习强化。在冲刺阶段，对单词的复习以自己建立的生词本为主，着重强调对历年真题中出现的自己不理解的单词的记忆，对于多次出现的单词必须做到非常熟悉。

b. 语法的复习：在考研英语中很少设置专门考察语法知识的题目，但是阅读、写作和翻译都要以语法为基础。对于英语水平较为薄弱的学生，建议在复习初期加强自身的英语语法复习，为后期阅读、翻译和作文的复习打好基础。语法知识能帮助考生在读文章和翻译时更加流畅，对文章意思把握得更准确。

c. 阅读的复习：阅读是英语考试的重点，阅读理解题在试卷中占较大的比例。英语阅读的复习重点在强化阶段。在复习准备阶段，考生要逐渐适应英语的考试题型，关注新闻热点和可能成为考试题目的事件。强化阶段要保证每天都有时间去做几篇阅读题目，针对每个问题和相关的选项做出详细、清楚的分析。建议考生利用完整的时间去做题，在做题的过程中完全自己做，然后对答案，之后看一下答案分析，在做题的过程中不要查单词，以免影响做题的效果。

在分析答案时，主要分析内容，包括选项的设置、考题在原文中对应的句子，同时尽可能找到每个选项对应的句子，在对每一个问题都了解之后，整体把握文章的背景和作者的情感，对文章和问题的设置做到整体的把握。如果复习时间比较充足，还可以尝试全文翻译阅读原文。在冲刺阶段，考生可以重复做往年真题中出现错误较多的篇章，同时加强对模拟试题的练习。通过做模拟试题来复习英语阅读。在阅读的复习中，考生最好严格限定时间，完成定时定量的阅读训练。

d. 翻译的复习：英语翻译在考研英语中占有一定的地位，可以是整句翻译，也可以是小段文章翻译。翻译的训练是提高考生作文水平的重要方法。翻译的训练应当以词汇和语法复习为基础，也可以将翻译的复习糅合到语法复习的过程中，但是考生也要针对性地学习翻译的技巧。翻译的复习重点在强化阶段和冲刺阶段。

e. 作文的复习：作文是考研英语中的重点，考试通常包括应用文写作和大作文。英语作文的复习重点在中后期，前期要留意可能成为考题的热点新闻和事件，也可以参考历年考题，分析出题的主要类型和关注焦点。在考研复习中后期，考生最好每周完成一定数量的作文，并总结好的词语、句子，形成自己的写作风格，完成作文素材的积累。从 12 月开始，考生要逐渐建立专属于自己的写作模板，为考试打下基础。考前再次熟悉各种类型的作文，组织自己的作文模板，达到提升自身考试能力的目的。

英语的复习要贯穿全程，考生也要在复习的过程中明确自身存在的问题和弱势，做针对性加强。在临考前要严格按照考试要求和考试时间通过模拟训练题进行强化训练，掌握考试过程中的时间分布和规划，形成自己的考试风格，争取取得好的成绩。

（2）政治

很多同学存在一定的认识误区，认为政治科目考试较为简单，甚至“裸考”也可以达到 60 分以上，这种观点是非常片面的。在复习之前，考生一定要摆正自己的态度，想考研就一定要认真地对待每一门课。

首先，对于基础不好的理科生来说，政治本身也没那么简单。其次，每个学生的学习基础不同，对于文科生和理科生来说，政治课程的难度还是有较大差异的，考生需要学会自己去分析、辨别。有些文科专业的考生对政治考试内容相当熟悉，比如哲学、历史、马克思主义等专业的考生，本身专业课就包含政治考试中的很多内容，对于考试内容很熟悉，专业课程的复习强度就比政治统考要深得多。而对于多数其他专业的学生来说，如果没有这样的知识储备和专业基础，就应慎重考虑是否“裸考”。即便有这样的专业背景，也应花点时间了解考试内容、范围、题型等相关内容，保证考出好的成绩。

同时，可能还存在这样一类人，他们为了显示自身的高水平、高智商，自己在完整的复习完成过后，取得了较好的成绩，对外宣称自己是“裸考”，以引起大家的关注或崇拜。对于这一类学生，考生不要盲目听信。

很多考生认为考研政治科目在出考研大纲之后再复习也不迟。对于这个问题，不同的考生持有不同的观点，不同的知识基础也会影响复习结果。对于考研政治科目的复习还是建议早做准备，等到 9 月出考试大纲之后再复习会导致复习时间较短，在短时间内突击政治也会影响其他科目的复习进度。建议考生根据自己的学习基础和水平，提前准备。政治科目的复习也是长期的过程，强调学习过程中的知识积累，将大量的复习任务分解到各个阶段，能降低复习的压力，提升复习质量。

a. 整体规划：对历年考试真题进行大致的梳理，理清考试题型、分值的大小及不同内容所占的大体比例，有针对性地制订每门课程的大体复习计划。在整体规划阶段，建议考生选择一本专门的辅导书，以便精炼而又全面地组织复习内容，提纲挈领又不遗漏任何知识点。参照上年考试的大纲，结合考研辅导书着手准备复习。考试大纲一般变化不大，因此在考纲公布前的阶段要对考研政治科目的内容有一个全面的了解。如果复习时间充足，可以去翻阅以前学过的教材，复习巩固一下考研政治科目的基础知识。同时应多关注时事热点，参照历年真题总结可能的出题方向和内容。

b. 加强针对性：选择题是考研政治的重要组成部分，通过做练习题把握知识点的重要程度，可以准确把握考试的侧重点。同时通过做题方式来搞懂考试中的难点。对于真题，复习重点应放在掌握问题的解题思路上，集中精力，学会分析问题的思路。复习应当建立在充分理解知识点内涵的基础上，明确考研中的侧重点，加强对基础知识的掌握。要学会深入研究命题的特点和重点、难点，及时调整自己的复习策略。建议考生建立错题集，为后期冲刺和考前复习做准备。分析题在考试中有着重要地位，在复习分析题时，要理清答题思路和框架，不能单纯地去背答案。做题不能仅仅局限于题目是否做对，更重要的是学会解题的思路和技巧，特别是对这个题目的命题知识点的理解。在冲刺复习阶段，要找出之前复习时被遗漏的、理解不够深入和全面的知识点。注意在回顾知识点的时候认真梳理，在梳理的基础上要加强对知识的记忆，强调对考试内容的背诵。

c. 时政知识的复习：时政知识的考试要求考生以课本知识为基础去解释、解决实际中的问题。在整个考试复习的过程中，考生都应当保持对时政新闻的敏感性，通过专门的时政辅导书和历年真题中有关时政的问题，总结出问题的分析思路和解决问题的办法。时政类的考题通常考查学生对知识的灵活运用能力，强调学生用书本知识解决实际问题。对于时政知识的复习，建议考生考前选择具有代表性的辅导书复习，总结知识点和解题方法。

考研政治的复习强调知识的积累，建议考生在考试大纲出来之后，适当调整自己的复习计划，重点学习新增的知识点。政治的复习要求大家不断地背诵，也强调错题本的运用，将自身易错的问题不断重复强化，完成知识的积累和储备。在考前也要适当进行考试模拟，整体掌握考试中的时间分配和答题思路，在考前形成自己个性化的考试方案。

（3）数学

数学科目对于很多考生来说是考研复习的难点，也是比较容易拉开分数差距的科目。在考研复习的过程中，学生要明确报考学校，参考历年考试过程中是否有数学科目的考试，报考专业是考数一、数二还是数三，有针对性地准备教材。考研数学的复习强调做题能力，在复习的过程中要加强习题的训练。

a. 整体规划：明确考试的具体科目，针对考试选择恰当的数学参考书，一般数学复习需要认真梳理教材上的每一个知识点，认真对待课后的练习题。做到数学知识点明确，定理、公式等都能深刻掌握。针对相应的考试科目，通过上年的考试大纲和自己的学习特点制订整体的复习计划。鉴于考研数学对于大多数学生来说有一定难度，建议考生购买专业辅导书籍并建立自己的错题本，在整个复习过程中做到经常回顾复习。

b. 知识点的复习：数学的复习要针对考试大纲选择复习教材，数学科目的知识点复习要以教材为主，考生要完整地将教材的每个章节、每个知识点梳理清楚，做到完全正确解答课后练习题，不留死角和空白。对于公式、定理一定要做到自己能够亲手推导其证明过程。通过学习笔记的方式对基本概念、公式、定理进行记忆，尤其是不常用、记忆模糊的公式，更要加强记忆。

c. 练习题的复习：数学的复习过程强调大量的练习。只有在不断地练习过程中才能发现自己存在的问题，找到提高个人水平的方法。练习题包括课后练习题、历年考试真题和模拟训练题等。对于课后练习题，建议考生根据知识点的复习计划，做到分步完成，做到能解答所有课后习题。建议考生通过大量练习，归纳常见题型，总结解题思路和方法。可以选择一本专门的复习参考书，归纳题型与常考知识点，把握重点、难点。考研数学的复习要强调历年真题的重要性，要把以往 10 年真题完整复习一遍，通过对真题的总结归纳找出数学考试的重点和自己的劣势，并有针对性地加强。对于考试真题一定要做到每一题都能正确、熟练地解答。在复习后期，要通过模拟试题来完成复习，模拟试题的做题过程建议完全按照考试时间进行，练习规范答题，掌握考试时间分配技巧。

d. 错题本：在数学的复习过程中一定要重视错题本的使用。建议考生从复习之初就建立自己的错题本，在课后练习阶段掌握自己在知识上的缺陷，将复习过程中碰到的不懂的知识点记录下来，与做错的习题一起整理成错题集。在专项练习和历年真题的复习基础上，将重点和错题归纳到错题本上方便后期复习。

在考前冲刺阶段，应多看之前做过的真题、错题集。也可以做模拟题，保持做题手感，最后几天回归教材和笔记，重新熟悉基本概念、公式、定理。需要特别强调的是，考研数学考试题量大、时间紧，在模拟训练阶段一定要按真题要求规范答题，既要规范答题内容，又要规范答题思路。

（4）专业课

专业课是考研中的重点，是每位考生在复习阶段应当重点关注的对象。专业课需要考生根据所报考的专业和考试科目恰当地选择参考书和教材。专业课的复习更多强调规划安排时间。

a. 前期准备阶段：确定报考院校，明确专业课程的考试科目。考生应当在此阶段全面地熟悉报考专业的学科背景，全面了解报考专业的相关书籍和研究领域、研究热点。建议根据历年大纲选择备考书单。在此阶段只要快速阅读教材，了解各个知识点即可。不要纠结于某个知识点，也不要做过多的笔记。如果时间充裕，建议考生关注报考院校专家的研究方向和研究兴趣。

b. 强化阶段：在此阶段，考生需要全面掌握每本教材的知识点，通过对历年真题的训练，掌握考试的重点、难点。建议根据报考专业近10年的真题中知识点的分布情况和本专业的研究热点，确定专业课程的复习重点，利用整块时间搞定专业课重点或没有掌握的部分，对于考试重点做到熟记于心。

考生应形成自己的知识框架体系，可以通过画知识框架图的方法来加深对教材的印象，完成对教材知识的总结。用最少的文字总结出最为完整的知识点，不用涉及细小的知识点。知识框架图总结完成之后，可以看着框架图回忆教材中的内容。如果能够回忆出来，说明本部分知识基本掌握；如果回忆不出来，再回到教材中进行巩固强化。

c. 提升和冲刺阶段：在此阶段，考生要将学习到的知识转化成可用知识，并能够针对真实问题给出问题解决方案。在提升和冲刺阶段，考生应强化对历年真题的复习，加强对考试试题的训练，背诵和记忆相关概念和理论，结合之前做的知识框架图，检验自己的知识结构是否完整。如果能够获得历年真题，应在此阶段完全按照考试时间要求进行模拟训练，找出做题过程中存在的问题，形成自己的考试策略来应对专业课程的考试。

二、选择复习材料

（一）如何选择复习材料

1. 网络来源

（1）学校招生网站给定材料

考生在确定报考院校之后，要关注报考院校的官网，关注每一年的招生简章，很多院校会通过官网通知考生每年的考试科目和参考教材。考生要重视每年给定的参考书，这是复习的依据，是学校命题的主要来源。

（2）报考院校的论坛、贴吧等

考生可以关注报考学校的相关论坛和贴吧。经常会有同学给出历年的真题或者考研笔记等复习资源，除此之外，一些专门的考研辅导类网站也可以提供专业课真题下载。有些热心的学长、学姐还会给出参考答案。大家可以登录专门的考研辅导网站来获取相关复习资源，类型包括真题、模拟题、考研笔记等。

（3）专门的考研交流区

关注是否设有专门的考研交流区，也可以通过相关院校查找考研复习资料来搜集信息。甚至还可以发帖询问，通过共同报考相同院校的考友共享信息，也有可能获得学长、学姐的帮助，获取相关复习资料和历年的真题，通过这种渠道获得的信息一般也比较可靠。

2. 咨询往届考生

通过往届考生获取考研复习材料是针对性最强、最直接的方式。通常，已经考上的学生会比较大度地将复习资料送给正在准备考研的学弟、学妹们。在考研复习初期，上届考生通常处于成功的喜悦当中，对于学弟、学妹们的要求会欣然应允，甚至会主动介绍自己考研的经历及报考专业的情况。每年毕业前，各大高校都会有跳蚤市场，有条件的同学可以去逛逛，运气好可以淘到上一届考生的考研资料，也可以通过这种方式认识上届考生，为接下来复习过程中的咨询创造条件。

对于跨专业考研的学生来讲，往届考生的复习指导更是十分重要。考生可以通过寻找考友的方式来了解更多的报考专业的信息；可以通过朋友介绍、网络咨询等方式来寻找考入相同学校的学长、学姐，得到他们的学习指导；也可以在上届学生毕业时购买他们的考研资料，并向他们咨询考研注意事项和复习方案。

3. 教师推荐

考生可以去报考院校的官网或考研论坛查找自己感兴趣的导师，可以通过电子邮件咨询导师相关问题及复习计划。有条件的考生最好能直接联系报考院校，深入了解报考专业的课程情况；条件允许的话可以去旁听几节课，向授课教师咨询考研参考资料等内容；没有条件的同学也可以通过发电子邮件的方式咨询意向报考的导师，要诚恳地请教，说明来意，一般导师都会友善地给予指点。考生也可以咨询本校老师，本校老师对考生来说比较熟悉，作为专业教师，他们也更清楚每所院校的特点、主要研究方向和意向导师的研究领域，也可以为考生推荐相关考研辅导书。

（二）选择哪些复习材料

考研复习资料很多，并且不同考生的选择也会有一定的倾向性，通常复习资料的类型包括教材、考试大纲、历年真题、考研辅导班的讲义、专门的辅导书等。

1. 教材

教材是指报考院校指定的参考书籍，通常是专业课教材；若未指定，考生可以通过咨询往届考生或教师的方式获得备考用教材的信息。

教材是各项考试的基础，建议考生不要忽略教材的重要性。复习要以课本为中心。考生应在复习的过程中，通过熟读课本、背诵相关知识点、完成课后题的方式来打好专业课的知识基础。对于重点章节的重要知识点更要加强复习，对教材要有较为全面的认识和整体的把握。对课后习题尤其是专业课教材课后习题，必须要掌握。对课后习题答案没有把握的，可以咨询相关教师。

2. 考试大纲

考试大纲是官方发布的针对统考科目的权威材料。它可以帮助考生正确把握考研复习方向，让复习更有针对性。

考试大纲由教育部考试中心组织编写，规定当年全国硕士研究生入学考试相应科目的考试范围、考试要求、考试形式、试卷结构等权威政策。它既是当年全国硕士研究生入学考试命题的唯一依据，也是考生复习备考必不可少的工具书。

考试大纲通常包含了所有非招生单位自主命题的科目如政治、英语、数学、心理学专业基础综合、教育学专业基础综合、西医综合、中医综合等。考研复习应当以考研大纲为参照。对考研大纲的有用性调查显示，超过一半的考生认为考研大纲非常有用，可以在复习的过程中起到提纲挈领的作用。但是也有将近30%的考生认为考试大纲用处不大，可以通过其他渠道获取本年度的考试范围。

通常考研复习在新大纲出来之前就已经开始，所以对于考试大纲的使用要考虑以下几点。

（1）对比分析最新大纲与上年大纲的区别，把增加、删除或修订的考点整理出来，重点强化，保证做到不遗漏任何一处变化，保证考研复习的针对性。在整理中逐渐领悟大纲变化的实质与原因，结合自身的学习水平，对自己的复习进度有一个比较全面的把控和清晰的认知。

（2）关注考试大纲中细节的变化。通常考试大纲的变化不会太大，很多时候是针对小的问题进行修补或者对相关内容进行重组。对于这样的细节变化，考生需要清楚变化的类型，是内容的调整还是范围的变化，是文字表述方式的变动还是知识点数量上的增减。在接下来的复习中，考生应该注意这种细节变化是单独存在的，还是与相关考试内容有一定的联系。如果大纲中调整的内容与前后内容之间都存在一定的联系，此时考生需要理清相关问题之间的关系，仔细辨别考察内容之间的区别，在复习的过程中做出有针对性的调整。

（3）根据最新的考试大纲制订复习计划和策略，在复习的过程中落实考试大纲的要求。针对考试大纲的变化，适当地调整自己的复习规划，一定要将考试大纲的要求落实到具体的练习中去，用练习检测自己的复习状况，找出被忽略的、没完全弄懂的知识点，综合提升自己的复习水平。

3. 历年真题

历年真题包括各个科目的历年真题，用于分析出题模式、考试重点，总结做题技巧和进行模拟训练。

很多考生在复习过程中非常重视历年真题的作用，但是在使用真题的过程中往往存在各种各样的误区，比如，单纯地做题，将历年真题当成练习题来做。对于真题，考生应当仔细分析，找出自己的薄弱环节并进行有针对性的强化。此外，对于历年真题的使用，考生还应该考虑以下方面。

（1）把握复习重点。在基础复习阶段，多数人都选择不使用历年真题，通常都是只看教材做练习题。其实在这个阶段，考生可以查看历年真题，简单归纳真题中涉及的知识点，把这些知识点罗列出来并对重复出现的知识点做出特别标记。考生也可以通过历年真题解析类的辅导书，统计考试相关知识点出现的频率，为有针对性的复习提供依据。结合考试大纲要求和历年真题中各知识点出现的次数，把握考试的重点，针对重复出现的知识点，进行全面细致的复习，这样的复习更有针对性，也更接近考试需要。

（2）把握命题风格和出题思路。每年，相同的考试科目往往是由同一位或几位命题人命的题。通过对历年真题的分析可以发现命题人的命题风格，例如：重能力、重基础，还是重应用；是着重考查书本知识，还是考查延伸扩展知识；是注重基础知识、应用能力的考查，还是侧重学生创造力的考查；等等。还可以通过历年真题分析考试的难易程度、考查趋向。建议考生仔细分析归纳近几年的真题，总结近几年考试命题是如何考查某个具体的知识点的，并总结自己在回答这类考题时是否有把握。通过历年真题练习可以发现自己的知识水平与考试需求之间的差距，找出合适的缩短差距的办法。

（3）总结出题规律和类型。在复习阶段，考生可以选择历年真题作为考试模拟训练题，把握真题的出题规律，确定考题的类型和比例。通过分析真题，总结历年考试什么题型最受关注、什么题型最难回答等，以便在具体的复习过程中有所侧重。一般情况下，命题思路和规律短期内不会有太大的改变，所以熟悉近几年的命题规律，习惯出题人的出题方式，有利于考生坦然面对考试。

（4）预测考试范围和考试的高频考点。通过分析真题，我们可以发现一个非常普遍的现象，即有些知识点同一个学校隔几年会考一次，甚至每年都考。这些反复考过的知识点就是容易出题的地方，需要考生高度重视。

三、初试须知

（一）考试方式

初试是硕士研究生招生考试的重要部分，是考生入学的第一步。初试由国家统一组织。初试方式分为全国统一考试、联合考试、单独考试和推荐免试。

全国统一考试的部分或全部考试科目由教育部考试中心负责统一命题，其他考试科目由招生单位自行命题。

1. 联合考试是指特定学科（类别）、专业（领域）进行的考试，部分或全部考试科目联合或统一命题。

2. 单独考试是由具有单独考试资格的招生单位进行的考试，考生须符合特定报名条件，所有考试科目由招生单位单独命题。

3. 推荐免试是指依据国家有关政策，对部分高等学校按规定推荐的本校优秀应届本科毕业生及其他符合相关规定的考生，经确认其免初试资格，招生单位直接进行复试考核的选拔方式。

（二）考试时间

硕士研究生入学考试采用全国统一的考试时间，每年都会有差异，通常考试时间安排在12月底。不在规定日期举行的硕士研究生招生考试，国家一律不予承认。具体考试时间为每天上午8：30—11：30，下午14：00—17：00。超过3小时的考试科目在第三天进行，起始时间8：30，截止时间由招生单位确定，不超过14：30。

第一天上午：8：30—11：30　思想政治理论、管理类联考综合能力

第一天下午：14：00—17：00　外国语

第二天上午：8：30—11：30 业务课一

第二天下午：14：00—17：00 业务课二

第三天：考试时间超过3小时的考试科目（总时长不得超过6个小时）

（三）初试的内容和科目分值

硕士研究生招生入学考试初试是研究生人才选拔的关键环节，所有招生单位必须按教育部的有关规定确定考试科目并使用相关试题。硕士研究生招生考试一般设置4个单元的考试科目，包括思想政治理论、外国语、专业课一、专业课二，满分分别为100分、100分、150分、150分。教育学、历史学、医学门类初试设置3个单元考试科目，即思想政治理论、外国语、专业基础综合，满分分别为100分、100分、300分。医学学术学位硕士研究生初试业务课科目由招生单位按一级学科自主命题。

硕士研究生招生考试的全国统考科目为思想政治理论、英语一、英语二、俄语、日语、数学一、数学二、数学三、教育学专业基础综合、心理学专业基础综合、历史学基础、临床医学综合能力（中医）、临床医学综合能力（西医）。

四、考前准备

（一）生活方面

在经历将近一年的复习准备之后，考生即将踏上考场，在正式考试之前，准备好考试所需证件和考试用具是非常有必要的。

对于应届考生来说，多数就读学校就是研究生招生考试考点，对考点比较熟悉。在打印准考证之后，要提前确定考场所在位置，食宿保持与往常一样即可，不要因为考试而改变日常生活习惯和作息规律，以免带来负面的影响。

往届考生或考点不在自己所在区域的考生，需要提前安排好考试期间的食宿和交通，以免影响正常考试。

1. 住宿

考生在确定考点之后，最好能到考点附近考察一下，选择离考点较近的、环境较安静的住宿场所，减少路上交通时间。最好住宿地点与考点的距离在步行可到达范围之内，防止交通问题带来的不便。对于睡眠质量不高的考生，建议提前准备好一副松软的耳塞，以免遇到附近环境很吵的情况影响睡眠。

2. 饮食和交通

考试期间的饮食应该以“健康均衡”为基调，尽量吃一些清淡的饭菜，远离油腻难以消化的油炸类食品，晚餐不要吃得过饱，尽量与自己日常生活保持一致。

考前考生至少要去考场所在考点考察一次，在考试开始前 15 分钟到达考场。如果需要乘坐交通工具，要充分考虑到交通拥堵问题，预留一定的堵车时间，一切以及时到达考场为准。

（二）考试方面

1. 证件

所有考生需凭准考证、第二代居民身份证进入考场，对号入座。入座后将准考证、身份证等放在桌面左上角，以备查对。针对应届毕业生，根据考点要求，确定是否需要携带学生证。建议考生多打印几张准考证，以防丢失，同时最好随身携带准考证电子版。

2. 文具

考生在考试前需要准备好考试所用文具，包括 2B 铅笔、签字笔（蓝色或黑色中性笔，统考题要求黑色，不建议大家使用钢笔或圆珠笔）、橡皮、小刀、固体胶或胶水（建议大家选择固体胶）、作图工具（根据专业需要来定）、手表等。铅笔、签字笔建议大家多准备几支以防意外。

（1）不准携带的工具：考试过程中严禁携带任何书刊、报纸、稿纸等，不准携带通信工具（如手机、寻呼机等）或有存储、编程、查询功能的电子用品，禁止携带涂改液、修正带等物品进入考场。

（2）可选择考试工具：在研究生入学考试中，很多专业课程允许考生携带计算器，考生在考试前，经过考点确认后方可携带。考前考生可以利用小段时间回忆考试课程的知识，可以有选择性地携带相关课程的知识体系结构图或突击复习资料，方便利用考前时间回忆。考生可以根据考点的要求和自身的需要选择是否携带水杯，以备不时之需。

考试过程中严禁考生携带草稿纸进入考场，考场会统一提供草稿纸供考生使用，通常在考试开始之前会发给考生。如果草稿纸不够用，考生可以举手示意向监考老师索要草稿纸。政治、英语考试过程中，不提供草稿纸，考生在考试过程中要合理地规划，确定答案后写在答卷上，避免出现卷面混乱的情况。

（三）进入考场

考生要在开考前 15 分钟到达考场，开考前 10 分钟凭身份证、准考证进入考场，迟到15分钟后不准进入考场。建议考生在开考之前先去一趟洗手间，在考试的过程中不要喝太多水以防出现内急打断答题思路。

进考场后考生要找到自己的座位对号入座，将相关证件放在桌角以备查验。开考前考生要仔细听监考老师的安排和嘱咐，听监考老师宣读考生守则和考场安排。第一次考试的考生要注意监考老师对拆封试卷的讲解说明，以免错过关键信息，造成难以弥补的过失。

五、妥当处置突发事件

研究生入学考试对考生来说有重大的影响，它直接影响着考生能否顺利入学。在考试前考生一定要做好充足的准备。一旦遇到突发事件，考生也不要过于紧张，要保持头脑清醒，冷静处理。通常会遇到的突发事件归纳起来有以下几种。

（一）证件丢失或遗忘

1. 准考证：考试要求考生持准考证和身份证进入考场，所以考试前一晚、考试当天考生出门时一定要仔细检查自己的必带物品，建议考生备好准考证的电子版。如果考试当天忘记带，考生可以就近重新打印一张；如果时间紧急，建议考生自己先去考场，让朋友、家人帮忙打印一份送到考场。在征得考点和监考老师同意的情况下，通过核对考生的个人信息和照片，可以先让考生参加考试，考试结束之后将准考证送达（不同考点可能会有不同规定，考生不要存有侥幸心理，以考点规定为准）。

2. 身份证：忘记带身份证时，可以让家人、朋友帮忙送到考点。若是身份证丢失，来不及补办，可以在当地派出所出具带有个人头像的临时身份证，征得考点同意和确认后，用临时身份证参加考试。

（二）交通问题

考生在参加考试的路上交通情况难以预料，如前所述，考生要尽量选择距离考场较近、步行即可到达的地方住宿。考试当天要留出充足的时间到达考场，这样就不怕遇到堵车等交通问题。如果考生乘坐公交车遇到塞车，可改乘其他交通工具或求助交警。遇到这种状况考生要保持冷静，切不可乱了方寸，到达考场之后应尽快平复心情，全心投入考试当中。

（三）天气问题

考研时间在每年的12月底，正值北方寒冷的季节，考生要提前做好防寒准备。各考点设施不同，若无取暖设施，考生要注意保暖。要准备好一系列防寒用具，以防冻坏身体，影响了考试。

（四）遗漏文具

考生在考试前要做好一切准备，带好必备的考试用品进入考场。如果考生文具丢失或不够用，可以举手示意监考老师，说明情况，一般考场都会有备用文具，也可以通过监考老师向有多余文具的考生借用。

（五）女生遇到生理期

每年有大量的女生参加研究生入学考试，如果女生在考试时来例假，要做好充分的准备。去考场时要带好所需的物品及药物。如果考试半途感到不适，需要去卫生间，可以举手示意，请求监考老师的批准并寻求帮助。不要因为这些而影响考试。

六、其他注意事项

（一）进出考场时间

开考前 10 分钟考生持身份证、准考证进入考场，开考 15 分钟后，迟到考生不准进入考场参加当科考试。交卷时间不得早于当科考试结束前 30 分钟，具体出场时间由省级教育招生考试机构规定。考生交卷出场后不得再进场续考，也不得在考试机构规定的区域逗留或者交谈。

（二）拆封试卷袋

研究生入学考试试卷并不是传统的试卷，而是信封封装好的、各不相同的信件。统考题是大包装，由监考老师开考后面对考生当面检查包装情况并启封。自命题为小信封包装，开考后由考生自行启封。

考研信封有两个舌头，一个舌头藏在里面，信封正面填写考生的姓名、考试信息，考生从信封一侧将小刀插进去，切一个小口，避开里面那个舌头，沿着密封方向一点一点拆开。拆好后，可以看到里面的试卷和密封条，取出里面的试卷和试卷里的密封条开始作答。考试完成后，把试卷和答题卡放回信封里（注意不要将准考证和身份证放到袋子里面），将里面的舌头拿到外面，把信封舌头贴好。贴上密封条。密封条很薄，固体胶不要涂太多。通常在贴完之后还要在骑缝上签名。

（三）试卷条形码的粘贴

试卷袋拆封之后，考生应在置顶位置填涂姓名、考生编号等，并按照要求在规定位置粘贴条形码。凡漏贴条形码的，漏填、错填或者字迹不清影响评卷结果的，责任由考生自负。条形码一般随试卷发放，上面有姓名、考号等信息，要求贴在答题卡指定位置，监考老师也会提醒相关事项。

第三节　复试攻略

一、复试须知

（一）普通复试政策

复试是硕士研究生招生考试的重要组成部分，用于考查考生的创新能力、专业素养和综合素质等，是硕士研究生录取的必要环节，复试不合格者不予录取。

招生单位在复试前应对考生的居民身份证、学历学位证书、学历学籍认证报告、学生证等报名材料原件及考生资格进行严格审查，对不符合规定者，不予复试。复试应采取差额形式，招生单位自主确定复试差额比例并提前公布，差额比例一般不低于120%。复试时间、地点、内容范围、方式由招生单位自定。复试办法和程序由招生单位公布。全部复试工作一般应在录取当年4月底前完成。

教育部按照一区、二区制定并公布参加全国统考和联考考生进入复试的初试成绩基本要求。一区包括北京、天津、河北、山西、辽宁、吉林、黑龙江、上海、江苏、浙江、安徽、福建、江西、山东、河南、湖北、湖南、广东、重庆、四川、陕西21省（市）；二区包括内蒙古、广西、海南、贵州、云南、西藏、甘肃、青海、宁夏、新疆10省（区）。

招生单位在国家确定的初试成绩基本要求基础上，结合生源和招生计划等情况，自主确定本单位进入复试的初试成绩基本要求及其他学术要求，但不得出台歧视性或其他有违公平的规定。

经教育部批准的部分招生单位可自主确定考生进入复试的初试成绩基本要求及其他学术要求。参加单独考试的考生进入复试的初试成绩基本要求由招生单位依据教育部有关政策自行确定。

（二）复试资格

复试资格是指考生达到招生单位的复试基本要求，允许参加复试的基本条件。复试要求考生要达到报考院校的最低分数控制线，并且同时满足报考院校的其他学术要求。

招生单位在复试前对考生的居民身份证、学历学位证书、学历学籍认证报告、学生证等报名材料原件及考生资格进行严格审查，审查通过者获得复试资格，对不符合规定者，不予复试。

（三）复试流程

复试过程中通常包括资格审查、专业课笔试、英语听力口语测试、专业面试等环节。以同等学力报考的考生还需要加试相关科目，具体加试内容和科目由招生单位决定，但是不能与初试和复试考试科目相同。

各个招生单位在复试流程上稍微存在差异，但总体上按照以下时间来进行。

3 月上旬，34 所自划线院校公布复试控制线。过线的考生准备复试，低分过线的复试、调剂两手抓，未过线的等待国家线出来准备调剂。

3 月中旬，国家线公布，高分过线的考生准备复试，低分过线的复试、调剂两手抓，未过线考生准备找工作或重新准备复习考试。未达自划线院校分数线但是过了国家线的考生准备调剂。

3 月下旬至 4 月底，所有招生院校陆续开始复试。通过复试的考生可以准备研究生入学；未通过的考生及时联系复试较晚的学校进行调剂，或工作或复习，来年继续考试。

1. 资格审查

复试前招生单位要审查考生的身份证、学历证书（应届生提供学生证）、成绩单等招生单位要求的其他证明。审查通过的考生参加复试。

2. 专业课笔试

通常招生单位会在招生指南里给出复试专业课笔试科目，考生要在初试结束后尽快着手复习，如果等到分数线公布之后再复习，通常会因为时间较短，不能完整地复习完考试课程，影响复试成绩。如果招生单位没有提供复试笔试科目，建议考生联系历届考生，咨询笔试的内容、方向等，做到有备无患。

3. 英语听力口语测试

考研英语初试中没有听力及口语测试，招生单位一般会在复试环节安排英语听力和口语测试，并将成绩计入复试成绩。通常英语听力、口语测试通过英语面试的方式来测试，即通过与老师的英语问答、个人介绍等方式来考核。

4. 综合面试

综合面试通常考核考生对本专业的基础知识的掌握情况及考生的综合能力，面试教师通常会从综合素质类问题入手，并逐渐过渡到深层次专业问题。

考生要在 20 分钟的时间内好好展示自己的知识和能力。

（四）复试监督

为深化研究生招生制度改革，贯彻落实国家招生政策，教育部出台相关政策指导文件，要求各招生单位结合学校实际制订具体执行方案。复试要求公平、公正，整个复试过程程序公正、政策透明、结果公开。坚持差额复试，凡是拟录取的考生必须经过复试。

复试过程中要求各招生院校成立监督委员会，对研究生招生过程、复试及录取等工作进行监督，具体执行过程落实到基层单位。同时复试过程接受全体考生和相关工作人员监督，如果发现复试过程中存在违纪行为，考生和相关工作人员可以向上级主管部门投诉，由监督监管部门审查，情况属实的结合违纪情况的轻重给予行政处罚，构成犯罪的，依法移交司法机关。

二、复试技巧

（一）复试准备

在经历漫长的复习准备和初试后，所有通过初试进入复试环节的考生可能都会感到兴奋，同时又感到紧张，不知道接下来应该干什么，怎么样准备复试。如何准备复试以及何时开始是很多考生关注的问题。事实上，复试科目的准备在初试完成后就应当开始，初试成绩公布后再进行复习可能会因为时间紧急，很难进行全面、深入的复习。

1. 确定是否获得复试资格

通常招生单位在公布复试资格线后会给出本单位相关专业的最低控制线，并公布进入复试环节的学生名单。考生最好通过各种方式获得自己在所报考专业中的排名，根据招生单位的复试比例（通常是1∶1.2），确定自己能否获得复试资格。如果获得复试资格就需要认真准备了；如果没有进入复试，考生要时刻关注调剂系统并联系调剂学校。

2. 准备复试内容

（1）专业课笔试。复试中专业课的笔试成绩会占很大的比例，如前所述，考生应当在初试之后就开始复习，在得到复试通知后，考生应根据复试的科目和参考书适当调整自己的复习重点和规划，考生也可以向上一届的考生咨询，如果可能的话最好获得往年的复试试题，仔细研究一下出题的重点章节和题目类型，做到有针对性地复习。

（2）专业面试。考生应总结梳理一下报考专业的核心课程，回顾专业领域的研究内容、经典成果等，最好能熟悉本专业领域内的社会热点问题，深入思考并给出自己的结论，以防面试过程中考官会提起。考生要总结自己大学期间的经历，明确自己的优势和不足，包括在大学里做过的研究工作，取得过的成绩，通过专业学习获得的经验等，有些学科的面试还会涉及相关实验问题。考生要根据自己的专业和报考的院校在个人经历和成绩方面做好总结。

（3）英语面试。考生要准备一篇英文的自我介绍。很多学校在复试时会要求考生先用英语做自我介绍。自我介绍一定要结合自己的专业背景，总结自己在过去的经历和取得的成绩，以及自己未来研究生阶段的学习计划。对于英语听力，考生也要做好准备。部分招生单位还会根据专业设置专业英语的测试，考生需要根据报考单位的要求，提前复习。

（4）了解导师。考生可以在复试前对自己所报考专业的导师有个初步的了解，了解各个导师的研究方向和主要研究课题，以及导师的招生要求等。考生也可以在复试前通过电子邮件联系一下自己感兴趣的导师，深入了解导师的研究方向和招生要求，这些对录取后选择导师也会很有帮助。

3. 复试当天做好充分准备

考生在复试之前，一定要准备全复试需要的材料，通常包括身份证、政审材料、照片、初试准考证等，有的招生单位还需要考生提供毕业证书、学位证书等，考生要根据学校的要求提前做好所有准备。

复试期间学校附近住宿会比较紧张，考生在复试之前最好提前联系好住宿。提前关注好天气状况，选择得体的着装。

（二）复试技巧指导

1. 英语听力、口语面试

英语的听力和口语是研究生复试中的重要组成部分，并且成绩计入总分。

考生应当重视英语的听力和口语。没有参加过英语面试的同学都会为此紧张，面试考场上一旦出现了尴尬状况，会加剧考生的紧张情绪。为了避免这种情况的发生，考生应当提前做好准备。

对于有些考生来讲，在口头表达时，难免会出现口误，出现口误时考生不要慌，此时及时地加以解释和修正有助于保证交际效果。可以通过“*I mean*…”“*That is to say*...”“*In other words*...”“*To be more exact/accurate*...”等方式解释自己的话。

如果考生没有听清楚教师提的问题，可以请求教师重复刚才的问题，例如：

Excuse me. I can't quite follow you. Would you please say it again?

I beg your pardon?

考生也可以通过反问的方式来回答老师提出的问题，如果对方认为你的理解正确，你就可以按照原来对问题的理解回答问题；如果认为不准确，对方会把问题重复一下。这时，考生便可以利用对方的重复、补充、解释或修正的机会，来检验核实自己第一次听到的内容，争取时间迅速组织应答。考生在回答问题或讨论问题时，经常会出现一时语塞、找不到确切的词语或语句来表达自己意思的情况。为了不影响正常的交际，同时赢得思考时间，考生可以采用一些相对模糊的词语来代替。例如 *It's something like*, *it's a kind of thing to* 等。尽管这些词语表述的意思不是很精确，但在某些口头表达的特定场合却会产生意想不到的效果。

在英语面试时，很多学校会就当前发生的社会热点事件让考生讨论。所以考生要适当关注一下身边发生的新闻，了解热点事件的大体内容，以便参与讨论。英语听力、口语复试时通常不会有标准答案，考生可以根据自己的理解来回答相关问题，但是如果考生回答不上来，老师可能会认为你口语表达不流利。

老师也可能要求考生就本专业内容展开讨论，考查考生对专业知识的了解和用英语讲解陌生概念的能力。因此考生要熟悉本专业常用的英语词汇，适当阅读本专业的英文资料，也可以事先阅读一些相关文章，积累一些专业上的词汇。

与笔试不同，口试没有什么应试技巧，只有一些注意点和关注点。英语口语的考试，老师关注的其实往往是考生回答得是否流利，也就是说，考生在训练答题时，关注点从强到弱分布应该是：流利—准确—恰当。

2. 专业课笔试

研究生入学考试复试环节的专业课笔试成绩折合计入总分后会占很大的比例，甚至比初试成绩所占比例还要大。笔试的复习，需要各位考生在初试结束后就开始准备，等到出分数线和复试时间确定再准备很难准备充分、全面。考生可以参考各方向学姐、学长推荐的参考书，初试背过的笔记等资料，最好能了解历年复试笔试的考题范围、类型和难易程度，心中有数才能有针对性地复习。

各招考院校对复试专业课笔试的规定和要求各不相同，考生应当及时关注报考院校的动态，根据招生单位的要求，做好充足的准备。

3. 综合面试

专业课面试是招考单位教师了解学生的重要途径，各位考生必须引起重视。考生要针对面试的要求和自己的知识基础，做好全面的准备。考生可以咨询学长、学姐往年面试的主要内容和方式，有针对性地准备，以便取得好的成绩。

通常面试时老师会先询问一下考生的基本经历，包括以下几个方面。

（1）本科专业是什么，学习过哪些东西，取得了什么成绩。如果是跨专业的考生，可能还会问为什么要跨专业，如何认识两门不同学科之间的联系等问题。

（2）为什么选择报考这所学校、这个专业，对该专业和导师有哪些了解。

（3）如果有幸录取的话，在读研期间有什么规划，专业发展、课题研究有什么计划。

除此之外，有的面试过程中还会设置一些专业领域的探究性问题，通常采用随机抽取的方式让考生分析某种现象，给出自己的见解。这类考题往往考查考生的知识基础是否全面，分析问题、解决问题的思路是否合理。这类问题更能体现考生的个人水平，所以建议考生在参加综合面试前，一定要详细地了解报考学院导师的主要研究方向和本专业领域的研究热点，做好全面的准备。

有很多经验文章告诉考生如何应对面试，比如：面试一定要放松，就像与长者聊天一样；不会就坦诚，切勿不懂装懂；有想法就大胆说，没有想法就谨慎说，切勿“自己挖坑自己跳”。但是在面试的过程中，考生一定要注意，轻松的氛围只是面试的一个方面，面试的过程一定要把握住问题的核心和关键，不能让轻松的环境成为闲聊的借口；不会就坦诚，只能说明考生比较诚实，没有回答出老师提出的问题并不会给你面试的实际成绩增分。

在前期有一定成果的考生可以在面试之前做好全面的准备，精心制作自己的简历并带上自己的成果，如果需要的话可以展示给面试老师。复试是决定考生能否入学的关键环节，考生要做好充分的准备，不能因临场表现的失误而陷入极其被动的局面，做好充足的准备是取得好成绩的前提。

第四节 思想政治教育专业备考攻略

一、思想政治教育专业各科答题技巧

思想政治教育专业学生大部分会选择哲学、文学等学科专业，其考试科目均为：政治、英语（学术型硕士为英语一、专业型硕士为英语二）、业务课一、专业课，前文已提及以上科目课程复习计划制订方法及相应备考事项，此处不再赘述。思想政治教育专业考研科目的答题技巧如下。

（一）政治科目

政治科目客观题在填涂答题卡时，最好确定之后再填涂，避免造成答题卡污损。答题时要保证每个题都填入正确的位置，防止出现填错位置的现象。建议考生控制答题字数，做到条理清晰、字迹工整，保持卷面整洁。

政治科目考试应按试卷顺序做题，预留足够的时间来填涂答题卡。在完成单选、多选题之后，建议将剩余时间分成五等份，尽量保证每道大题有 20 分钟以上的答题时间，填写答案要注意字迹工整。

政治科目考试客观题多数是考查考生对基本知识的掌握和对时政问题的分析能力，以及利用理论知识分析现实问题的能力，考生在答题的过程中要做到快速、心细，尤其是做多选题不要出现因疏忽而漏选的现象，避免不必要的失分。

政治科目考试分析题在总分中占很大的比例，考生一定要在审读问题、分析材料、理论依据等方面多加注意。

1．审题

建议考生先看问题，然后带着问题去阅读材料。材料里往往隐含着很多对回答问题有用的信息，需要考生去理解和分析，归纳和总结。审题方法有很多，常用的有逆向审题法、寻找关键词法等。

（1）逆向审题法是先分析题目问什么、有几问，带着问题阅读材料。这样做可以节省时间，也能增强阅读材料的针对性。

（2）寻找关键词法是指在审题时抓住问题的关键词，搞清材料的中心含义，将材料的中心含义与理论基础建立联系，以基本理论解答材料中的问题。

2．作答

作答时，最好能先列出题目所涉及的知识点，明确问题真正问的东西是什么，理论依据有哪些，然后结合材料引申发挥，给出答案。考生在回答分析题时，切忌泛泛而谈，造成答案混乱，这样不仅不能得分，甚至会起到相反的作用。要尽量做到思路清晰、语言精练、逻辑性强。考生在回答问题时要结合材料，要有自己的思想。不能单纯地以理论知识回答题目中的问题，不要不管材料只写原理，如果分析题选取的材料不是围绕某一主题设置的一组材料而是蕴含深刻含义的某一句或某一段话时，要结合材料适当引申。

回答分析题时一定要层次分明。分析题中如果有多个问题，建议考生在答题的过程中分开作答，做到条理清晰、结构合理、回答规范。答题时一定要注意层次清晰，逻辑关系合理，不能东拉西扯。要保证字迹工整，卷面清晰，保证论述详尽又不累赘。

在回答政治科目考试分析题的时候可以采用是什么、怎么讲、怎么做的模式，完成对题目的回答。

首先，“是什么”，说明题目中的问题和材料中的事件与哪些原理、理论对应，将相关的原理说明，做到论点突出。

其次，“怎么讲”，要求考生分析相关理论，结合材料实际做出清晰的分析。层次清晰、逻辑性强的分析是回答“怎么做”的前提。

最后，“怎么做”，就是理论联系实际，告诉我们在现实生活中遇到这类问题应当如何解决，采用什么样的行动或措施来应对相关问题，给出问题中的结论。这样分析题的解答就比较完整，层次清晰，逻辑合理，前有考点理论，中有材料分析，后有基本结论，基本可以保证考生取得较好的成绩。

（二）英语

英语科目考试在硕士研究生入学考试中的地位是非常重要的，很多时候考生因为英语没有达到学校的最低控制线而失去机会。主观题答题卡需要考生特别注意，合理安排答题空间，在拟好提纲之后再答题，控制好句子的上下行空间和字体大小，保持卷面整洁。英语试卷的客观题较多，考生一定要预留足够的时间填涂答题卡，以防时间不够。

英语科目考试的答题顺序因人而异，考生可以根据自身情况和答题习惯来适当调整答题顺序。合理地安排好答题顺序，自信、沉稳地完成答卷是取得好成绩的前提条件。根据时间分配原则和各类题型的特点，我们建议考生优先完成作文、阅读两大题型。

多数考生都会在考前复习时准备不同题材的作文模板，有些考生在开考前还会趁排队候考时间熟悉作文模板，所以建议考生趁着刚刚开考，记忆清晰，在审题结束后直接套用模板完成作文，这样作文会写得更加顺畅，做其他题时也会更有信心。

阅读则因为涉及大量细节问题，且所占分值较大，要求考生在答题时注意力集中、头脑清醒，所以建议考生安排在前面解答。

翻译和新题型的先后顺序对考生来说没有太大影响，考生可根据自身特点自主决定。完形填空因为难度高、分值低，建议考生放在最后做，建议考生根据考试剩余时间的多少来决定完形填空的答题方式，如果所剩时间不多，建议考生大概做一下后直接填涂答题卡，一定要保证预留足够的时间填涂完答题卡。

对于很多考生来说，英语的答题时间都非常紧张，有些题目根本没时间仔细思考，只能草草回答。如何合理地分配考场上的 180 分钟是困扰广大考生的一个难题。针对如何分配英语考试时间，我们有如下建议，供大家参考。

1. 英语考试的时间安排应当遵循时间分配与题目分值成正比的原则。分值越高的题目，得分的机会相应也较大，要留足时间，认真作答；一些分值相对较低的题目，考生们的得分普遍相近，应相应地减少做题时间。

2. 英语考试中的阅读理解和作文共占 70 分，是重中之重，所以考生要为其留足时间。一般来说，四篇阅读理解文章，建议每篇文章花费 15 分钟时间，如果有个别较难的文章，可以多花点时间，但是不要超过 20 分钟，总时间控制在一个小时左右。作文时间控制在 40 分钟之内，按分值比例适当分配，小作文 15 分钟左右，大作文 25 分钟左右。作文的关键是要紧扣题目、层次清晰、思路明确、语言表达标准。

3. 完形填空、翻译、新题型各占 10 分。纵观近年的真题，新题型的难度并不是很大，大约分配 20 分钟；翻译既考查翻译能力，又考查阅读技巧，有一定难度，考生得分普遍不高，建议考生将时间控制在 20 分钟以内；完形填空题量大，难度高，分值低，应相应减少时间。

当然，时间分配及做题顺序并不是固定不变的，考生可以根据自己的实际情况灵活调整。考生在考前模拟训练时应反复训练，形成稳定的答题习惯，到了正式考试时才不会陷入时间不够用的窘境。时间分配和做题顺序规划的关键是牢牢把握住核心原则，即把时间花在最容易产生效益的地方。

（三）业务课一、专业课

考生要提前了解自己报考单位的历年真题，搞清楚题型分布和题量的大小。在答题的时候，可以按照分值划分时间。最好先浏览一下整个试卷，做到心中有数。

专业课统考题答案写在答题卡上，自命题答案写在答题纸上，答题卡和答题纸空间一般比较充裕，考生在答题的过程中应注意规划好答题位置。如果专业课考试有客观题，考生一定要标明题号和答案（尤其是多选），避免因答案不清导致失分。考生在答题的过程中要注意先确定好答题内容再答题，规划好行距和字体大小，做到思路清晰、字迹工整、卷面整洁。答题的过程中要充分展示自己的答题思路和内容，但也不要盲目贪多，过多与问题无关的内容会起到反作用。

附：江苏大学马克思主义学院思想政治教育专业 2022 届毕业生考研推进工作方案

为进一步提高学院人才培养质量，加强对考研学生的指导、管理和服务工作，提高考研录取率，根据学校的相关规定，经学院研究，全面推动学院本科生考研工作，特制定本办法。

（一）加强组织领导

成立马克思主义学院本科生考研工作领导小组，院长、党委书记任组长，党委副书记、副院长任副组长，其他院领导、老师及辅导员等任成员。具体名单如下：

组长：李丽、王征

副组长：钟小惠

成员：蒋俊明、李宏刚、魏志祥、李明宇、孙旭红、范宏民、2022 届毕业生学业导师

（二）推行学院考研由学业导师负责制

1. 考研导师人员构成

学院考研指导老师由全体院领导、任课教师、辅导员构成。

2. 考研导师所带学生的分配

组建“马院学业导师”微信群。每位考研导师根据自己的时间和精力选择指导的同学。原则上按照学业导师进行分配，同时充分考虑考研导师的学科专业和学生的实际情况，公平合理地进行分配。

3. 考研导师工作责任

（1）以教育、引导和帮助学生积极报考研究生，不断提高学院学生考研录取率，促进学院学风建设，提升人才培养质量为目标，为学生提供全

面周到的考研指导服务。

（2）提高学生对考研重要性和必要性的认识，坚定学生考研的决心和信心，减少学生复习备考期间的思想波动，防止半途而废。

（3）对学生在复习备考过程中遇到的各类问题进行答疑解惑，对学生的复习备考的策略与方法进行全程指导。

（4）根据学生的学习成绩和学生自身实际情况，为学生填报可行的志愿学校和专业提供有效可靠的指导。

（5）及时做好考研学生在备考期间的心理疏导工作。

（6）动员初试达线的考生珍惜机会积极调剂，利用各种资源积极联系相关院校，帮助学生成功调剂。

（三）建立考研服务指导的长效机制

1. 积极营造氛围，实行网格化管理

持续强化学院学风建设，引导和鼓励全院学生主动学习，形成良好的学风氛围。从大一新生入学开始，认真抓好生涯规划、榜样示范工作，加强对学生考研的目标树立，分类指导、网格化管理工作。

2021 年 8 月初，开展线上考研主题班会，了解考研意向，分析考研形势；9 月中下旬开展考研主题讨论会，组织思政 1801、思政 1901 同学围绕考研探讨、研判考研形势变化，引导科学报考；10 月中旬，及时跟进掌握学生报考情况。

2. 建立完善的考研学生电子档案

在帮助学生树立考研目标后，在准确掌握学生考研意向的基础上，建立全院范围内各年级学生的考研学生动态电子档案，实时收集、更新学生的考研意向、报考单位等，做到实时掌握，精准指导，动态管理，全程跟踪。

3. 切实加强学生考研指导与服务

学院为考研学子协调复习教室，设置三江楼 1704 教室为考研教室；组织往届学子谈感想，在学院官微“江苏大学马院”公众号上推广，选树典型，为低年级学生考研提供参考；学院邀请学校心理健康教育中心副主任陆菁老师开展研究生心理健康教育讲座，并要求学业导师关心考研学生身心健康。

全院全体教职员工都要积极关心考研学生，任课教师、辅导员要随时了解考研学生的状况，及时解决考研学生遇到的困难和问题，有效解除考研学生的后顾之忧。要及时关注学生整个备考过程的心理动态，帮助学生坚定考研信念，认真备考、参考。要充分利用学院的专业教师等资源，以适当的形式开展考研辅导，帮助学生提升考研成绩。要及时关注学生的报名情况、笔试成绩、复试调剂等信息，有效整合有利于学生成功考研的各类资源，加强指导和帮扶，帮助考研学生提高录取概率；要对近几年本院学生考研录取院校数据进行统计分析，结合学生报考院校志愿信息，积极拓展学生的考研院校资源。

二、近年思想政治教育专业学生考研案例

案例一：

录取院校和专业：华东师范大学马克思主义学院思想政治教育专业。

汪国真先生曾言：“我不去想是否能够成功，既然选择了远方，便只顾风雨兼程。”这句话送给每一位即将或正在备考的同学们。

简单介绍一下自己的情况：一志愿华东师范大学，初试408分，复试450分，总分420.6，总排名第四。备考时间从9月4日到12月20日，备考期间在镇江一所初中实习了两个月，所以备考时间非常紧张。成功上岸的最重要的两点就是效率和坚持。还有一句话写在前面：一定要早早开始准备考研！

考研首先面临的是学校和专业的选择，这需要根据自身实际情况来选择。需要考虑的因素主要有专业、学校、地区三个方面，根据自身的情况将三种因素排序。我的意向学校有华东师范大学、北京师范大学和南京大学，根据第四轮学科评估等级和自己想做老师的初心将目标缩小到北京师范大学和华东师范大学这两所“双一流”高校，而由于自己有恋家情结，我选定了离家比较近的上海，而专业是自己非常感兴趣的思想政治教育专业。

接下来就是复习备考，复习资料在精不在多。公共课的复习资料网上可以买到，专业课要根据目标院校研招网上的信息去买指定参考书目及历年真题。首先是公共课的复习，英语方面，我买了单词书、长难句、作文书及历年真题上。由于备考时间比较短，所以我将备考重心放在了历年真题。备考期间基本上是每天下午用来做真题、口译真题以及整理英语笔记。英语里面占分最大的是阅读，所以阅读一定要精做，揣摩出题人的思路，做到真题里没有单词不认识、没有题目不吃透，有条件的同学可以二刷英语真题。英语作文的话，多背范文、多练习，最后总结出自己的模板，千万不要照搬网上的作文模板，会得低分。政治方面，因为我本身专业的原因，政治我只粗看了一遍精讲精练，刷了一大半的一千题，最后主要是刷

"肖八"和"肖四"，政治大题只背了"肖四"。拿到试卷的时候不要想着会出现原题，但很多知识点是融会贯通的，"肖4"的大题知识点基本上都能用到政治答卷中。接下来就是专业课复习，由于我们专业不考数学，所以我们会有两门专业课，这些经验相对于文科同学会更适用些。文科的专业课主要是背书。因为我备考时间比较短，所以相对于从3月份就备考的同学来说，我拼背书的熟练度肯定是不占优势的。所以我先大体看了一遍专业课指定参考书，了解大致有哪些板块、哪些内容，然后拿着两本参考书一边背，一边整理书本的逻辑体系和细微的知识点，以及每个知识点有可能的提问方式。这样无论是考大的知识点还是相对较偏的知识点，都可以准备到，考试的时候不至于无话可说。书是越背越薄的，从背整本书到背知识点，再到最后一阶段背书上的小标题和自己整理的逻辑框架，根据逻辑框架回忆如何填充相应的知识点并结合时政知识发表自己的观点。专业课复习中历年真题的作用非常大，要根据历年的出题方向和出题风格看老师偏向于考查学生知识点的掌握程度还是考查学生灵活运用知识点发表自己看法或解决实际问题的能力，从而去准备专业课的复习，历年真题要保证没有题目是不会的，但不建议跟着学长学姐准备的参考答案直接背，最好是自己先看题目思考作答思路和知识点，再结合学长学姐的参考答案查漏补缺，这样不仅锻炼自己的思考、答题能力，而且往往会比整理好的答案更全面一些。

初试结束，就是准备复试阶段，这一阶段不可以掉以轻心，要根据学校复试细则准备参考书和中英文面试，一定要重视专业课的笔试和面试，占比非常大。

其实我觉得备考期间最重要的是心态问题，而解决心态问题最好的办法就是早准备，不放弃。因为之前我有准备保研，把大部分精力投入考试、科研、参加夏令营中。之后在保研失败和考研几乎毫无准备的情况下开始了我的备考之旅。由于备考时间短，周边的好朋友劝我稳一点报些已经拿到优秀营员的学校，但可能就是因为当时的一时冲动，还是报了华东师范大学，所以自己常常会心理暗示、自我否定，心态崩是常态，有时候会导致复习进度停滞很久。因而很多时候早早备考不一定是要比别人复习得好多少，但是至少给自己很大的勇气和自信，告诉自己：你至少没有落后。第二点也是很常见的一点，很多同学过于注重最终的结果，给自己太大的压力。不可否认，明确的目标会给自己强大的精神动力，但有时候踏踏实实做好每一件事这个过程会让你收获很多，最终的结果也一定会不失所望。

出现心理压力，建议可以多跟朋友、老师和家人沟通，会有很大的帮助。

无论是早上背着单词等图书馆开门，还是晚上快十一点冷风冷雨里赶回宿舍，熄了灯或许还在挑灯夜战，坚持下来的你一定会感谢当初没有放弃的自己。“既然选择了远方，便只顾风雨兼程。”

案例二：

录取院校和专业：江苏大学马克思主义学院马克思主义理论专业。

准备考研是一个比较艰难的阶段，因为一方面这是一个打持久战的过程，另一方面这又是一个锻炼自己毅力和心态的过程。对于准备考研的人来说，确定考研方向很重要。先确定考研的方向，对自己的能力、自己未来的出路要有清楚的认识。应确定一个适合自己的院校，千万不要目标过高，这样很容易导致考研失败。一旦确定了方向，就可以利用网络资料，从该方向全国排名及每年的录取比例等方面做一个全面的了解。根据自己的实际情况确定报考的学校和专业，此阶段大家都比较迷茫，不用盲目确定报考学校，因为确定方向后，大体所考的专业科目差不多。如果你还没有定下考研方向，那么可以先从基础课开始复习，一边复习基础课一边确定报考方向；如果你已经确定考试方向，就可以给自己列一个大体计划，按照计划完成任务即可。

这里主要讲讲备考江大一些心得体会和复试经验。

首先公共课必须达国家线。我认为这点在考本院时是很重要的，历年分数线都是以国家线为基础，所以成功通过初试是前提。政治学科的复习过程其实包含着专业课的很大一部分内容，建议从6月份开始复习，可以在网上买网课看，会比自己看书轻松一点，考前主要以“肖4”为重点，多关注时政热点，紧盯习近平新时代中国特色社会主义思想。英语一的复习应贯穿考研复习的始终，试卷的难度系度较大，词汇储备很重要，推荐购买“红宝石”词汇书，建议把历年真题（黄皮书）起码自己认真刷一遍，保证英语达线。

其次是专业课的复习。江大马院还是侧重基础知识能力的考查，无论是“马哲”还是“毛中特”，建议把专业书先从头到尾熟悉一遍，再参考学院网站上的历年考试真题，熟悉题型，自己整理一份答案背熟，以教材为出发点和落脚点，考试时尽量多写一点。

最后关于复试的准备。一方面是口语能力的考查，在复试前准备自我介绍，多模拟练几遍，避免临场紧张忘词，对于老师提出的英语问题，尽可能多说。另一方面就是专业相关的问题，主要考查对马克思主义经典原著的理解程度，建议从网上找点资料，在初试成绩出来后就带着看起来。与老师的互动很重要，有些问题不会回答也没问题，可以结合自己的主观理解去表述，跟着老师抛出的引导来开发思路。

考研复习过程中要始终保持一种积极乐观的心态，不要给自己太大的压力，更不要和别人比，也切忌和自己比。每天给自己制订一个小计划，不断地鼓励自己，每天进步一点点。考研的战线拉得太长的话，那么在后面的时间里，就会松懈掉，没有当初的斗志。所以不用那么早就开始准备，战线过长会影响毅力，但是只要你在准备的过程中合理安排，就不会出现这个情况。我认为复习时一定要讲究效率和方法，不要打疲劳战和死记硬背，这样不但使自己很累，而且长此以往让自己失去了学习的乐趣。每天保证6个小时高效率的学习。学习累了，可以去锻炼一下身体，缓解一下紧张的情绪，再回去学习，这样效率很高。复习的环境也很重要，尽量避开人多的地方，让自己全身心地投入到复习中。同时也可以找一个志同道合的考研同伴，一起互相监督鼓励。要注意身体，考研是持久战，好身体才是革命的本钱，要注意及时补充能量，保证良好的睡眠，这样才能保证第二天有很好的学习效率。

第四篇 海外学习篇

第九章　教育国际化发展概述

【本章导读】

一、教育国际化背景

随着经济全球化的不断发展，教育国际化已成为热点话题。2003 年，中国大陆第一所国际知名高校的中国分校宁波诺丁汉大学成立；2006 年，英国利物浦大学与西安交通大学联合创办西交利物浦大学；2015 年 8 月，深圳北理莫斯科大学筹设获教育部批准国际联合办学发展至今，合作规模已逐渐增至多校。

据了解，自 2003 年国务院出台中外合作办学条例至今，我国已建成 9 所具有独立法人资格的中外合作大学。教育部数据显示，2018 年度我国共计 153. 39 万人在国外进行相关阶段的学习和研究。2007—2018 年中国出国留学人数统计见图 9-1。

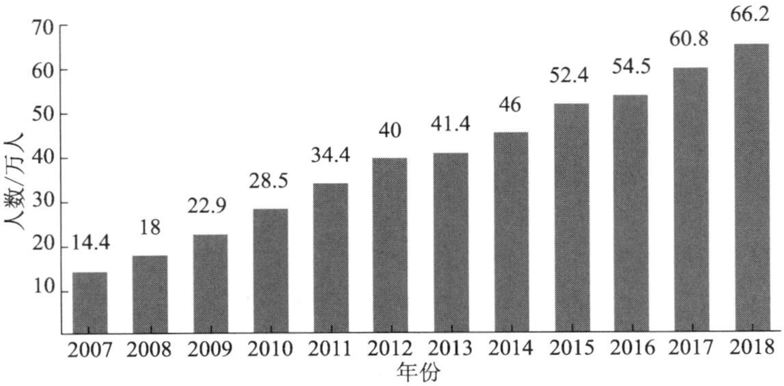

图 9-1　2007—2018 年中国出国留学人数统计

近年来，我国政府不断出台文件推动教育国际化的发展。2015 年发布《统筹推进世界一流大学和一流学科建设总体方案》，提出要加强与世界一流大学和学术机构的实质性合作；2016 年 7 月发布《推进共建“一带一路”

教育行动》，提出“一带一路”为推动区域教育大开放、大交流、大融合提供大契机。

2020 年 6 月，教育部等八部门联合印发《关于加快和扩大新时代教育对外开放的意见》（以下简称《意见》）。《意见》着眼加快推进我国教育现代化和培养更具全球竞争力的人才，对各级各类教育的对外开放做出了相应安排。教育部国际司负责人提出：“加快和扩大新时代教育对外开放，是教育发展的需要，是国家建设的需要，是新时代发展的需要，既迫在眉睫，又恰逢其时。中国始终高举合作共赢旗帜，致力于深化拓展与世界各国在教育领域的互利合作和交流互鉴，为推动构建人类命运共同体贡献力量。”党的十八大以来，教育对外开放的蓝图更清晰、布局更宽广、助力更显著、品牌更鲜明、影响更深远。我国已成为世界最大的国际学生生源国和亚洲最大的留学目的地国。

此外，我国积极引进境外优质教育资源，鼓励中外教育机构开展强强合作或强项合作，实现了教育资源供给多样化，满足了学生不出国门享受高质量国际化教育的需求。目前，经教育部批准和备案的各层次中外合作办学机构和项目近 2300 个，其中本科以上机构和项目近 1200 个。中外合作办学作为教育对外开放的重要载体实现了蓬勃发展。

高等教育国际化是经济全球化的必然产物。中国教育发展战略学会负责人认为，未来的大学应该从知识结构方面提高知识的深度和高度，设置以研究为导向的教学方式，鼓励以兴趣为导向的学生行为，建立以网络化平台为架构的大学组织形态。在高等教育领域，我国需注重加强与世界一流大学和学术机构的合作，引导高校加快培养具有全球视野的高层次国际化人才，完善高校对外开放评价指标。

二、高等教育国际化的必然性

高等教育是国家人才资源的主要提供者，对政治、经济、文化发展都至关重要。在全球化大背景下，高等教育更应该积极开展国际合作，培养学生的国际视野，培养适应全球化时代的高质量人才，实现人才培养和经济文化的协同发展。

随着现代科技和社会生产力的发展，全世界已经成为一个整体，人们共同生活在“地球村”中，经济全球化带来了教育全球化，教育全球化又为国内外的经济社会发展输送大量的人才，两者相辅相成、互相促进。当前，我国的高等教育国际化取得了一定进展，比如通过深化教育改革改变传统的教育理念，熟悉其他国家各方面的发展状况，重视学生的外语教学，为以后的语言交流和国际合作奠定基础。但是，当前我国高等院校虽然都开设了英语课程，却仍停留在刻板的应试教育中，一味追求考试分数，对提升学生的口语表达能力和交流能力重视程度不够。同时除英语能力之外，还应努力培养学生对其他小语种的兴趣，为以后参与国际外交建设扫清语言障碍。高等教育国际化是将国际上约定俗成的规则、范式融入高等院校的教育教学，丰富院校的教学资源和文化价值。这里的“国际化”，不仅仅指改变传统的教育理念，使教育“走出国门”、面向国际，还包括对国外教学理念和教育资源的深入研究，在取其精华、去其糟粕的基础上，实现高等教育的长足发展。高等教育国际化主要包括思想观念的包容性、专业设置标准的国际性、政策导向的开放性和人才培养的跨界性，旨在实现学校、教师、学生的多元化战略升级。

三、高等教育国际化的意义

第一，有利于培养高水平、高素质的国际化复合型人才。“一带一路”倡议为高等教育国际化提供了发展方案，提高高等教育的国际化水平也是现代教育改革的必然趋势，有益于提高学生的综合能力，增强学生未来在国际市场中的优势。在“一带一路”倡议之下，我国和“一带一路”沿线国家的交流合作更加密切，也对高等教育的教学模式和教育质量提出了更高的要求。因此，高等院校要积极主动吸收借鉴“一带一路”沿线国家的优秀文化，引进其他国家先进的教育理念、教学方式和教育资源，加强学校之间的学术交流，培养德智体美劳全面发展的社会主义建设者和接班人。

第二，顺应课程改革趋势，提高高等教育的国际认可度。全球化时代要求国家树立良好的国际形象，增加国际话语权。在国际传播的过程中既要“借船出海”也要“造船出海”，凭借国内外已有的交流手段如交换生、境外办学等增加国与国之间的学术交流。高等教育国际化是在顺应现代课程改革的趋势之下，符合中国教育体系的有效做法，有利于我国在“一带一路”倡议下有所作为，提高高等院校的教学水平。当今世界格局仍然是“西强东弱”，中国在国际上的话语权仍旧有待提高，而积极参与国际教育质量标准的研究制定，开发与国际先进标准相对接的高等教育课程体系，有益于提高我国高等教育的国际化水平及国际认可度。

第三，提升高校教学水平，促进世界高等教育不断发展。不同国家的高校，通过交流和合作，能够互相学习，吸收宝贵经验，提升高校办学水平。一方面，我国高校要从自身出发，通过对国外高校的教学思想、科学研究和社会服务等方面进行学习，吸收其中的优秀经验，结合自身的实际情况来进行相应的调整，并有机地融入自身办学过程中来，从而提高自身的综合实力，促进自身的不断发展。另一方面，我国高校要通过对其他国家的高校进行访谈，通过双方互相沟通和合作研究，通过参加高等教育领域的国际会议，并在国际刊物上发表论文，出版相应的著作等方式，向其他国家推出自身的教学和研究成果，这样既能让其他国家的高校清楚自身的发展状况，从而吸引更多的留学生来华留学，又可以提高我国在世界高等教育体系中的地位，促进世界高等教育的不断发展。

第一节　教育国际化现状与发展

一、教育国际化的基本内涵

（一）教育国际化内涵

由于各国国际化的发展水平、程度不同，其教育国际化的内涵也存在差异。例如，当欧洲各国持续进行整合时，国际化有时候被等同于学习另一个国家的语言、制度和文化。当高等教育层次的外国学生数量占比相对提高时，高等教育课程的国际化便可能成为焦点；而当非西方国家仍处于学术、文化输入的状态，留学欧美国家的学生人数往往就是国际化表现的指标。因此，国际化的定义与其说是因人而异，不如说是因国而异。目前关于教育国际化的讨论多集中在高等教育，虽不能包括各阶段教育国际化的内涵，但从高等教育的观点切入以了解教育国际化的定义也是可行的方向。根据 Yang（2002）的观察，教育国际化所指涉的含义因人而异，有些着重外语教育，有些强调国际交换学生与教师，有些则主张国际研究与技术的合作。因此，我们认为教育国际化可包括学生招募、学术项目交换、旅游学习、海外学习和工作以及国际化课程等项目。

（二）高等教育国际化的历史脉络与内涵发展

早在文艺复兴时期，西欧部分国家市民阶层的兴起推动了大学的诞生和发展，而知名学者和求学者的跨国流动已蔚然成风，甚至在许多欧洲大学之间形成了原始的学术共同体，这就是高等教育国际化的滥觞。20 世纪中叶，随着通信科技、交通运输的发展，全球性的高等教育建设热潮进一步带动了其国际化的迫切需求。美国学者布茨（Butts）于 1960 年首次提出高等教育国际化的体系化结构，强调通过提供国际化的课程内容、培训流动、跨国合作以及学者等人员之间的流动来形成稳固的国际体系。英国学者达尔文（John Darwin）提出大学国际化的四项衡量指标：一是享有国际学术中心声誉，二是拥有充足的研究基金，三是拥有广泛的国际学术交流项目，四是能够吸引全球范围内优秀师资和学生。简·奈特（Jean Knight）认为，高等教育国际化是院校和国家层面的高等教育目的、功能和供给中融入国际、跨文化或者全球化维度的过程，它为知识经济全球化提供知识并输送高素质的人力资源。我国教育部高等教育教学评估中心认为，高等教育国际化是指以培养国际化人才和提升学校国际化水平为目标，以组织管理、课程教学、人员流动、科研合作等活动为载体，将交流合作及国际化的理念融入学校人才培养、科学研究、文化传承和社会服务等职能之中的过程。进入 21 世纪，高等教育国际化发展更是达到顶峰，阿特巴赫（Altbach）及其同事的研究报告指出，21 世纪前十年全球高等教育的整体入学人数增长了约 53%，同时也使高等教育国际性流动水平得到显著提升。

20 世纪后半期各主要国家和地区开始积极推动本区域高等教育国际化进程。欧洲 29 国教育部长于 1996 年签订了《博洛尼亚宣言》；美国于 1996 年制定了《国际教育法》，并在此后连续出台多个政策推动教育国际化进程；日本从 20 世纪 50 年代中期开始以国际化观念推行教育改革。进入 21 世纪，随着经济全球化的快速发展和高等教育社会功能的凸显，高等教育国际化趋势日益迅猛。2012 年，美国颁布了《全球性的成功：国际教育及参与（2012—2016 年）》，首次明确把国际教育置于国家安全的战略高度；2012 年，加拿大发布了《国际教育：加拿大未来繁荣的关键驱动力量》；2013 年，英国颁布了国际教育战略——《国际教育战略：全球增长和繁荣》。2015 年，联合国教科文组织发布《重新思考教育：迈向全球共同事业》，指出教育要进一步成为全球"共同事业"。

改革开放以来，具有中国特色的高等教育国际化不断发展，形成了"多层次、宽领域、全方位"的高等教育对外开放格局。自 2001 年中国加入 WTO 起，我国的高等教育国际化进入快速发展期，在国际合作办学、师生国际交流、项目国际合作等方面取得了不错的成绩。随着高等教育国际化发展对人才培养、经济社会发展、科技进步等领域促进作用的日益凸显，政府和教育主管部门对此给予了高度重视。2010 年出台的《国家中长期教育改革和发展规划纲要（2010—2020 年）》明确提出了高等教育国际化目标蓝图。2016 年出台的《关于做好新时期教育对外开放工作的若干意见》

和《推进共建“一带一路”教育行动》，成为全面指导我国教育对外开放事业的纲领性文件。

国际化的发展加速了世界大学排名制度的出现，分析范围也逐渐从单一的国内对比走向全球参照。因此，高等教育国际化既成为各国学生开阔国际视野的合理选择，也成为各国政府倡导的高等教育发展战略。

二、高等教育国际化现状

我国的高校和大学生数量众多，在世界高等教育体系中处于主体地位，但数量并不等于质量，我国高校的教学质量相对不高，并且由于多种因素的影响，我国的高等教育国际化水平较低，在世界高等教育体系中仍然处于边缘地位。

（一）我国高等教育缺乏信心

我国的高等教育模式与外国有所不同，所培养的人才也有不同，从各国高校人才培养方面的相应数据来看，我国的高校人才培养能力较差。长期受到这种数据的影响，我国高等教育的自信心受到严重打击，在学习外国高校办学思想、与国际接轨的过程当中，由于自信心不足，经常会产生盲目崇拜外国的错误观念，导致我国高等教育办学成果难以进行传播，从而进一步导致了我国高等教育国际化水平较低。同时，盲目地崇拜外国高等教育的办学思想，也导致了辨别能力的缺乏，无法在繁杂的教学思想中寻找到自己所需要的宝贵经验，也无法与我国实际情况相结合来进行运用，提高我国高等教育的办学能力。同时，这种盲目崇拜外国的心理，会严重地影响我国学者的批判精神和反思意识，使得我国高等教育体系中的学术研究缺乏独立性，一定程度上降低了我国学术研究的能力，降低了我国高等教育国际化的水平。

（二）语言存在隔阂

我国所使用的语言是汉语，虽然汉语是世界上使用人口最多的语言，但并非世界通用语言。而汉语表意的特殊性质，导致汉语在翻译成英语的过程中经常会出现表意不明的现象，难以将汉语中所表达的意思清楚地用英语表达出来。在世界高等教育体系当中，由于是以西方国家的高校为主导的，因此其中的各种会议、期刊文章、文献资料中所使用的都是英语，这也就给我国高等教育国际化提出了新的要求。一方面，我国高等教育国际化所需要的学者要具有用英语熟练表达的能力。在高等教育国际化的交流过程中，绝大多数词汇都是具有高度理论性的，一般的翻译工作者在翻译过程中很容易出现问题或表意不明，而相关的专家学者中有较高英语水平的人数较少。另一方面，期刊文章、文献综述和各种会议能够直接地体现出自身高等教育的发展程度和研究成果，能够用英语熟练地表达，在国际学术领域中就具有话语权。不光是汉语，对于其他语言而言，由于每一种语言都是民族和国家文化的核心，在通过一种语言对另一种语言进行翻译的过程中，很容易会丢失其中所蕴藏的文化含义，严重降低了其他国家在国际论坛上进行表达的能力。

（三）研究方向存在差异

我国高等教育注重学科取向的研究，而外国高等教育则更加注重问题取向的研究，研究方向的不同也是导致我国高等教育国际化水平不高的主要原因。我国高等教育的核心理念在于研究重点和热点问题，重视不同学科和分类的建设，让学生能够在某一学科的框架下学习，让学生能够成为专业性的人才，这是由我国的国情决定的。而外国高等教育思想更加注重问题研究，重在培养学生的全面能力，这与我国的教育思想有本质上的差别。同时，我国的高等教育思想更加宏观，重在进行理论层面的辩证研究，而外国高等教育思想更加微观，重在进行实际论证的研究，这两种教育思想没有高下之分，但在国际高等教育体系当中，我国的教育思想与外国教育思想在研究方向上存在的本质差别，也就导致了我国高等教育理念难以在世界高等教育体系中得到发展。

（四）学术研究的规范程度不足

由于我国的历史文化与其他国家的历史文化有着较大的差异，因此，我国的社会科学的评价标准与外国也有着很大的区别。由于我国在世界高等教育体系中不占主导地位，因此，想要与其他国家高校进行交流，就必然要遵守其他国家的学术规范。像我国的论文中经常会出现一些冗杂的字样，像“本文分析”“揭示了”之类的词汇，难以表达出论文中所要表达的深层含义。而在国际学术体系当中，如果不能在摘要中简练地概括文章内容，并表明自己的论文具有独创性和创新性，就不会被人重视，也就影响了我国高等教育思想的传播和发展。

三、“双一流”背景下我国高等教育国际化发展的策略

我国高等教育国际化发展已颇具规模，如何提升发展质量，实现内涵式发展，是下一步应着重关注的问题。

（一）实现教学全过程的国际化

“培养大批具有国际视野、通晓国际规则，能够参与国际事务和国际竞争的国际化人才”是《国家中长期教育改革和发展规划纲要》明确提出的目标。高等教育国际化应当渗透到人才培养的全过程，深入到课堂教学和实践等核心要素中，要鼓励学科交叉，打破专业壁垒，建立与国际接轨的教学内容和课程体系。要将国际前沿问题和技术成果引入课堂。增设跨文化、涉外专业或与国际事务相关的课程，培养学生的国际化视野，建构和提升学生的国际化思维。提高外语课程所占的比例，创造相对纯粹的外语授课和学生实践环境，在教学过程中提升学生的外语水平和跨文化交流能力。

（二）完善国际化管理体系和服务机制

完善科学的管理和服务机制是高等教育国际化战略有效实施的坚实基础。首先要完善外事工作机制，提高教育领导者、院系单位和教育参加者的国际化意识，让院系和师生从被动地参与转变为主动融入学校国际化建设，使教育国际化从要求变为需求。其次要创造多元的校园文化生态和管理服务方式，使具有不同文化背景的学生有更多共同学习和生活的机会，进一步提升学生对多元文化的理解能力。最后要重视学校管理人员境外培训，加强对外语能力、跨文化沟通能力和外事工作能力的培养，建立起一支高素质、专业化、国际化的管理和服务支撑队伍。

（三）形成学生双向流动的格局

在教育国际化面临重大发展机遇的同时，人才国际化竞争也日益激烈。要改变学生“从发展中国家到发达国家流动”和“在发达国家之间流动”的模式，实现国际学生的双向流动，优化来华留学生生源。此外，既要重视生源国际化，也要重视学习经历国际化。进一步鼓励和支持合作办学、联合培养、学分互认、学位互授、课程合作、远程教育、短期交流等形式的学生流动，优化和创新国际学生培养从招生到就业的各个环节，提高国际学生的教育质量。

（四）推动师资队伍结构的国际化

引进海外高端人才是国际化助力学科和科研发展最直接有效的途径。要不断完善人才发现、引进、管理等方面的保障机制，加大海外人才和学术团队的引进力度，特别是要加大对有潜力的青年学者的引进力度。在吸引国外优秀人才的同时，培养和造就一批学术潜力大、外语水平高、国际活动能力强、能够与国际同行对话和合作的高水平人才，积极鼓励出国进修学习、参加国际会议、开展合作研究，使其成为助力中国高等教育国际化的领头力量。

（五）强化国际学术交流和合作研究

世界一流大学不仅是高水平的教学中心，而且是高水平、有影响力的研究中心。高等教育具有推动社会发展的尖端力量，在国际化进程中要体现出自身的科研能力和水平。因此，要在国际领域寻求高水平合作伙伴，充分发挥自身学科和专业优势，精选友好大学中的名校，以学科为突破口，通过建立高水平联合实验室和联合研究中心，开展合作研究项目，充分调动国际学术科研资源，形成良好的学科发展生态，助推高校科研能力提升和“一流学科”建设。

（六）共同加入全球教育治理

应鼓励教育机构参与全球教育治理，参与国际规则和标准的制定与完善。高校要放眼世界，学习国际先进的办学理念，熟悉和掌握国际普遍接受的规则，加强与世界高等教育界的对话和合作。积极参与多边教育行动，在普遍性和全球性议题上主动提出自己的观点和方案，贡献中国智慧和中国声音，使我国从国际教育规则的被动接受者转变为主动参与者、制定者和实施者。

随着教育国际化的不断发展，高等教育国际化的概念也在不断扩充。现如今，高等教育国际化已经不仅仅局限于教师与学生之间的交换和流动，而是更加注重对其他国家高校教学和科研层面的学习。在与其他国家高校交流和合作过程中，一方面可以开阔高校的视野，积极吸收其他国家高校在办学和科研方面的宝贵经验，提升我国高校的教学实力；另一方面可以进行师生的交换，学习国外高校的教学知识，向外传播中华文化，同时感受其他国家文化，这对我国高等教育的不断发展具有重要的意义。

第二节　高等教育国际化项目概述

随着世界各国日益频繁的教育交流，国际化已成为我国高等教育的发展趋势。以江苏大学为例，为加快推进国际化进程，提升学校的国际影响力，近年来，江苏大学在国际合作研究、国际合作办学、学生的国际流动、教师队伍国际化、课程国际化和来华留学生教育等方面开创了国际合作与交流的崭新局面。

学校已与美国、加拿大、英国、德国、法国、荷兰、意大利、瑞典、丹麦、奥地利、日本、韩国、新加坡、泰国等 34 个国家及地区的 171 所大学和研究机构建立了合作关系。举办“江苏—英国高水平大学 20+20 联盟”成立大会暨国际产学研合作论坛，成为联盟江苏方首轮主席单位和联盟江苏方秘书处常设单位；牵头成立农业工程大学国际联盟，成为首任理事长单位。与奥地利格拉茨大学共建孔子学院。邀请了包括诺贝尔奖获得者在内的一大批国际著名学者来校讲学、访问，长期聘请 80 多名外国专家和语言教师；每年有 300 余名教师赴境外进行学术交流、访学进修。学校与美国阿卡迪亚大学、德国马格德堡大学分别开展了本科生和研究生的合作办学，与美国北亚利桑那大学、加州州立大学圣贝纳迪诺分校分别开展了车辆工程、英语、工商管理、会计和计算机科学与技术 5 个中美本科生双学位项目，与法国 ESTIA 工程师学院开展了 3+1+2 本硕连读项目，与澳大利亚昆士兰大学电气工程及其自动化专业、麦考瑞大学金融专业开展本科 2+2 中外学分互认联合培养项目，与美国休斯敦大学、意大利帕多瓦大学、加拿大罗里尔大学、英国利兹大学、瑞典克立斯蒂安斯塔德大学等高校开展了本科生或研究生的联合培养。学校是全国首批被教育部授予留学生招生资格的高校，面向世界各国招收博士研究生、硕士研究生和本科生层次的外国留学生以及语言文化类短期留学生，英文授课本科专业有临床医学、工商管理、国际贸易、土木工程、计算机科学与技术、化学工程、食品科学与工程、药物制剂、材料科学与工程、中国语言文学、机械工程、会计学等；所有研究生专业均可招收来华留学研究生。2018 年在校留学生规模已达 2807 人，学历生 2100 余人，生源国遍及五大洲的 100 余个国家。学校每年承办 3~5 个高水平国际会议和两岸论坛。学校与日本三重大学、泰国清迈大学发起的“三国三校国际学术会议”不但已连续成功举办了 26 届，而且已发展成为目前由 10 多个国家、20 余所高校参加的大学生和青年学者的学术盛会，在亚洲乃至全球都产生了积极影响。

一、海外升学

（一）我国出国留学概况

1985 年之后，随着自费出国留学资格审核被取消，出国热在全国逐渐升温。进入 21 世纪，出国留学进入“繁荣发展期”，留学活动的空间和规模变得越发宽广，其流动性也越来越大。中国出国留学人数逐年增长。数据显示，2013—2019 年，中国出国留学人数逐年增长，增速波动较大。2018 年中国出国留学人数为 66. 2 万人，同比增长 8. 9%。其中，国家公派 3. 02 万人，单位公派 3. 56 万人，自费留学 59. 63 万人。到 2019 年，中国留学人口规模已经突破 70 万人，留学市场持续扩大。详细情况如图 9-2 所示。

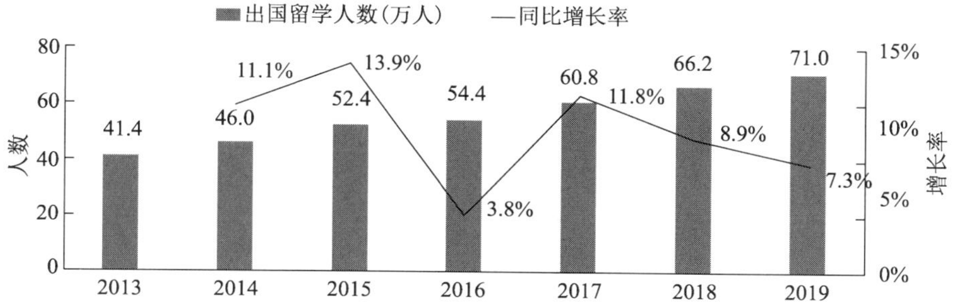

图 9-2　2013—2019 年中国出国留学人数及增长趋势

新时期、新形势下，出国留学出现了“大众化”“低龄化”和日益增长的“归国潮”等新特征；出国留学的目的也由 20 世纪的学成本领报效祖国的神圣使命转化为把出国留学作为一段人生经历、一种学习与成长方式和接受优质教育的新选择；曾是社会精英代名词的“留学生”的出国背景优势已不再突出，自费出国留学已逐渐代替了公费公派出国方式，数量已占到了留学生总量的 90%以上；赴美留学依然是众多留学生的首选；留学专业选择多元化，凸显理性回归。

（二）全球留学生的流动情况及特征

全球留学生的流动情况表明了各国高等教育系统的吸引力。其中，各国所占国际留学市场份额指数可作为重要的参照指标。根据美国国际教育协会（Institute of International Education，简称 IIE）2020 年公布的数据，2018 年全球高等教育领域的流动学生总数达到 560 万人，美国、英国、中国、加拿大、澳大利亚、法国、俄罗斯、德国、日本和西班牙在国际留学市场中占据的份额分别为 20%、10%、9%、9%、8%、6%、6%、5%、4%、2%。此外，留学生人数占所有高等教育学生总数的比例也表明了某个国家国际学生的容纳情况。其中，澳大利亚招收的留学生占本国高等教育学生的比例最大，达到了 31. 3%；加拿大、英国、新西兰、法国、德国、俄罗斯、日本、美国和中国招收的留学生占本国高等教育学生总数的比例依次下降，分别为 23. 7%、22. 3%、13. 5%、13. 4%、11. 7%、8. 5%、6. 2%、5. 5%、1. 2%。

全球留学生的流动方向具体表现出以下特征：第一，英语国家总体上是最受欢迎的留学目的地，将近一半的国际学生流向美国、英国、澳大利亚、加拿大等 4 个英语国家。根据美国国际教育协会 2020 年公布的数据，仅美国就接收了1075496名留学生，占全球留学生市场份额的20%，英国、加拿大和澳大利亚紧随其后，分别接收了551495名、503270名和420510名留学生。第二，中国、俄罗斯、日本等新兴留学目的国正在迅速崛起，分别招收了492185名、353331名和228403名留学生，占据了大约9%、6%和4%的全球市场份额。第三，来自亚洲的学生构成了最大的留学生群体。2018年，亚洲留学生占OECD国家留学生总数的57%，其中超过30%的留学生来自中国和印度。并且，超过2/3的中国和印度留学生主要集中在5个国家，即美国、英国、澳大利亚、加拿大和日本。第四，国际学生在流动方向越来越多元化的同时，也表现出区域内部流动的趋势和特征。例如，欧洲是国际学生的第二大来源地区，2016年占全球留学生总数的23%，但这种流动很大一部分是在欧洲区域内部进行的，90万名流动学生中有76%在欧洲区域内部流动，欧洲区域内国际学生占该地区所有国际学生总数的35%。第五，国际学生流动路径深深根植于历史模式之中。例如，俄罗斯作为一个主要的留学目的国，2016年招收了25万名外国学生，其中2/3来自与苏联有历史联系的邻国：阿塞拜疆（6%）、白俄罗斯（6%）、哈萨克斯坦（28%）、土库曼斯坦（7%）、乌克兰（9%）和乌兹别克斯坦（8%）。总的来说，国际学生流动的路径及其特征证明了地理距离、社会文化、语言差异、政治关系及历史联系等因素的重要作用。

（三）全球留学生的结构分布

从留学生的学历层次上看，除少数情况外，各国招收的留学生占本国高等教育注册学生总数的比例往往随着学历层次的升高而逐渐增加。在经合组织国家中，留学生平均占高等教育总入学人数的6%，但具体到不同学历层次，本科层次的留学生占相应层次学生总数的比例为5%，硕士层次的留学生占相应层次学生总数的比例为13%，博士层次的留学生占相应层次学生总数的比例则达到22%。从各个国家来看，也基本表现出相同的规律。以美国为例，美国本科层次留学生占本科层次学生总数的比例虽仅为5%，但硕士和博士层次占相应层次学生总数的比例分别达到13%和25%。英国本科、硕士、博士层次留学生分别占相应层次学生总数的15%、35%和41%。法国本科、硕士、博士层次留学生分别占相应层次学生总数的7%、12%和38%。可以看出，全球本科层次的留学生占本科层次学生总数的比例仍然相对较低，各留学目的国高校倾向于保证本国国民的本科入学机会，而重点招收更多高层次的留学人才，尤其是博士阶段的留学生，因为他们可以为东道国的高等教育科研创新及社会经济发展做出突出贡献。

从留学生的专业结构上看，留学生偏向于选择人文社科和工科类专业。根据 2019 年 OECD《教育概览》（Education at a Glance 2019）公布的数据，2017 年经合组织国家在商业、管理和法律，工程制造和建筑，艺术和人文等三大类专业招收的留学生最多，分别占留学生总数的 27%、18%和 14%。具体到各个国家来看，除极少数例外（如德国），各留学大国招收最多的都是商业、管理和法律类专业的留学生。此外，值得注意的是，科学、技术、工程和数学（Science，Technology，Engineering，Mathematics，简称 STEM）类专业也是深受国际学生欢迎的专业。在经合组织国家招收的留学生中，约有 1/3 的留学生攻读 STEM 专业。具体到各个国家，德国招收的 STEM 专业留学生占其留学生总数的比例高达 48%。排在德国之后的是美国，进入 STEM 专业领域的留学生比例达到 41%。除此以外，加拿大、法国、英国、新西兰、澳大利亚、韩国等国家就读 STEM 专业的留学生占本国留学生总数的比例分别为 38%、33%、32%、30%、27%、20%。

从全球范围来看，留学生教育经历了 20 世纪 80 年代市场化变革以来的迅猛发展。尤其是进入 21 世纪之后，在全球化浪潮的进一步推动下，目前关于留学生教育已经形成了一个较为完整的政策体系。英国、美国、澳大利亚、加拿大、法国、德国等传统留学生输入大国在长期发展和实践过程中积累了较为成熟的政策经验。中国、俄罗斯、日本、韩国、新加坡等国家在作为留学生输出大国的同时，也一跃成为接收国际学生的重要增长极，非洲、南美洲等欠发达地区则在继续加大留学生派遣力度。

2019 年底以来，新冠疫情的流行导致了有史以来最大规模的教育系统中断，影响了全球 190 多个国家和地区的 16 亿学生。新冠疫情的全球蔓延对国际学生的流动性造成了前所未有的破坏。高等教育机构的大规模关闭及面对面教学活动的暂停，包括学生签证在内的大使馆签证服务的暂停、边境和机场的延长关闭，预示着国际学生流动在短期内受到影响。此外，疫情也会对国际学生选择留学国家和留学院校的行为产生长期的影响。如果大学始终以在线课程为主的话，由于学习资源减少及通过工作资助留学的机会越来越有限，高成本的国际教育选择可能变得不那么有吸引力。新冠疫情对不同国家的影响程度有所不同，英国、澳大利亚、加拿大、美国等依赖国际学生作为重要收入来源的国家遭受的损失尤为严重。据估计，在澳大利亚、美国和英国，新冠疫情将带来数十亿美元的收入损失及无法预估的危机。一些专家认为，至少需要 5 年时间才能恢复到危机前的国际流动水平。

（四）出国留学生存在的问题

1. 安全问题。出国前存在申请程序和申请学校的安全与否问题，包括中介费用、“野鸡大学”等不安全因素；个人在国外留学过程中独居异乡，可能在人身和财物等方面产生安全隐患。

2. 能力问题。语言功底是否扎实，耐受挫折能力是否强，适应外界环境能力是否过硬，将直接影响大学生留学前几个月的关键期能否顺利坚持下来；而生活自理能力、独立生存能力、理财能力、动手能力则是留学生在国外学习、生活必须具备的能力；学习能力、人际交往能力和职业能力则决定了留学是否能够学有所成，能否在国外成功就业。

3. 心理问题。新形势下留学出现了“大众化”和“低龄化”特征，有很大一部分留学生都是“90 后”独生子女。因此，留学生的外语水平、异域文化和生活习惯等都可能影响到他们的海外适应性，一些留学生会“水土不服”，甚至产生“文化休克”，产生失落、敏感、封闭、压抑、孤独、恐惧、无助、无安全感等心理问题，不能合理调适者往往中途折返，放弃留学。

4. 国际交流深度不够。出国留学生出国期间国际交流的深度有待提高，他们虽结交外国朋友，但与外国师生交流不充分。其实，留学生出国学习不仅仅是学习国外先进科学知识，更需要直接接触和学习留学国家的语言、文化、政治、经济、学术和科技，加深对国外独特文化精神的了解，促进国际理解，真正做到“贯通中西，学为我用”，而不能仅仅停留在增加“看看、转转”的学习经历资本上。

5. 出国动机不明确。有的学生是为了完成父母夙愿出国而非出自本意；有的学生全凭一时冲动，纯粹是凭着爱好和兴趣出国；有的学生没有明确目标，盲目跟风从众出国，对毕业后的目标缺乏规划。出国动机不明确，导致出国留学生缺乏主动学习意识、目标缺失、动力不足，往往得过且过，学习、生活没有目标。

6. 法律意识薄弱。由于中西文化背景的差异，很多中国留学生对国外的法律制度没有概念，对国外的法律规范缺乏足够的重视。法律意识的淡薄使出国留学生可能在“无意间”就触犯了国外的法律，而不得不承担相应法律责任。有的留学生甚至为达到某种目的而无视法律，最终走向犯罪。

7. 比富斗阔、奢侈消费。90%以上的出国留学生都是自费留学，这部分留学生家庭条件较为优越，他们出国后往往利用手中的金钱与人交流，很容易养成追求名牌、奢侈浪费的习惯。长此以往，就会无心向学，无端浪费父母给予的留学经费。

8. “海归”就业难。据统计，我国2013年“海归”人数达30多万人，创历史新高。“海归”丰富的海外求学经历是回国就业的优势和财富，具有留学背景和真才实学的复合型“海归”人才，有的在高校做了科研带头人，有的在跨国公司做了白领和高管。而也有一部分“海归”就业难，这往往是由于个人出国动机不明，缺乏学业职业规划、国外工作经历，以及择业标准严、定位高等。

二、赴境外交流学习

（一）学生参加学校组织的赴境外交流项目

✓学生按照当年发布的项目通知要求准备申请材料，并于申请截止日期前交至所在学院/中心；

✓所在学院/中心根据申请条件确定推荐名单；

✓国际合作与交流处和/或学校其他相关职能部门审核推荐名单及相关申请材料，（通过综合面试或其他考查方式）确定项目候选人，并将候选人报项目合作方审核；

✓项目合作方（通过综合面试或其他考查方式）向审核通过的学生发放录取通知书或邀请信；

✓学生自行办理签证和学籍保留等手续，赴境外交流学习。

（二）学生自行联系赴境外交流学习

学生自行联系赴境外高校或机构交流学习、攻读学位，或利用寒暑假自行到境外自费进行短期实践，需提前向所在学院/中心提出申请，经学院/中心同意并报学校相关部门批准后，自行办理签证、学籍保留（或休学）等手续。

（三）江苏大学研究生赴境外交流学习资助管理办法

江苏大学研究生赴境外交流学习资助管理办法

（2021年7月5日修订）

第一条 为鼓励研究生积极参与国际学术交流，拓宽学术视野，活跃学术思想，同时提高学校在国际学术界的影响，结合我校实际，制定本办法。

第二条 研究生赴境外交流学习资助经费主要包括国家留学基金委资助经费、省财政优势学科拨款中用于研究生培养的经费（以下简称“省优势学科拨款”）和学校自筹经费。其中，国家留学基金委等上级部门资助项目的资助标准和经费使用按照上级部门文件执行；省优势学科拨款和学校自筹经费的资助标准和经费使用规定按照本办法执行。

第三条 资助对象为我校规定学制年限内的中国籍全日制在读非定向博士研究生、硕士研究生。

第四条 申请条件：

（一）身心健康，具有良好的综合素质。

（二）申请交流学习的单位为境外高校或研究机构，且拟参与交流学习的项目与研究生本人的专业和研究方向紧密相关。

（三）外语水平符合拟前往高校或研究机构的语言要求和我校公派出国（境）研究生外语水平要求。

（四）持有境外正式机构的交流学习邀请函。

（五）导师同意派出，并愿意作为申请人的担保人。

（六）境外交流学习期限：博士研究生一年及以上，硕士研究生三个月及以上。

（七）研究生境外交流学习结束后必须回国返校继续攻读博（硕）士学位，且返校时间原则上距拟毕业时间至少一学期。

第五条 申请程序：

（一）申请人赴境外交流前，填写“江苏大学研究生赴境外交流申请表”，并按照相关规定向所在学院（科研机构，下同）提交申请材料。

（二）学院对申请人拟参加交流学习的内容、学术水平等进行审核后报研究生院。

（三）研究生院会同国际合作与交流处（港澳台事务办公室）、学生工作处对学院提交的材料进行复核后，确定资助额度并做好备案工作。

（四）申请人交流活动结束回国返校后，研究生院与学生工作处、财务处共同落实资助经费的发放工作。

第六条 经费资助额度：

（一）成功申报国家留学基金委项目的研究生参加交流学习的经费由国家留学基金委承担，不足部分由研究生本人自行承担，具体详见国际合作与交流处发布的相关通知。

（二）未成功申报国家留学基金委项目，但获得泰晤士、QS、USNEWS等世界大学排行榜前200名高校以及“江苏大学研究生赴境外交流学习高校或研究机构目录指南”中所列高校或研究机构的邀请且如期交流学习的研究生，若所在学科为江苏高校优势学科，则由优势学科拨款资助其交流学习经费总额的 80%，但资助额度最多不超过出国交流 1 年 9.6 万元、6 个月 5.3 万元、3 个月 3.15 万元，其余经费由导师科研课题经费、研究生自筹经费共同承担；若所在学科为非江苏高校优势学科，则学校自筹经费资助其交流学习经费总额的 50%，但资助额度最多不超过出国交流 1 年 6 万元、6 个月 3.5 万元、3 个月 2.25 万元，其余经费由学科建设经费、导师科研课题经费、研究生自筹经费共同承担。

（三）未成功申报国家留学基金委项目，且其境外交流学习高校不属于泰晤士、QS、USNEWS 等世界大学排行榜前 200 名高校以及“江苏大学研究生赴境外交流学习高校或研究机构目录指南”中所列高校或研究机构的研究生，按照境外交流时间 3~6 个月（不含）、6 个月及以上分别确定资助标准，获得国家奖学金、江苏省优秀学生干部、江苏省三好学生、校长奖章、校优秀研究生标兵、校十佳青年学生等奖项、荣誉者分别资助 1 万、1.5 万元，其他学生分别资助 0.6 万元、0.9 万元，由江苏大学学生留学交流经费资助。其余经费由学科建设经费、导师科研课题经费、研究生自筹经费共同承担。

第七条 研究生赴境外交流学习前须在导师指导下认真制定境外交流研究计划；在境外交流学习期间与导师保持经常性联系，认真做好学习研究工作，定期向导师汇报学习研究进展情况。研究生赴境外交流 1 年及以上的必须与前往的境外高校或研究机构联合发表高水平学术论文至少 1 篇。

第八条 研究生赴境外交流学习结束后必须按期回国，回国后向所在学院提交总结报告，并在学校或所属学科内公开举行学术报告会，报告内容为交流活动的学术体会、学术动态或本人提交的学术论文。

第九条 资助经费的发放。申请人赴境外交流前征得学科、导师同意后从学科建设经费或导师科研经费中预支出国交流的部分费用，回国返校后考核合格者根据其享受的资助额度予以报销。

第十条 申请人赴境外交流学习的活动内容必须严格按学校的批准方案执行，留学期间不得绕道，不得擅自改变或增加出访国家、地区，不得改变身份。未经学校同意，擅自变更研修国家、地区或学校，擅自提前或逾期回校，或者在境外从事与留学研修计划无关的活动等均属于违规行为，学校将根据有关规定予以严肃处理，返校后其资助费用不予报销。

第十一条 申请人赴境外交流期间，学制年限内正常享受国家助学金、学业奖学金、国家奖学金等研究生奖助学金。

第十二条 已获国家留学基金或学校基金资助、正在国（境）外学习、持有国外长期居留证或已获国（境）外奖学金资助的研究生不再享受资助。

第十三条 本办法由研究生院负责解释，自 2021 年 8 月 30 日起施行。原《江苏大学研究生赴境外交流学习相关资助管理办法》（江大校〔2017〕183 号）同时废止。

三、短期海外学习线上交流项目

（一）项目情况

1. 课程内容。开设联合国国际组织人才培养、剑桥大学、帝国理工学院、哈佛大学、麻省理工学院、宾夕法尼亚大学、牛津大学、南洋理工大学、新加坡国立大学等世界名校与我校人才培养及学科专业密切相关的课程和实习项目。

2. 授课师资。学习课程由世界名校顶级师资力量参与设计，名校教授或讲师授课。

3. 学习费用。项目整体费用相对于传统线下授课模式大幅降低，部分项目严格采取小班化在线直播教学，确保学生与上课教授能及时互动。

4. 学习收获。学习合格可获得项目结业证书及成绩单，部分项目有教授推荐信或导师硕博生名额申请以及论文发表等。

（二）报名条件

1. 我校中国籍全日制在校非毕业班本科生、研究生；
2. 身体健康、品行端正、遵守纪律、服从统一管理；
3. 学习认真，成绩优良，综合素质好；
4. 具有项目课程需要的外语水平，有雅思、托福成绩者优先推荐。

（三）激励措施

1. 参照《江苏大学学生留学交流经费资助管理办法》（江大校〔2020〕54 号）（以下简称《办法》），给予参加线上课程成绩合格的学生一定的资助。

（1）对于参加“联合国国际组织人才培养”“联合国青年外交官”“剑桥大学国际组织项目”等 3 个海外学习线上项目的学生，学校资助额度为项目费用的 50%，但不超过 8000 元；符合《办法》第九条规定的学生，资助额度为项目费用的 70%，但不超过 10000 元。

（2）对于其他项目，学校资助额度为项目费用的 30%，但不超过 5000

元；符合《办法》第九条规定的学生，资助额度为项目费用的50%，但不超过8000元。

（3）各学院可参照《办法》："优势学科、一流专业（品牌专业）根据各自实际制定配套资助政策。一流专业（品牌专业）原则上资助标准不低于学校资助标准的50%。"

2. 学生参加并完成项目学习，达到合格成绩后，教务处按照《江苏大学本科生国际化教学学分认定管理办法》，进行课程学分认定。

四、高层次国际化人才培养创新实践项目

（一）项目简介

为落实教育部中外人文交流中心的国际组织人才培养计划，培养既通晓国际规则，又具有工农融合素养的"4C"复语型、复合型、精英型全球化人才，助力青年主动投入联合国可持续发展全球治理之中，并为我校研究生和本科生赴联合国总部、联合国工发组织、联合国粮农组织等国际组织实习或任职（国际公务员）创造更多机会，国际组织人才学院从本学期开始实施"江苏大学国际组织人才培养创新实践项目"。

（二）教学内容及安排

【项目学制】项目时长为五个学期。本科生从大二上学期开始，到大四上学期结束；研究生从研一上学期开始，到研三上学期结束。

【课程设置】本项目的教学内容总体分为全球治理模块、语言拓展模块、人文素养模块、工程创新模块、实践体验模块。

国际公务员职业规划讲座分别于9月26日星期六晚上8点、10月31日星期六晚上8点、11月27日星期五晚上8点，邀请3位国际组织负责人、国际组织实习生，讲解联合国国际组织职业发展规划，分享国际组织任职的亲身经历及体验感悟，使同学们对国际组织有更加直观的了解，拉近学生与国际组织的距离。在教学进行过程中，将穿插国际组织与全球治理前沿名家讲座，面向全校学生。

全球治理课程：学员将在以下课程包中选修4门。可选课程为"探索联合国及其可持续发展目标""基于联合国报告的全球可持续发展研究""联合国可持续发展目标下的国际教育发展探究""如何利用商业及社会企业实现可持续发展目标""可持续发展目标下的国际法与全球治理方针""环境政策与公共卫生政策联动实现联合国可持续发展目标""全球经济可持续发展：原理与实践研究""创业与科技带动全球工业可持续发展"8门

基础课程，均由全球知名大学教授及国际组织任职人员讲授。其中“可持续发展目标下的国际法与全球治理方针”为必修课，其他7门学生可结合本人兴趣及关注问题选择其中3门。

工程创新能力模块课程：人工智能，大数据，我校工农技术概论。

实践体验模块课程：中外学生语言提升拓展，学校国际组织、联合国相关组织短期志愿者、实践、实训等。

（三）考核方式

【考核方式】以课程出勤、课堂参与、研讨交流等方式综合评价。

【实训成果】学员完成所有课程和教学内容，考核合格者，准予结业，由国际组织人才学院颁发结业证书。人文素质类课程可与本专业的相关课程进行学分互认。学员通过综合考核，将择优资助赴联合国总部、联合国工业发展组织、联合国粮农组织、世界粮食发展署、国际农业基金会等国际组织短期实训，并获得实训官方参与证书及培训嘉宾签字的推荐信。学员经过考核选拔，将推荐资助赴联合国参加长期实习，在联合国等国际组织从事国际公务员职务。学员结业将增加跨国公司就业机会。

江苏大学国际组织人才学院建设

（一）建设目标

依托江苏大学“工中有农、以工支农”的学科特色和优势，有效整合工学、农学、管理学、文学、法学、哲学、理学等学科资源，搭建跨学科、跨文化国际化培养平台，配置国际化师资参与教学，鼓励并支持学生出国留学、参与国际组织实习，积极探索国际组织需要的高端后备人才培养新模式。着重在工农可持续发展领域培养具有中国情怀和国际视野，通晓国际规则，拥有出色外语能力，善于跨文化沟通与交流，掌握工农文管等跨学科基础知识，能在国际组织中从事农业、农村、农民、工程、金融、商务、会计、法律相关工作，能够讲好中国故事、传播好中国声音的全球胜任人才。

（二）管理模式

1. 国际组织人才学院与“一带一路”国际人才学院合署办公，挂靠海外教育学院。院长由校长兼任，另设执行院长1名、常务副院长1名、副院长4名，由海外教育学院、教务处、研究生院、国际处、团委等相关领导兼任。办公室设在“一带一路”合作办公室，根据工作发展需要，确定人员编制。

2. 学生涵盖中外本科生、研究生。学生既参加所在专业的班级学习、实践活动，也参加国际组织人才学院的班级活动，通过相对灵活的教学机制，兼顾不同专业学生的时间要求。

3. 学生修读完第二外语课程、“全球治理体系中的中国担当”课程、人文素质类课程、工程与创新能力类课程，可获得“国际组织与全球治理”微专业证书；完成所有的培养环节可获得“江苏大学国际组织人才学院结业证书”；参加完联合国等国际组织实训后可获得国际组织官方实训证书。

4. 学生不能适应学院的学习或者个人兴趣发生转移时可提出退出申请，学院审批通过后方可退出。

（三）主要职能

1. 制定工农融合素养的“4C”复语型、复合型、精英型国际人才培养计划。

2. 负责在读一年级中国籍硕士生、二年级中国籍本科生以及知华友华爱华的来华留学生的遴选招生工作。

3. 汇聚国内国际优质资源，通过政校企协同育人，中外联合培养、联合选拔，汇聚不同学科专业背景的学生和导师，共建学习共同体。

4. 通过国际组织专家授课、校内特色学科专家授课、国际学术讲座、国际组织专家报告、国际组织参观咨询、国际组织短期实训、国际组织长期实习、中外学生跨文化沟通等形式，提升学生的国际领导能力、跨文化沟通能力、工农结合的专业能力和中国文化理解力、国际演讲与辩论能力及全球治理意识。

5. 提供国际岗位实习就业信息。及时发布国际组织实习就业信息、国际组织实习任职的校友信息、讲座信息等。学生主要实习或就业去向是联合国工业发展组织、联合国粮农组织、世界粮食计划署、国际农业基金会、联合国总部等相关国际组织，对于不能进入国际组织的毕业生，择优向跨国企业、国家机关外事部门等机构推荐。

（四）培养内容与安排

1. 多语能力培育

开设英语、西班牙语、俄语、法语课程，通过留学生个性化辅导等形式帮助学员拓展联合国工作语言能力，该模块在第一、第二学期完成。

2. 全球治理能力培育

每年邀约国际知名高校或国际组织教员（官员）开展不少于四门国际

组织相关线上直播课，同时配备具有海外经历的硕士、博士辅助学生学习，分设基础班和高阶班满足不同层次学生需求。课程内容围绕创业与科技、全球经济可持续发展、环境政策、国际法与全球治理方针等四大板块展开，为学生提供内容丰富、选择多样的学习方案，帮助其加深对国际组织相关知识的了解。该模块在第一、第二学期完成。

3. 人文素养培育

开设思想政治类课程和“全球治理体系中的中国担当”课程，课程包含社会主义核心价值观讲座、国际组织与全球治理前沿名家讲座、领导力讲座，以及爱心行动等主题实践活动，着力培养学生的家国情怀、感恩意识，使学生坚定政治立场，愿意为人类命运共同体、联合国可持续发展、国际社会和平发展做出贡献。该模块在前四学期完成。

4. 工程与创新能力培育

开设公共数据管理类课程以及现代农业装备技术概论类涉农特色课程，提升学生大数据分析与应用的能力，同时了解我校的优势学科特色，讲好江大故事。该模块在第三、第四学期完成。

5. 全球领导力实训

开设国际领导力训练、中外交流实践、演讲辩论实训、国际组织社团实践以及联合国工发组织等国际组织、国际会议的短期志愿服务活动，为学生提供内容丰富的实践机会，帮助其将理论知识内化于行，全面提升学员参与全球治理的国际领导力。该模块在前四学期完成。

6. 国际组织实训

选拔符合条件的学生赴联合国等国际组织进行为期 1~3 周的短期实地训练，旨在加强学生对国际组织切身体验，争取国际组织官员推荐，为未来国际组织实习及就业奠定实践基础。该模块在每年暑假完成。遴选推送学生参加联合国可持续发展目标相关大赛，进行国际论文辅导与刊发，进行境内外国际组织实习岗位选拔推送。该模块在前五学期完成。

7. 跨文化沟通能力培育

提供跨文化沟通中外交流实践平台，切实提高学生的跨文化沟通力。遴选合格的中外学生参与学院的助教、助管、主题实践，提升中外学生的语言能力，促进文化交融、拓展视野。该模块贯穿前五学期。

（五）学生遴选

在全校本科生、硕士生中选拔国际发展潜质高、成才志愿强的学生，组建“国际组织人才学院班”。具体程序为：

1. 通过自由报名和专班推荐形式，在全校范围内初选 200 名以上思想政治合格的学生。

2. 对初选合格学生组织英语在线笔试与面试，考试语言为英语。

3. 综合成绩排在前 100 名的学生，经本人确认、院务办公会确定合格分数线，审核无误后公示，无异议后确认录取名单。

（六）学分管理

1. 学员在国际组织人才学院所完成的课程、讲座与主题实践活动总学分为 26 学分，其中 10 学分可由本专业相近选修课学分替换。

2. 国际组织人才学院的教学总课时按“课堂教学以 16 学时计 1 学分，专题讲座以 5 场讲座计 1 学分，实践环节以 1 周计 1 学分”的原则来核算，科学安排课程、讲座与实践环节，并分别制定不同的考核制度，在学期/学年末汇总考核结果，在学生成绩系统内录入成绩和学分。

（七）保障措施

1. 政策支持

学校制定支持国际组织人才学院学生相对灵活地修读全球治理课程的计划。国际组织实践、实习学生评奖评优、免试推研加分政策由学校专门研究制定。同时，学校增加相应的岗位设置和人员编制，支持国际组织人才学院拓展管理职责，提升管理水平。

2. 资金保障

为实现国际组织人才学院学生精英化、国际化培养目标，学校设立国际组织人才专项培养基金，用于国际组织实习学生补贴、聘请校内外专家讲课（讲座）、信息化系统建设、班级管理与运行、相关社团建设、国际组织实习任职指导课程与教材建设及教师培训等，由国际组织人才学院根据培养方案制定经费使用方案。

（八）工作要求

培养推送高校毕业生到国际组织实习任职工作，是在国际合作和竞争格局发生深刻变化、我国积极参与全球治理体系变革的大背景下执行的一项具有战略性、开拓性的新任务。各单位要提高认识，转变观念，创造性地将大学生成长发展与高校人才培养、国家战略需要紧密结合起来，为我校毕业生成长成才、发挥才智拓宽渠道，提供更高层次、更加开阔的大舞台，加快推进我校人才培养综合改革，提高高等教育质量。

五、中外合作办学

（一）申办中外合作办学项目，应于拟正式开办前一年申报。

（二）申请举办中外合作办学项目，应当向国际合作与交流处提交下列材料：

1. 编制页码的目录。

2. 中方合作办学者报省级教育行政部门的请示文件。

3. 中外合作办学项目申请表原件。

4. 中外合作办学协议［中外文两个文本均需原件。协议需经双方法人代表签字和盖章。如不是法人签字，需附法人授权签字委托书；如没有盖章，需提供不启用印章的说明（下同）。协议原件须加盖中方高校的骑缝章。］

5. 中外合作办学双方的资质证明或法人证明。外方资质需要中国驻当地使领馆的认证材料。如提交外方教育主管部门证明需附中文翻译件。同时外方需要提供所在国权威质量保障部门最近一次的教学质量认证报告或对其在海外办学的质量认证书等相关证明材料。

6. 中、外方证书或文凭样式原件及中文翻译件。

7. 专业教学计划（包括详细学科专业培养方案、主要课程简介、教师配备、选用教材等材料），并要注明在境内教学阶段外方授课情况，外方资料需中外文对照。实施跨国分段式教学的项目，需附不出国学生的教学计划。课程方案须加盖中方高校的公章。

8. 如外国教育机构在中国境内已开展合作办学，需递交已办机构或项目的教育部批准或同意备案文件的复印件，以及已开展合作的中国教育机构对合作情况的总结或评估机构对合作情况的评估论证报告，举办了本科及以上层次中外合作办学机构和项目的还需提交通过教育部组织的中外合作办学评估或认证的材料。

9.《条例》及其实施办法中规定的其他有关材料，或审批部门认为有必要提供的其他材料。

10. 申请材料实质内容初审表和申请材料形式审查表。

11. 如申请正式设立中外合作办学机构，还需附加：机构章程，首届理事会、董事会或者联合管理委员会组成人员名单，教学场地使用证明和简图，可行性认证报告。

12. 如申请在办机构或项目延期或变更，还需附加：教育部批准或备案文件及信息表、省教育厅批准文件、已开展中外合作办学情况总结、其他变更材料。

13. 电子文档光盘（内容必须与纸质材料一致）：申请表 WORD 电子文档、合作办学协议 WORD 电子文档、详细教育教学计划及教学大纲 WORD

电子文档。

注意事项：

1）一份申报材料只能申报一个中外合作办学项目（即一个专业）。

2）所有外文材料须有中文翻译件。

3）申报材料请按以上顺序装订，并编制带页码的目录。

4）申请材料一式五份，一份含原件（不要求提交原件的除外），四份复印件。五份材料的内容和装订顺序一致；未列入以上清单的材料请只提供电子文档（刻入光盘）。

申请中外合作办学流程图详见图 9-3。江苏大学与海外院校签署协议一览表详见表 9-1。

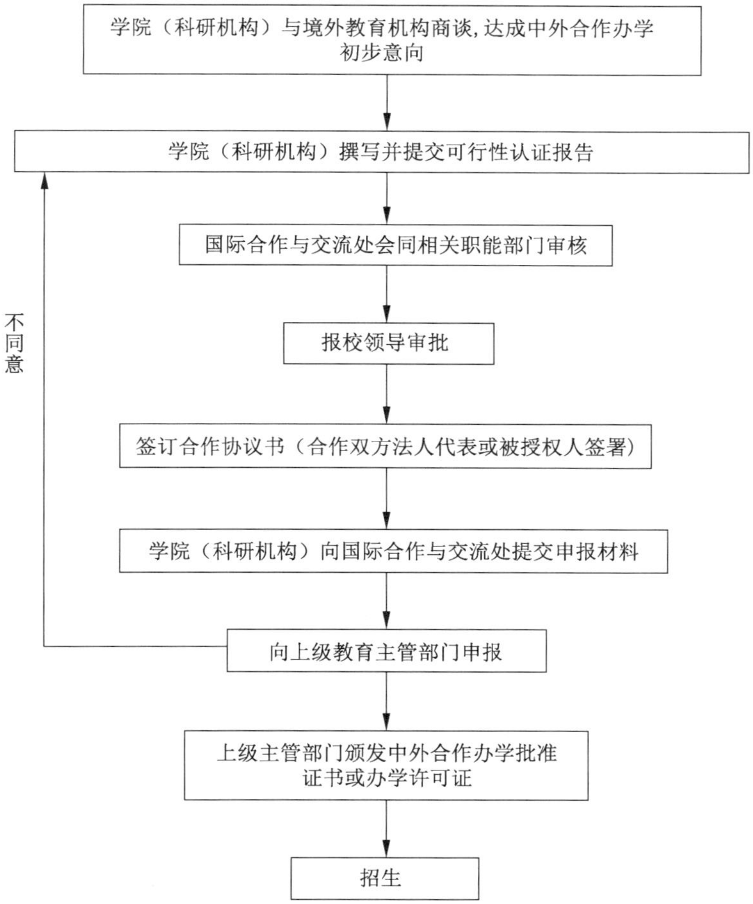

图 9-3　申请中外合作办学流程图

表 9-1　江苏大学与海外院校签署协议一览表

序号	合作院校中文名	国别/地区
1	伊利诺伊大学香槟分校	美国
2	美国普渡大学（盖莱默校区）	美国
3	韦恩州立大学	美国
4	西北理工大学	美国
5	南佛罗里达大学	美国
6	北卡罗来纳州立大学	美国
7	阿卡迪亚大学	美国
8	佛罗里达州立大学	美国
9	印第安纳大学-普渡大学韦恩堡分校	美国
10	密西西比州立大学	美国
11	爱达荷大学	美国
12	新英格兰视光学院	美国
13	德克萨斯理工大学	美国
14	德州农工大学	美国
15	弗吉尼亚联邦大学	美国
16	内华达大学里诺校区	美国
17	特拉华大学	美国
18	北伊利诺伊大学	美国
19	堪萨斯州立大学	美国
20	加利福尼亚州立大学圣贝纳迪诺分校	美国
21	德州大学阿林顿分校	美国
22	乔治福克斯大学	美国
23	犹他谷大学	美国
24	北亚利桑那大学	美国
25	加州州立理工大学波莫纳分校	美国
26	密西根大学迪尔本分校	美国
27	华盛顿大学	美国

续表

序号	合作院校中文名	国别/地区
28	寇平州立大学	美国
29	布鲁克大学	加拿大
30	劳瑞尔大学	加拿大
31	爱德华王子岛大学	加拿大
32	温莎大学	加拿大
33	里贾纳大学	加拿大
34	西安大略大学	加拿大
35	昆士兰科技大学	澳大利亚
36	西澳大学	澳大利亚
37	中央昆士兰大学	澳大利亚
38	迪肯大学	澳大利亚
39	莫道克大学	澳大利亚
40	昆士兰大学	澳大利亚
41	麦考瑞大学	澳大利亚
42	西悉尼大学	澳大利亚
43	科廷大学	澳大利亚
44	新南威尔士大学	澳大利亚
45	奥克兰大学	新西兰
46	胡佛汉顿大学	英国
47	赫特福德大学	英国

六、国际会议和两岸（三地）论坛

1. 国际会议指我校举（承）办，与会者来自 3 个或 3 个以上国家和地区的会议、论坛、研讨会等，举办线上国际会议也需履行报批程序。

2. 申请时间：申报举（承）办国际会议或两岸（三地）论坛，原则上应至少提前 3 个月由举（承）办学科所在单位提出申请；外国学者在 10 人以下（不含 10 人）的，提前 1 个月报送学校审批；会议总人数在 400 人及以上的，原则上应提前 1 年提出申请。

3. 会议总结：举办单位应在会后 1 个月内提交会议举办情况总结（主管领导签字、加盖学院/科研单位公章）及相关照片、会议手册等留存材料。

4. 申请和总结材料纸质版请按要求提交至国际合作与交流处（港澳台事务办公室）外专科（会议中心 208 室），电子版发送至邮箱：gjcwzk@ujs. edu. cn。

5. 会议经费预算需符合财政部《在华举办国际会议经费管理办法》（财行〔2015〕371 号）（附件）文件要求。

江苏大学举办国际会议/两岸（三地）论坛流程详见图 9-4。

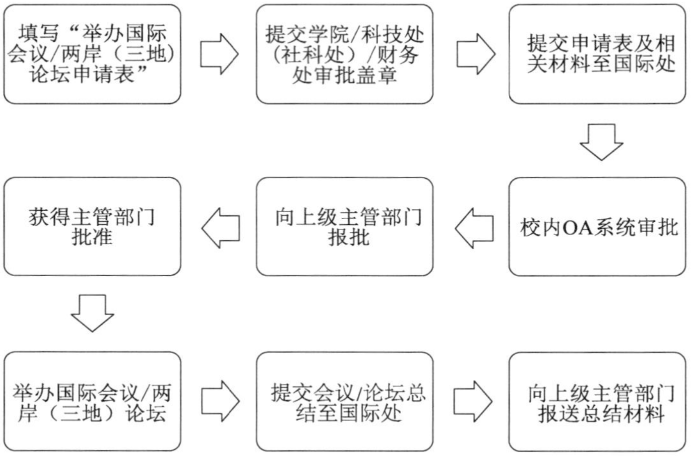

图 9-4　江苏大学举办国际会议/两岸（三地）论坛流程

三国三校国际学术研讨会

创办方：中国江苏大学、日本三重大学、泰国清迈大学

创办时间：1994 年

固定主题：人口、食品、环境、能源

新增举办方：印度尼西亚茂物农业大学、中国广西大学

举办情况：由创办方和新增举办方轮流举办，第二十七届由中国广西大学举办。

第三节 海外高校研究生入学申请

一、海外高校研究生申请条件

（一）申请人必须在受认可的学院、大学或技术学校获得学士学位或同等学历。

（二）学院没有设置明确的 GPA 要求，但去海外读研，通常要求提供本科期间的 GPA，也就是平均成绩，尤其是最后两年的专业课成绩，必须在 3.0 以上。

（三）通常要求雅思总分达到 6.5 分以上，热门专业要求达到 6.5 分以上；如果提供托福成绩，托福最低分为 90 分，一般都在 100 分以上。

（四）申请过程在各部门之间可以有很大差异，但一般来说，以下申请需求列表是正确的：

1. 在线申请。对一个以上系感兴趣的合格申请人必须向各相关系提交单独的申请书。
2. 推荐信。
3. 个人陈述。
4. 官方 GRE/GMAT 考试成绩。
5. 官方托福或雅思英语水平考试成绩：合格的国际申请者必须参加托福考试或雅思考试。
6. 成绩单。
7. 简历或履历。

二、江苏大学—德累斯顿工业大学 3+1+2 硕士项目

（一）学校简介

德累斯顿工业大学（以下简称德工大）创建于 1828 年，是德国最古老的工业大学之一，最为著名的综合性大学之一，与亚琛工业大学、慕尼黑工业大学同列为德国最著名的 11 所“精英大学”成员及 9 所理工大学联盟“TU9”成员，在德国和海外均享有崇高的威望。德工大教学领域广泛，1990 年两德统一后已由以理工科为主的大学发展成综合型大学，涵盖了工商管理、工程、科学、医学、人文社会等 14 个学院，120 多个专业。学校在校生 36500 多人（包括来自 100 多个国家的近 3800 名留学生），大学工作

人员将近8700人，教职员工5319人，其中507位教授。学校创新的教育模式和覆盖各个经济领域的学术实力已经在欧洲和亚洲得到广泛认可，毕业于德工大的学生被各大跨国公司、银行和政府部门争相聘用，成为德国发展的中坚力量。

（二）项目介绍

1. 项目内容

（1）中德班学生前3年仍然在其原来专业及班级学习，与非中德班学生一样必须完成其专业要求的各项课程。另外，中德班学生需要在统一业余时间完成基础德语A1—B1的学习，学习时长700课时；欧标B1证书冲刺课程40课时；外教听说课程40课时；德适考试或APS审核准备课程40课程；升学及签证指导课程10课时。

（2）中德班学生在第五学期结束前提交5个学期的成绩单至德工大TUDIAS中国项目部进行专业预审，通过的学生可在当年4月份参加德适考试（2月中旬报名截止），通过后可获得TUDIAS的邀请前往德工大继续进行为期一年的德语+专业德语学习，学习目标是通过DSH2考试。学生专业预审通过，并获得欧标B1证书，即可获得德工大专业预录取，在TUDIAS通过DSH2考试后，即可进入德工大专业学习。

（3）学生在TUDIAS学习的同时，需完成江苏大学的本科毕业论文及答辩工作，符合江苏大学相关专业学历学位授予要求者获得江苏大学学士学位。

（4）学生在德工大完成硕士专业所需学分，即可获得硕士学位，所需时间以学生实际的学分完成进度为准。

2. 硕士招生专业

硕士招生专业包括但不限于土木工程、电子技术、计算机、信息系统技术、机械制造、机电一体化、可再生能源系统、工艺流程技术和自然材料技术、交通工程、经济信息学、经济工程、材料科学等。

（三）项目优势

1. 时间成本少：正常需要大四下学期才能申请学校，项目学生第六学期时已完成申请；最迟第八学期已抵达德国开始学习。

2. 审核难度易：项目学生参加德适（TestAs）考试，比APS面谈通过难度低。

3. 留学成本低：硕士课程免学费，生活费每年约8万元人民币。法律保障合法打工每年180个半天，积累工作经验，赚取生活费用。

4. 出国风险小：留学签证的审批通过率很高，项目学生只需德语水平达到 DSH2，就直接入读专业，风险极小。

5. 学习氛围好：项目学生择优录取，有均分成绩的要求，自觉性强，学习氛围好，容易获得好成绩。

6. 未来保障强：本项目以德工大的学习位置保底，学生达到 DSH2 后即可进入专业就读，强有力地保障学生的未来。

（四）申请条件及材料

1. 江苏大学理工科专业全日制大一、大二学生。

2. GPA3.0 以上或平均成绩 80%以上（若有）。

3. 申请所需材料：

（1）江苏大学本科生赴境外交流申请表（国际处网站-相关下载）；

（2）个人简历；

（3）小学毕业证书；

（4）初中毕业证书；

（5）高中毕业证书；

（6）大学录取花名册；

（7）大学在读证明（中英文）；

（8）大学在读成绩（若有）。

第五学期申请资格预审及德适考试时所需要的材料：

（1）五个学期成绩单；

（2）大学在读证明（中英文）；

（3）英语或德语成绩单。

签证时所需要材料根据签证要求，后续另行通知。

（五）项目费用

1. 中德班收费总额为人民币 33800 元，其中课程费用人民币 27800 元（确认报名进入项目收取），项目管理费人民币 6000 元（第五学期结束收取）。费用由南京厚学投资管理有限公司按上述方式分段收取，并出具相关票据。

2. 课程费包括 700 课时基础德语，40 课时欧标德语 B1 证书冲刺课程，40 课时外教听说课程，40 课时德适考试准备课程，以及升学签证指导课程。

3. 项目管理费包括项目管理和签证服务。

4. 护照、德适考试费、欧标 B1 考试费、学历材料公证费及德国留学签证费，不包含在项目费里，发生后另行交付。

5. 德工大 TUDIAS 项目费用 10600 欧元，含一年德语学费和境外安置费，由学生自行汇至 TUDIAS 指定账户。如果学生提前一学期通过 DSH2，则可获得 2000 欧元的退费。

6. 德工大硕士专业学费全免。

（六）项目流程图（详见图 9-5）

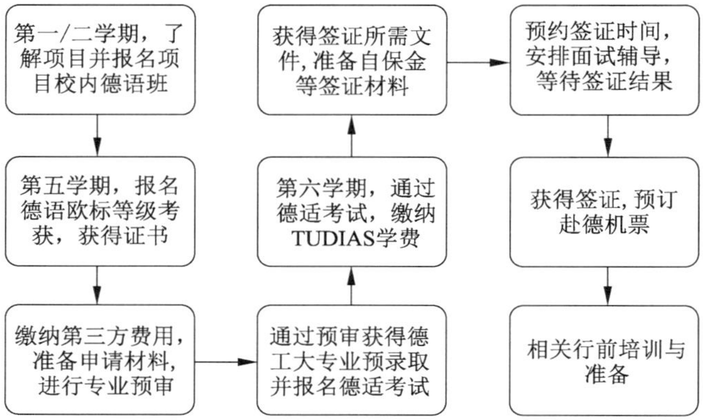

图 9-5　江苏大学—德累斯顿工业大学 3+1+2 硕士项目流程图

第四节　思想政治教育专业海外学习指导

思想政治教育专业海外学习，包括短期海外学习项目、长期海外学习项目及海外升学等。对于海外升学而言，可以通过制定未来的职业规划，根据职业方向来选择海外读研或者读博的专业及学校。

一、思想政治教育专业海外升学相关专业及院校选择

（一）比较思想政治教育

（二）哲学

（三）党史研究

（四）政治学

（五）教育学

（六）国际关系

（七）法学，伦理学

（八）公共管理学等

❖ 申读教育学专业研究生

（一）教育学十大院校

1. 英国伦敦大学教育学院
2. 澳大利亚墨尔本大学
3. 美国哈佛大学
4. 英国剑桥大学
5. 美国斯坦福大学
6. 澳大利亚莫纳什大学
7. 英国牛津大学
8. 澳大利亚悉尼大学
9. 加拿大多伦多大学
10. 澳大利亚昆士兰大学

（二）2016USNEWS 教育学专业美国大学排名

1. 约翰霍普金斯大学 Johns Hopkins University Baltimore, MD
2. 哈佛大学 Harvard University Cambridge, MA
3. 斯坦福大学 Stanford University Stanford, CA
4. 范德堡大学 Vanderbilt University Nashville, TN
5. 威斯康星大学 University of Wisconsin–Madison Madison, WI
6. 华盛顿大学 University of Washington Seattle, WA
7. 西北大学 Northwestern University Evanston, IL
8. 哥伦比亚大学教师学院 Teachers College, Columbia University New York, NY
9. 宾夕法尼亚大学 University of Pennsylvania Philadelphia, PA
10. 德州奥斯汀分校 University of Texas–Austin Austin, TX
11. 密歇根大学安娜堡分校 University of Michigan–Ann Arbor Ann Arbor, MI
12. 俄勒冈大学 University of Oregon Eugene, OR
13. 密歇根州立大学 Michigan State University East Lansing, MI
14. 加州大学洛杉矶分校 University of California–Los Angeles Los Angeles, CA
15. 俄亥俄州立大学 Ohio State University Columbus, OH

（三）教育学下可选择的专业分支

1. 管理类：其中主要包括 leadership in education, educational administra-

tion，Urban Schooling；

2. 心理类：其中主要包括 school psychology，educational psychology，human development and psychology，school counseling /counseling psychology，student affairs；

3. 宏观研究类：主要包括 international educational，comparative research，anthropology of education，educational policy，history of education；

4. 教学与学科教育：主要包括 teaching and learning，以及各个具体学科的 education、learning and teaching（学习与教学）；

5. 针对各个年龄段的分类教育：主要包括如 child，elementary，secondary，higher，adult education，包括 k-6，k-9，9-12，k-12，各种 licensure program，licensure program 在有的学校里不属于 graduate program；

6. 特殊教育：主要包括 special education，early intervention；

7. 教育技术类：主要包括 educational technology，learning design）；

8. 语言学类：主要包括 language and literacy（语言与读写）、TESOL/TESL/TEFL（英语教学）、applied linguistics（应用语言学）。

美国教育学专业的大体分类见表 9-2。

表 9-2　美国教育学专业的大体分类

教育学硕士专业分类	内部分支	大体概况
一、教学方向	1. 学习与教学	研究教学过程中教和学两方面出现的各种问题及现象。比如：教学理念、教学方法、课程设计、教师角色、不同学生在学习中遇到的各种问题等。
	2. 学科教育	研究各个具体学科的教学。比如：数学、社会科学、音体美等各科目的教学规律，学科知识和学科背景等。这个方向培养 K12 各学科教师或课程顾问。
	3. 特殊教育	研究智力或身体残疾学生的教育。
二、语言学方向	1. 对外英语教学 TESOL	研究英语作为第二语言的教学。这个方向需要学习语言学、二语习得、语言教学法等。外国学生申请较多。
	2. 应用语言学	主要研究语言的起源、发展及应用等。
	3. 语言与读写	研究学生在阅读与识字的过程中出现的问题，探究其原因并找出治疗方法。研究如何培养学生的阅读和写作能力。
三、教育心理学方向	1. 教育心理学	研究学生的心理发展规律、认知规律等，以及如何在教育教学中运用这些规律。这个方向学术性较强。
	2. 心理咨询	研究教育情境中人的心理问题。目的是帮助学生解决各种心理困惑，其中就业方向咨询是为学生提供的主要服务。

续表

教育学硕士专业分类	内部分支	大体概况
四、教育管理方向	1. 教育管理及领导力	研究各级各类学校、教育机构及组织的管理，提升管理者的认知水平和管理能力。高等教育管理和K12教育管理就属于这个方向。
	2. 课程设置研究	研究课程论以及课程设置中出现的问题并找出相应对策。
五、教育政策方向	1. 教育政策	研究美国的教育政策，包括政策的制定和实施，以及政治、经济、法律、文化、组织等方面的知识等。外国学生较少。
	2. 国际教育政策	研究国际教育政策。外国学生较多。
六、教育科技方向	1. 互联网教育	研究如何在教育中利用互联网、新媒体等新兴技术。这是现在很流行的研究方向，领域较新，理论和实践都不十分成熟，但前景广阔。
	2. 教育统计	研究怎样用统计学的方法研究教育问题。需要把基本的统计学知识和方法、心理测量学等运用到教育测评领域中。
	3. 学习分析	研究如何在教育中利用大数据技术。大数据技术是近年新兴技术，这一方向也较新。
七、宏观研究方向	1. 比较教育	研究不同国家和地区教育制度、政策、管理、教学等的差异和共性。这个方向技术性比较强。
	2. 教育经济	研究教育与经济的关系。比如：教育投资、学校财政等。

（四）海外教育学研究生的择业方向

1. 教育政策方向，研究的是如何制定更加适合当地社会经济发展水平、人民需求水平和文化教育发展水平的教育政策。学生在学习的时候会进行大量的数据背景的分析，或者与其他地区类似教育政策进行对比，来判断一个政策是否合理。国际比较教育、国际政策等专业学习的内容大致也类似。教育政策毕业生就业方向比较广泛，进入政府相关部门、政策研究中心和NGO等工作。

2. 教育心理学/发展学，研究的是怎么把心理学的研究成果更好地运用在学生培养方法、课程设计和学校管理运行上。总的来说，是在心理学研究成果科学指导下进行教育领域内的干预，以达到更好的教育效果。学生会研究儿童发展、心理发展，研究如何适时改变教育方法来适应学生身心不同阶段的发展状态。教育心理学/发展学的毕业生就业也十分广泛，可选择做职业的心理咨询师，或投身早期儿童发展领域，成为专业的儿童培养专家。

3. 教育科技，当下教育学领域较火的一个分支，它将计算机技术、编程、APP、网页制作等和教育学结合起来，以达到教育资源更好的优化共享。当下著名的教育科技公司就有Coursera，MOOC等。教育科技是如今教育学领域最好就业的一个方向，因为它将教育和计算机编程结合起来，大大迎合了当下就业的趋势，同时工资回报也比较高。这个专业要进行大量的研究和课程设计，哈佛教育学院的语言和读写（language and literacy）专业里面就有很大一部分语言类课程的设计。让课程设计得更加合理，能够提高教学的效率和质量，能够激发学生的学习兴趣，引导学生自主学习，是这个专业学习的一大目标。毕业生可选择学校和专业的课程设计中心，从事课程设计工作，或者进入教育科技公司进行网络课程的课程设计。

4. 高等教育，顾名思义，研究的是大学里面的教育问题，大部分的研究集中于招生问题上，研究如何让招生更加公平，考虑到少数族裔、性少数和女性权利的平等，如何在招生过程中充分考虑由地区经济文化发展水平的不同引起的教育水平的差距等问题。除此之外，高等教育这个专业也会学习很多大学管理行政方面的问题，例如如何合理分配教学资源、安排教学活动等。这个专业很适合对大学教育和招生有经验或有独到见解的同学，毕业生也大多进入高等教育行业，招办或者大学行政办公室，也有部分毕业生进入教育咨询行业。

5. 教师教育，其实和我国的师范专业类似，学习科学的教学法和理论指导，同时部分院校还提供给毕业生教师资格证，对于毕业以后想进入美国那边的小学、中学当老师的人来说是个不错的选择。

❖ 申读公共政策与国际关系专业研究生

（一）美国公共政策和国际关系（PR）专业

1. 芝加哥大学 MA in Public Policy and International Relations（MA/MA）two-year

要求：GPA3.3，TOEFL 106，S25+，Gre 320+，300 字 essay。

2. 波士顿大学 MS in Public Relations

要求：GPA3.0+，TOEFL 100+，Gre310+，有相关工作经验更佳。

3. 纽约大学 MS in Public Relations and Corporate Communication

要求：GPA3.5+，相关专业申请，T100+，GRE320+。

4. 南加州大学 Master of Public Relations

要求：TOEFL100+，建议 108+，GRE300+，GPA3.0+，需要 writing sample。

5. 迈阿密大学 MA Public Relations

要求：TOEFL90+，GPA3.0+，GRE300+。

6. 乔治城大学 Master's in Public Relations & Corporate Communications

要求：TOEFL90+，GPA3.0+，不要求 GRE，有相关经验比较好。

7. 乔治·华盛顿大学 MS Strategic Public Relations

要求：GPA3.3+，TOEFL90+，A portfolio of work，至少3年工作经验，GRE各项在60%以上。

8. 雪城大学 MA Public Relations

要求：TOEFL100+，GRE310+，GPA3.0+，建议有相关专业为佳。

9. 爱默生学院 PUBLIC RELATIONS（MA）

要求：TOEFL95+，GRE300+，成绩单需要认证，接受转专业申请。

10. 丹佛大学 Communication Management（Public Relations）

要求：GPA3.0，TOEFL85+，有GRE会更加有竞争力。

11. 休斯敦大学 MA Public Relations

要求：GPA3.0+，TOEFL85+，GRE300+。

12. 阿拉巴马大学 MA Advertising and Public Relations

要求：GPA3.0+，TOEFL80+，GRE300+，有相关经验更好。

（二）公共政策与国际关系专业毕业生可申请的工作单位

1. ACE consultants、Adam Smith international、Agulhas Applied Knowledge、American university of Iraq、Anchorage School District、中国发展银行、汇丰银行、摩根大通。

2. 联合国组织。包括联合国秘书处、联合国开发计划署（UNDP）、联合国环境规划署（UNEP）、世界卫生组织（WHO）、联合国项目服务办公室（UNOPS）和国际海事组织（IMO）。

3. 国际金融机构。包括世界银行、亚洲开发银行（ADB）、非洲开发银行（AfDB）、伊斯兰开发银行（IDB）和欧洲复兴开发银行（EBRD）。

4. 全球和区域政治和经济团体。包括欧洲联盟机构、经济合作与发展组织（经合组织）、英联邦秘书处和东南亚国家联盟（东盟）。

5. 全球和区域利益集团。包括石油输出国组织（欧佩克）、国际捕鲸委员会和国际咖啡组织。

二、思想政治教育专业海外学习需要具备的能力

（一）学术背景：需要考查本科期间的专业成绩GPA，美国研究生学术考试GRE成绩。

（二）语言能力：需要通过雅思或托福考试。

（三）软背景：主要考查参加科研项目、课题项目、大型省级比赛、国家级比赛、境外交换项目、实习和工作经验等情况。

附：关于启动2022年暑期哈佛大学线上交流学习项目的通知

全院各班级：

为进一步满足广大同学拓宽国际视野，增长见识，增进学识，参与国际交流学习的需求，同时按照疫情期间国际交流合作线上交流为主的要求，经研究，决定开展2022年暑期哈佛大学线上交流学习项目，现将相关事项通知如下：

一、项目情况

1. 交流项目。2022年暑期，学院提供线上国际交流学习项目两个，分别为“哈佛大学国际学术研究论文写作指导”线上专业课程和“哈佛大学领导力与团队建设”线上专业课程。我院学生可选择其一报名。（项目详细信息见附件1、2）

2. 课程安排。课程周期为2周（暂定7月）。课程将会安排在国内周一至周六早晨/晚上，直播课程共计32课时，每课时45分钟，其中哈佛大学教授/讲师直播课程22课时，学生每次完成2小时的线上直播课程学习，小组/个人文献综述口头报告和结业汇报共计10课时。除此之外，学生将完成线下共计20课时的小组或个人文献学习。线上直播课程将通过Zoom完成，每次课程结束后发送课程录像链接供学生及时巩固复习。

3. 学习收获。学生通过交流学习，圆满完成学习任务可以进一步提升思维能力、分析能力、口头表达能力，还可以获得项目结业证书、项目方推荐信。表现优秀的学生，还将获得教授推荐信。

二、激励措施

1. 参照《江苏大学学生留学交流经费资助管理办法》（江大校〔2020〕54号）（以下简称《办法》），学校将给予参加线上课程、圆满完成学习任务的学生一定资助。对于其他项目，学校资助额度为项目费用的30%，但不超过5000元，符合《办法》第九条要求的学生，资助额度为项目费用的50%，但不超过8000元。

2. 参加线上课程圆满完成学习任务的学生，在项目结束后将获得马克思主义学院海外交流学习奖学金1000元。

3. 参加线上课程圆满完成学习任务、家庭经济困难的学生，在项目结束后还将获得马克思主义学院“江苏广宇奖学金”。

三、项目报名

1. 报名截止日期：2022年5月20日。

2. 报名条件：马克思主义学院非毕业班本科生、研究生，CET-4≥425

分。曾获得校院学习优秀奖学金、三好学生、优秀学生干部等荣誉者，同等条件下优先考虑。

3. 两个项目报名总人数：20人左右。

有意向报名的同学请认真填写项目申请表（附件3），5月20日前将申请表交给辅导员；也可加入项目QQ群。

附件1：“哈佛大学国际学术研究论文写作指导”线上专业课程项目信息

附件2：“哈佛大学领导力与团队建设”线上专业课程项目信息

附件3：项目申请表

江苏大学马克思主义学院

2022年5月5日

2022 年暑期哈佛大学线上交流学习项目申请表

<table>
<tr><td>姓名</td><td></td><td>性别</td><td></td><td>民族</td><td colspan="2"></td><td rowspan="4">照片
（1 寸免冠）</td></tr>
<tr><td>学号</td><td></td><td>班级</td><td></td><td></td><td colspan="2"></td></tr>
<tr><td>政治面貌</td><td></td><td>类别</td><td>本科生（　）
硕士生（　）</td><td>手机</td><td colspan="2"></td></tr>
<tr><td>健康状况</td><td></td><td colspan="2">有无饮食禁忌/过敏史</td><td colspan="3"></td></tr>
<tr><td colspan="2">家庭住址</td><td colspan="2"></td><td colspan="2">电子邮箱
/QQ</td><td colspan="2"></td></tr>
<tr><td colspan="2">外语水平</td><td colspan="2">□大学四级 □大学六级
□专业四级 □专业八级
雅思______ 托福______</td><td colspan="2">微信号</td><td colspan="2"></td></tr>
<tr><td colspan="2">上一学年 GPA（绩点）成绩</td><td colspan="6">（一年级学生可填上一学期成绩）</td></tr>
<tr><td colspan="2">在校期间获奖情况</td><td colspan="6"></td></tr>
<tr><td colspan="2">申请项目名称
（在“□”里打√）</td><td colspan="6">□“哈佛大学国际学术研究论文写作指导”线上专业课程
□“哈佛大学领导力与团队建设”线上专业课程</td></tr>
<tr><td colspan="8">家庭主要成员</td></tr>
<tr><td>姓名</td><td>与本人关系</td><td colspan="5">工作单位、职务</td><td>联系电话</td></tr>
<tr><td></td><td></td><td colspan="5"></td><td></td></tr>
<tr><td colspan="2"></td><td colspan="5"></td><td></td></tr>
<tr><td>家长
意见</td><td colspan="7">（可由家长签字拍照并粘贴图片）
签名：　　　　　　年　月　日</td></tr>
<tr><td>学院
意见</td><td colspan="7">签名（公章）：　　　　　　年　月　日</td></tr>
</table>

注：申请人于 5 月 30 日前将此表交至学院辅导员处（三江楼 1709）。

三、思想政治教育专业2019—2021年海外留学情况

习近平总书记在全国高校思想政治工作会议上强调，思想政治工作者要教育引导学生树立“四个正确认识”。其中，教育引导学生正确认识世界和中国发展大势，是“四个正确认识”的核心。党的十九大报告为新时代中国高等教育的国际化人才培养提出了新要求、下达了新任务，国际交流合作已成为大学继人才培养、科学研究、社会服务、文化传承创新后的第五大职能。培养高素质国际化人才是新时代背景下高等教育必须回答的重要课题，也是我校人才培养改革创新的重要目标。江苏大学马克思主义学院全面贯彻党的教育方针，落实立德树人根本任务，在人才培养过程中遵循教书育人规律和学生成长规律，多措并举拓宽学生国际视野，引导学生正确认识全球化与全球治理，引领学生厚植家国情怀。

2019—2021年，马克思主义学院近40名学生参加海外交流学习项目，包括牛津大学、剑桥大学、哈佛大学、早稻田大学等多所国外知名高校，以及赴美带薪实习和联合国国际组织人才培养等项目，并有多名学生获得教授推荐信，交流层次逐年提升，参与学生人次逐年增加。

（一）2019年江苏大学马克思主义学院学生海外学习情况（详见表9-3）

表9-3　2019年江苏大学马克思主义学院学生海外学习情况

序号	姓名	学生类别	国家/地区	学校/单位	交流时长	项目名称
1	梁悦	本科生	英国	牛津大学 剑桥大学	20天	牛津大学与剑桥大学课程项目
2	高煜翔	本科生	英国	伦敦大学	30天	江苏省政府奖学金项目
3	张慧敏	本科生	英国	利兹大学	12个月	出国升学
4	杜宇涵	本科生	中国香港	香港大学	7天	人文与教育访学项目
5	李赵君	研究生	中国香港	香港教育大学	5天	2019年国际研究生学术会议暨暑期学校
6	马晓双	研究生	日本	早稻田大学	7天	商业与文化访学项目
7	王婕	研究生	日本	早稻田大学	7天	商业与文化访学项目
8	王洪基	研究生	日本	早稻田大学	7天	商业与文化访学项目
9	唐晨	研究生	美国	亚利桑那州	3个月	SWT赴美带薪实习

（二）2020 年江苏大学马克思主义学院学生海外学习情况（详见表 9-4）

表 9-4　2020 年江苏大学马克思主义学院学生海外学习情况

序号	姓名	学生类别	国家/地区	学校/单位	交流时长	项目名称
1	王辰颖	本科生	日本	早稻田大学，京都大学	7 天	江苏大学生寒假赴日本文化交流项目
2	水淼君	本科生	英国	剑桥大学	17 天	英国剑桥大学格顿学院暑期在线国际组织项目
3	张紫闻	研究生	英国	牛津大学	19 天	牛津大学星期线上交流项目“哲学—政治—经济法律
4	武艺玮	研究生	瑞士	日内瓦联合国国际组织	14 天	联合国压际组织人才培养
5	郁从娟	研究生	英国	剑桥大学	17 天	英国剑桥大学格顿学院国际组织项目
6	冯福军	研究生	英国	牛津大学	19 天	牛津大学暑期线上交流项目“哲学—政治—经济法律
7	陈怡	研究生	英国	牛津大学	19 天	牛津大学导期线上交流项目“热学—政治—经济—法律
8	杜宇涵	本科生	美国	（因疫情未出行）	3 个月	赴美带薪实习项目

（三）2021 年江苏大学马克思主义学院学生海外学习情况（详见表 9-5）

表 9-5　2021 年江苏大学马克思主义学院学生海外学习情况

序号	姓名	学生类别	国家/地区	学校/单位	交流时长	项目名称
1	兰瑞雪	本科生	美国	哈佛大学	2021. 07. 25—08. 09	哈佛大学“人力资源管理与领导力培养”项目（线上）
2	沈梦岚	本科生	美国	哈佛大学	2021. 07. 25—08. 09	哈佛大学“人力资源管理与领导力培养”项目（线上）
3	吴雯叶	本科生	美国	哈佛大学	202107. 25—08. 09	哈佛大学“人力资源管理与领导力培养”项目（线上）
4	丁婷香	研究生	美国	哈佛大学	2021. 07. 25—08. 09	哈佛大学“人力资源管理与领导力培养”项目（线上）
5	宋真真	研究生	美国	哈佛大学	202107. 25—08. 09	哈佛大学“人力资源管理与领导力培养”项目（线上）
6	陈钦颖	研究生	美国	哈佛大学	202107. 25—08. 09	哈佛大学“人力资源管理与领导力培养”项目（线上）
7	李嘉玲	研究生	美国	哈佛大学	202107. 25—08. 09	哈佛大学“人力资源管理与领导力培养”项目（纯上）

续表

序号	姓名	学生类别	国家/地区	学校/单位	交流时长	项目名称
8	张秦	研究生	美国	哈佛大学	2021.07.25—08.09	哈佛大学“人力资源管理与领导力培养”项目（线上）
9	王晓梦	研究生	美国	哈佛大学	2021.07.25—08.09	哈佛大学“人力资源管理与领导力培养”项目（线上）
10	闰力心	研究生	美国	哈佛大学	2021.07.25—08.09	哈佛大学“人力资源管理与领导力培养”项目（线上）
11	张悦	研究生	美国	哈佛大学	202107.25—08.09	哈佛大学“人力资源管理与领导力培养”项目（线上）
12	袁琪	研究生	美国	哈佛大学	202107.25—08.09	哈佛大学“人力资源管理与领导力培养”项目（线上）
13	王艺琳	研究生	美国	哈佛大学	2021.07.25—08.09	哈佛大学“人力资源管理与领导力培养”项目（线上）
14	石海江	研究生	美国	哈佛大学	2021.07.25—08.09	哈佛大学“人力资源管理与领导力培养”项目（线上）
15	丁芳	研究生	美国	哈佛大学	2021.07.25—08.09	哈佛大学“人力资源管理与领导力培养”项目（线上）
16	刘心怡	研究生	美国	哈佛大学	2021.07.25—08.09	哈佛大学“人力资源管理与领导力培养”项目（线上）
17	纪露露	研究生	英国	牛津大学	2021.01.25—02.09	牛津大学“政治经济哲学法律”项目（线上）

附：海外交流学习心得体会

高煜翔

思政（师范）1801

参与项目名称：江苏省政府奖学金项目——英国伦敦大学政治、法律、西方社会学

之前在地图上反反复复看了好多遍，也无数次幻想着英国会给我带来什么样的奇幻体验。当飞机落地那一刻，我感受到了前所未有的惊奇。回想这一个月收获最多的是什么，英语的提升自是不用提，最重要的是视野的开拓。其间，我不仅了解了异国文化，还深刻感受到中国国际话语权的日益提升。在结业汇报时，我就中华文化与西方文化、中国特色社会主义民主与西方民主的差异做了分析，并和任课教师做了深入探讨，收获颇丰。总的来说，通过此次英国之行，我学会了要用全方位、多角度、多行为主体的方式认识和分析问题。

杜宇涵

思政（师范）1801

参与项目名称：香港大学“人文与教育”项目

这次访学以在香港大学学习为主，访学期间我们讨论了“高等教育的全球化 & 科研评估与大学使命”“戏剧与沟通艺术”“大学的未来与未来的大学：大学的教与学之国际前瞻”和“香港近代经济和文化变迁”等话题。四个话题涉及大学教育与文化两个方面，但核心都是创新与发展。最让我印象深刻的是小组展示环节，我们要根据老师所给的四个大学教育话题做一个英文演讲，从搜集资料到准备 PPT，再到最后汇报，我都收获了很多。参加访学项目，我不仅了解了香港大学的教育模式和学习方式，还结识了来自不同高校的优秀学生，此行受益匪浅！

梁 悦

思政（师范）1601

参与项目名称：牛津-剑桥大学暑期课程项目

如果用一句话概括“牛津-剑桥大学暑期课程项目”带给我的收获，那就是学会从不同视角去审视这个世界和自己。这句话也许我们常说，但只有在适应一个全新的环境时，才会发现曾经一些并不成熟的想法早已占领了我们对于外界和自身的大部分认知。当不同的文化、不同的学术氛围、不同的观点发生碰撞时，我明白了要从不同角度考虑问题，以更合适的心态面对学习和生活。这次交流也许在短期内没有给我的生活带来明显的变化，但却在我心里埋下了一颗充满活力的种子，更收获了一群非常优秀的朋友，这些一起为了同一个目标奋斗努力的日子将是我一生中宝贵的回忆。

【本章小结】

随着经济全球化和教育全球化的发展，我国政府高度重视教育国际化发展。目前教育国际化发展多集中在高等教育国际化，高等教育国际化是指以培养国际化人才和提升学校国际化水平为目标，以组织管理、课程教学、人员流动、科研合作等活动为载体，将交流合作及国际化的理念融入学校人才培养、科学研究、文化传承和社会服务等职能之中的过程。当前我国的高等教育国际化水平较低，在世界高等教育体系中仍然处于边缘地位。对此，高等教育国际化应当渗透到人才培养的全过程，完善国际化管理体系和服务机制、实现国际学生的双向流动、推动师资队伍结构的国际化、强化国际学术交流和合作研究，共同加入全球教育治理。新时代加快推进我国高等教育国际化有利于培养高水平、高素质的国际化复合型人才，有利于弘扬和传播中华文化，有利于提高我国高等教育的国际认可度，同时具有促进世界高等教育不断发展的意义。

教育国际化有些注重外语教育，有些强调国际交换学生与教师，有些则主张国际研究与技术的合作。因此，教育国际化可包括学生招募、学术项目交换、旅游学习、海外学习和工作以及国际化课程等项目。高校教育国际化主要包括海外升学、赴境外交流学习、短期海外学习线上交流、国际人才组织实践创新项目、中外合作办学及召开国际会议等项目。

当前，海外留学进入繁荣发展期，留学空间和规模变得越发宽广，海外留学的流动性也越来越强。从全球范围来看，留学生教育经历了 20 世纪 80 年代市场化变革以来的迅猛发展。尤其是进入 21 世纪之后，在全球化浪潮的进一步推动下，目前的留学生教育已经形成了一个较为完整的政策体系。针对海外留学的各类项目种类繁多，竞争激烈，高校学生在申请海外升学时需仔细查阅相关资料，尽早准备好海外研究生所需的申请条件，培养海外升学所需具有的学术能力、语言能力及软能力。

江苏大学作为一所高质量大学，近年来，在国际化教育方面开创了新格局，学校已与美国、加拿大、英国、德国、法国、荷兰、意大利、瑞典、丹麦、奥地利、日本、韩国、新加坡、泰国等 34 个国家及地区的 171 所大学和研究机构建立了合作关系。江苏大学的师生可以通过海外升学、境外交流学习、海外学习线上交流及参与国际会议等方式提升教育国际化水平。

【本章思考题】

1. 教育国际化除了出国留学教育还有哪些教育项目？
2. 高等教育国际化发展的策略有哪些？
3. 最受欢迎的留学国家有哪些？
4. 高层次国际化人才培养创新实践项目包含哪些模块？
5. 申请海外高校研究生需要哪些条件？
6. 思想政治教育专业学生可以申请海外升学吗？

第十章　海外升学相关语言考试

【本章导读】

在做决定去海外升学的过程中，语言是必须要首先考虑的问题。出国留学的语言关是留学生面临的第一道重要关卡，如果不通过语言考试就不能办理正式入学或者留学签证。因此，想要去海外升学，就必须先了解海外升学相关的语言考试。

全世界使用较为广泛的语言有很多，如英语、汉语、法语、西班牙语、俄罗斯语、葡萄牙语、德语、日语、阿拉伯语等，选择去一个国家留学就选择了必须掌握的语言技能的种类。由于全世界使用英语的国家覆盖面最广、人口众多，英语是留学的首选语言，而且很多非英语国家的大学也可以申请以英语留学深造，因此英语是最常用的留学语言。但是考虑到并非每所大学都开设了英语留学生的专业，而且为了方便留学生活、更好地了解当地的风土人情、融入留学地的人际社会，多掌握一门外语是相当重要的。掌握了当地官方语言，并通过了相应的语言考试，在大学选择专业和课程时，也会有更多的机会。

为了让读者更好地做出留学选择和学习规划，本章将按照各个常用语种排列，逐一盘点各个国家的各种语言等级考试。一般来说，每个国家的入学语言考试都有着多种选择，每一种考试都会有着一些细节上的不同，在时间和精力都有限的情况下，选择参加一种合适的考试通过语言关就显得尤为重要了。

第一节　雅思考试

一、什么是雅思

雅思考试，全称为国际英语测试系统（international english language testing system）简称雅思（IELTS），是著名的国际性英语标准化水平测试之一。雅思考试始于1989年，由英国文化教育协会、剑桥大学考试委员会和澳大利亚教育国际开发署（IDP）共同管理。官方网站是：http：//www. chinaielts. org/。

雅思考试是为那些打算在以英语为交流语言的国家和地区留学或就业的人们设置的英语水平考试。2019年1月15日，中国教育部考试中心与英国文化教育协会联合发布中国英语能力等级量表与雅思、普思考试的对接研究结果，标志着雅思和普思成为率先完成与中国英语能力等级量表对接的英语能力测评考试。雅思考试作为全球英语测评领导者，已远远超越其他同类测试，成为全球规模最大的国际英语测试。

截至2017年雅思考试已获得全球140多个国家和地区的超过10000所院校机构的认可。如今不论是赴英美加澳欧洲东南亚等各国留学还是工作，雅思都是国际英语测试的较好选择。

雅思分为学术类测试（A类，Academic）和培训类测试（G类，General Training）。雅思考试包含纸笔模式与机考模式，考生可自由选择适合自己的考试模式。注重“沟通为本”的雅思考试，是从听、说、读、写四方面进行英语能力全面考核的国际考试，能够立体综合地精准测评考生的英语语言运用能力。

雅思考试报名为全年开放式，考试日期安排公布后即可报名，最晚报名时间为考试前两个星期。考生可根据自己的情况选择全国任何一个考点参加考试，不受地域限制。雅思考试成绩总分为9分，有效期限通常为2年。

二、雅思考试的认可范围

雅思考试是全球认可度较高的国际英语测试，获得全球超过140多个国家和地区的10000所院校机构的认可，每年有超过300万人次参加雅思考试。

2016年12月，中英两国教育部长签署了《中英教育合作伙伴行动计划》，中国教育部考试中心与英国文化教育协会将合作开展英国英语考试与中国英语能力等级量表对接研究。雅思和普思继与欧洲语言共同参考框架实现对接后，成为率先与中国英语能力等级量表开展对接研究的国际英语考试。

2019年1月15日，中国教育部考试中心与英国文化教育协会在北京联合发布雅思、普思考试与中国英语能力等级量表对接研究结果，标志着中国英语语言能力标准与国际考试接轨，中英在教育领域的合作进入新阶段。对接结果呈现了雅思、普思考试各技能和总成绩对应中国英语能力等级量表相关等级的临界分数。如：雅思听力得 5 分，即达到中国英语能力等级量表四级水平；阅读得 5. 5 分，达到五级水平；口语得 6 分，达到六级水平；总成绩得 8 分，即达到八级水平等。

在国际上雅思也被广泛认可：

在美国，已经有超过 3300 所院校认可雅思成绩，包括所有常青藤盟校和广受中国学生青睐的世界排名 TOP100 的美国院校。部分美国名校和专业（如麻省理工学院）会在招生简章中明文表示“更倾向于雅思成绩”或“只接受雅思成绩”。至 2017 年中国大陆已有 20 万个用雅思成绩申请美国院校的实例。

在英国，雅思考试获得了所有院校的认可，也是英国名校衡量申请者英语水平的优先选择，是英国高校与签证申请的双保险。无论是申请英国任何学校、专业或职业机构，都要选择雅思。

无论是澳大利亚还是新西兰，所有当地院校都认可和偏爱雅思。一直以来，雅思考试在澳大利亚和新西兰得到的认可是其他考试所不能比拟的，因此雅思考试是赴澳大利亚和新西兰留学、工作的最佳选择。

雅思考试不仅获得加拿大院校的普遍认可和偏爱，也是中加学生合作计划（SPP）和学习植入计划（SDS）唯一被认可的语言考试。

雅思考试在我国香港地区得到广泛认可。香港多所大学资助应届毕业生参加雅思考试，中国香港特区政府公务员综合招聘中，雅思考试作为英语语言能力的证明已实行多年。目前，雅思成绩也是香港很多公司招聘的必备要求之一。

除此之外，雅思考试也受到诸多欧洲和东南亚国家的认可，例如法国、德国、荷兰、瑞典、马来西亚、新加坡、捷克等，是当地众多院校英语授课项目最受认可的英语语言能力证明。

三、雅思考试的特点

（一）全球认可度较高

（1）英国高校及英国签证局双重信赖雅思考试。

（2）3300 所美国院校认可并信赖雅思成绩，包括所有常青藤盟校以及全球排名 TOP100 的所有美国院校。

（3）所有澳大利亚院校认可并信赖雅思成绩。

（4）雅思在加拿大备受信赖，是加拿大大使馆 SDS/SPP 便捷签证计划唯一指定的英语考试。

（二）全球留学及职业发展领域英语测评的权威和领导者

权威：雅思考试由在英语测评方面有悠久历史和丰富经验的剑桥大学考试局外语考试部设计研发，并由英国文化教育协会、剑桥大学考试局外语考试部和澳大利亚国际发展教育署三方在全球共同主办、组织和运作。

引领、创新：注重“沟通为本”的雅思考试，从听、说、读、写四方面进行英语能力的全面考核，能够立体综合地精准测评考生的英语语言运用能力，成为后来许多英语考试效仿的楷模。

安全、可靠：雅思考试试题研发与设计以大量研究为基础，拥有国际化的研发团队和经过严格筛选、培训的考官，严密的安保措施、统一的评分标准和系统完整的监控体系，确保考试标准的科学和公正。

（三）沟通为本，“考”以致用

雅思考试内容兼具实用性和学术性。考试内容包括很多真实的国外学习和生活的场景，做到真正的“考”以致用，为考生今后在国外的生活和学习提供长远的、有实际价值的帮助。

雅思考试采用特有的人人对话的口语考试模式，通过营造真实的情景体验，让考生和考官在自然的交流状态下，完成对英语能力的精准测评。

（四）人性化的考试服务

雅思考试在中国 43 个城市共设有 87 个考点，每年有 48 个考试日期，平均每个月开设 4 场雅思考试。可以同时报 5 场考试，让考生可以灵活选择，节省时间和成本。

雅思更为合理地安排笔试和口试的考试时间，且考场环境更为安静有序，确保考生在最佳考试状态下完成考试，从而获取最准确的测试结果和愉悦的考试体验。

雅思考试针对有身体障碍的考生，可以进行特殊的考试安排。

四、雅思考试安排和费用

（一）时间和地点

雅思考试每个月有多次。纸笔考试每年有 48 次左右，有 43 个考点城市：北京、石家庄、太原、合肥、呼和浩特、福州、厦门、苏州、南昌、青岛、上海、杭州等。

雅思对于考生的报考次数没有限制，无论考生上一次在什么时候、什么地方参加过考试，均可在报名截止日期之前报名参加下一次考试。不过要注意连续参加 2 场雅思考试需要间隔 7 天以上。

（二）考试流程

雅思考试全程时长约为 2 小时 55 分钟，流程如下：

听力部分时长 40 分钟，含 10 分钟誊写答案的时间。通常考生会听到 4 段语音，共给 40 小题作答，考生将只听到一次语音，不会重复。

阅读部分时长 60 分钟，共 3 篇文章，每篇约 1000 词，共有 40 个题目。

写作部分包括两篇作文，前一篇 150 字，后一篇 250 字。原则上建议考生前一篇作文用时 20 分钟，后一篇用时 40 分钟。

口语部分考试形式为 11 到 14 分钟的考生与主考官一对一谈话。对谈主题如下：

部分	话题范围	材料内容	主要的考察重点	题目数量
1	社会生活	双向交流的谈话（如关于旅行安排的对话）	理解和记录特定的事实性信息	10
2	社会生活	具有交流目的的独白（如介绍博物馆开放时间）	理解和记录特定的事实性信息	10
3	教育和培训	2-4 人在学术环境下的讨论（如辅导或讨论会；老师和学生关于作业的讨论）	理解涉及语义猜测的对话。理解特定的信息，态度和发言者的看法	10
4	教育和培训	在学术环境下的独白（如一般性学术话题的讲课内容）	理解学术论证。理解特定的信息，态度和发言者的看法	10

（三）考试方式

1. 纸笔考试

选择纸笔模式的考生将通过纸笔模式参加听力、阅读及写作三个部分的考试，并通过“人人对话”形式参加口语考试。纸笔模式适用于雅思考试学术类和培训类，以及用于英国签证的雅思考试学术类和培训类。

2. 机考模式

选择机考模式的考生将通过机考模式参加听力、阅读及写作三个部分的考试，并通过“人人对话”形式参加口语考试。机考模式适用于雅思考试学术类和培训类、用于英国签证的雅思考试学术类。

机考模式在考试费用、考试内容、评分标准、难度等级、考试题型、考试安全设置等方面均与传统的纸笔模式完全一致。目前，机考模式考试日期安排为一周多次，考试日期前7天截止报名，考生可在考试结束后5~7天内查询成绩，口语考试通常会安排在机考当天或者与机考日期尽可能相邻的日期。

五、考试结构、题型和评分标准

学术类（A类）与培训类（G类）考试均包括听、说、读、写四项英语交流能力的测试，其中听力和口语的考试内容完全一致，阅读和写作的考试内容有差异。

1. 听力（学术类 & 培训类）听力考试时长：30分钟，并有10分钟填写答题卡

听力考试题型：共包含4段独白和对话。每段听力材料只播放一次，对应10道问题，问题的排列顺序和答案与在听力材料中出现的顺序一致。

	考试分类说明	考试适用于	考试结构	考试形式	考试费用
雅思考试	雅思考试是为那些打算在以英语作为交流语言的国家和地区留学或就业的人们设置的英语言水平考试。	学术类（A类）：出国留学申请本科、研究生及以上学位，或获得专业资质	听力：30分钟+10分钟 学术类阅读：60分钟 学术类写作：60分钟 口语：11-14分钟	纸笔考试+人人对话	2170 RMB
		培训类（G类）：英语国家移民申请（澳大利亚、加拿大、新西兰及英国等等），或申请培训及非文凭类课程	听力：30分钟+10分钟 培训类阅读：60分钟 培训类写作：60分钟 口语：11-14分钟		
用于英国签证及移民的雅思考试（UKVI）	UKVI是用于英国签证及移民的雅思考试是为满足英国签证和移民局对特定类型英国签证申请要求所开设的考试。	学术类（A类）：出国留学申请本科、研究生及以上学位，或获得专业资质	听力：30分钟+10分钟 学术类阅读：60分钟 学术类写作：60分钟 口语：11-14分钟	纸笔考试/机考+人人对话	2220 RMB
		培训类（G类）：英语国家移民申请（澳大利亚、加拿大、新西兰及英国等等），或申请培训及非文凭类课程	听力：30分钟+10分钟 培训类阅读：60分钟 培训类写作：60分钟 口语：11-14分钟		
生活技能类考试	雅思考试生活技能类只测试考生的英语口语与听力水平，分为CEFR（欧洲语言共同参考框架）A1及B1级别两类该考试旨在满足英国签证与移民局对英国特定签证申请的要求	A1级别：配偶，探亲类英国签证申请	口语：7-8分钟 听力：9-10分钟	人人对话	1350 RMB
		B1级别：入籍，永居类英国签证申请	口语：10分钟 听力：12分钟		

2. 阅读（学术类）阅读考试时长：60 分钟

阅读考试题型：共包含 3 段文章及相应 40 道题目。每一篇文章所需要回答的问题数量并不相同。文章内容和题目均出现于试卷中。文章取材于供非专业人士阅读的真实出版物（例如选自图书、期刊和报纸），与考生未来在大学课程中将阅读到的文章极为相似。也包含非文字性内容，例如图表、曲线或插图等。所有文章总计长度在 2000~2750 字。

3. 阅读（培训类）阅读考试时长：60 分钟

阅读考试题型：共包含 3 部分及相应 40 道题目，文章难度由浅至深。第一部分有 14 道题，第二和第三部分分别有 13 道题。文章内容和题目均出现于试卷中。第一部分的内容选自通知、广告、时间表、宣传品及其他类似的内容。第二部分通常有 2 篇文章，内容选自大学招生简章、课程介绍、大学课程介绍、图书馆指引、规定及其他类似的内容。第三部分则为一段较长的文章，内容选自报纸、期刊、小说或非虚构的书籍及其他类似的内容。所有文章总计长度在 2400 字左右。

4. 写作（学术类）写作考试时长：60 分钟

写作考试题型：共两篇作文。第一篇（Task 1）为图表分析写作，如表格、曲线图、柱状图或示意图等，考生需对这些信息或数据进行描述，要求不得少于 150 字；第二篇（Task 2）为议论性文章写作，考生需根据题目所给出的看法、问题或议题进行论述，要求不得少于 250 字。考官给以下四项分别评等级分：任务完成情况（Task 1），任务回答情况（Task 2），连贯与衔接，词汇变换、句式多样性和语法准确性。这四方面所占权重相同。

5. 写作（培训类）写作考试时长：60 分钟

写作考试题型：共两篇作文。第一篇作文要求考生根据题目中的问题或者事件写一封私人信件，形式可为非正式、半正式或正式。题目包括对一个问题或事件的描述，以及对考生需完成的任务的三点要求，要求不得少于 150 字。第二篇为议论性文章写作，考生需根据题目所给出的看法、问题或议题进行论述，要求不得少于 250 字。

6. 口语（学术类 & 培训类）口语考试时长：11~14 分钟

口语考试题型：雅思考试通过考生与考官之间进行一对一交流的形式对考生的英语口语水平进行考察，是目前最接近真实生活场景的互动式测评。所有的雅思考官会接受统一的培训与严格监控以确保其按照全球统一标准对考生进行评判，标准共分为四项：流利性与连贯性、词汇多样性、语法多样性及准确性、发音。每场考试都会全程录音以便进行后期监测，保证口语考试的客观性和公平性。

部分	时间长度	互动的内容	考察能力
1	4–5 分钟	简介以及问答 考言会向考生进行自我简介，并核对考生的身份。之后，考官会就考生熟悉的话题（如朋友、兴趣习惯或者食物）进行询问。为保证题目的一致性，这些问题都是从一个事先拟定的范围内抽取的	考生就日常性的观点和信息、常见的生活经历或情形以回答问题的形式进行交流的能力
2	3–4 分钟	个人陈述 考官会交给考生一个答题任务卡、铅笔和草稿纸做笔记，答题任务卡上会给出一个话题和需要在个人陈述中包含的要点，并在最后提示考生解释这个话题的某一个方面。考生有一分钟的准备时间（如笔记），然后需就此话题进行 1 到 2 分钟的陈述。考官会在 2 分钟后打断考生，并在最后提问一两个问题作为结束语	考生（在没有任何其它提示的情况下）就一个特定的话题进行较长时间的陈述的能力，考察考生是否能恰当地运用语言，是否能连贯地组织自己的观点。考生有可能需要联系自己的经历来完成这部分内容
3	4–5 分钟	双向讨论 考官将与考生就第二部分中出现的话题较为抽象的部分进行双向讨论	考生表达和论述看法、分析、讨论以及深入思考问题的能力[25]

雅思考试评分标准包括：语言的流利度和连贯性，词汇变换，句式丰富性和语法准确性，发音。雅思考试考官按这四项评分标准分别评等级分，并且这四项是同等重要的。

对于雅思写作和口语考官的招聘和培训按照既定标准进行，确保评分人员了解雅思评分相关政策，而且切实做到按照评分标准给听力和阅读考卷评分。在每个考试中心，会进行系统化的监测，并对一定比例的答题纸实施双重阅卷。除了会持续监测考官的表现之外，还会每隔一年测评考官，以确保按照标准评分。

所有考试成绩记录在成绩单上，包括一个总分，以及听力、阅读、写作和口语四个单项分，考生的考试成绩采用 1～9 分的评分制来测评，四个项目独立计分，总分即是四个部分所得分数经过平均后四舍五入的成绩。总分和四个单项分均允许半分。

六、考试报名

凡参加在中国大陆地区举办的雅思考试的考生均须登录教育部考试中

心雅思考试报名网站进行报名和付费。

雅思考试报名为全年开放式，考试日期安排公布后即可报名，最晚报名时间为考试前两个星期。但由于报考人数众多，考生应至少提前两个月报名，以确保考位充足。考生可根据自己的情况选择在全国任何一个考点参加考试，不受地域限制。

1. 注册用户

登录注册成为教育部考试中心网上报名系统用户，务必注意姓名、证件号等个人信息的准确性。每位考生只可以注册一个 NEEA 用户号（NEEA user ID），请牢记并妥善保管 NEEA 用户名和密码。

注意：请务必确保注册信息真实准确，一旦你将重要个人信息输入系统，系统将不允许你进行更改。当你成功注册成为系统用户后，系统将向你的电子邮箱发送一封确认邮件。

2. 预付考试费

根据不同的使用目的，选择相应考试类型并预付相应的考试费用。通过支付宝和首信易支付进行网上付费，付费后系统会及时确认费用到账。当付费完成后，请记录下银行所提供的交易号码，以便日后用于核对和查询你的付款。

注意：在极少数情况下，银行系统会延迟向教育部考试中心报名系统确认考生的付款。因此，请在 24 小时之后，登录教育部考试中心报名网站，核实你的付费和报名状态。如果仍未看到你付费的确认信息，请拨打教育部考试中心雅思考试全国服务热线寻求帮助。

3. 预订考位

选择考点、考试日期和考试类别。每预订一次考位，系统会分配一个雅思考试注册号（Registration ID），并显示在“我的状态”页面。注册号（Registration ID）及雅思考号（IELTS candidate number）都将用来确认你参加考试的资格，并凭此享受考试相关服务。

注意：如果你在没有确认支付考试费的情况下离开或意外掉线，请务必在选择考位后的 30 分钟内完成所有步骤并确认付费，否则选择无效。在选择无效的情况下，系统不会从你的 NEEA 账户中扣除考试费。在报名截止日之前，先前已无法点击的按钮有可能因其他考生取消预订而被重新激活。建议经常来此页面查看。

4. 填写报名表

请在预订考位后 30 分钟内填写报名表，否则预订无效。仔细阅读考生须知，核对个人信息，特别是姓名、证件号等。

5. 确认付费

确认报名后点击确认支付考费，考试费将从预存账户中扣除。

6. 报名成功

教育部考试中心雅思报名网站收到你的付款之后，将给你发送电子邮件确认报名成功。退考或转考须在考试报名截止日期前办理。

7. 预定口语考试日期

成功报名雅思考试后，在该场考试报名截止日期前两天，考生可登录教育部考试中心雅思考试报名网站“查看已注册考试”页面预定雅思口语考试日期以及上下午时间段。口语考试可能安排在笔试前一周至笔试后一周的任意一天。如果在两天的预定时段中，考生放弃预定、取消已有的预定或可预定的口语考试日期已满，雅思考试报名网站将通过系统做出随机安排。最终的口试日期及时间以准考证为准。

注意：为公平起见，考生只有一次在线预定口语考试的机会，在预定提交后则无法更改；如果考生在预定了口语日期后又选择了转考或退考服务，预定的口试日期将自动失效。

8. 打印准考证

笔试日期 10 天前（从 2015 年 2 月 7 日考试起实施），你将以电子邮件形式收到准考证打印通知，请通过报名网站“我的主页”页面打印该准考证，查看口试、笔试的具体安排。准考证是考试当天入场的凭据。考试当天携带准考证、身份证件和照片至考点参加考试。

第二节　托福考试

一、什么是托福

托福考试是由美国教育考试服务中心（ETS）测评研发的一个学术英语语言测试，通过考察听、说、读、写这四个方面技能以体现参与者在学术语言任务环境下的真实学术语言能力，并可用于本科及研究生阶段的院校申请。托福是“对非英语国家留学生的英语考试”（Test of English as a Foreign Language）英文缩写（TOEFL）的音译。官方网站是：https：//www. toefl. cn/。

托福考试共分为三种，托福网考（TOEFL Internet-Based Test）、托福

iBT的在家考版本（TOEFL Home Edition）、托福纸笔考试（TOEFL Paper-delivered Test）。

托福考试满分总计120分，考试时间3小时，分为阅读、听力、口语、写作四个部分，每个部分30分。凡是在2019年8月1日后寄送的托福考试成绩单中，都将同时自动包含所选考试日期的当次成绩和“My Best TM Scores”成绩（个人最佳成绩）。托福成绩报告的有效期为考试日后两年。超过有效期后，考试主办方将不再提供成绩查询服务。

更多资料可以查询托福官方网站的页面：https：//www. toefl. cn/take-the-test-faq. php。

二、托福考试的认可度

美国：在美国，托福考试100%被认可，90%的美国顶尖大学（其中包含哈佛大学、斯坦福大学、普林斯顿大学、杜克大学、加州大学伯克利分校、加州理工大学、佐治亚大学、佐治亚理工学院等）认可托福考试。因为在美国，各大学所接受的托福成绩多于其他英语考试的总和。约为90%的本科和研究生项目认可托福考试而非其他语言考试。

英国和欧洲：在英国，托福考试被100%的英国大学，100%的罗素集团大学所接受，包括剑桥大学、牛津大学、伦敦政经学院、帝国理工学院等学校。同时，托福考试也是法国和德国的大学首选的英语语言考试，并且被欧洲所有顶尖的大学所接受。

加拿大：在加拿大，托福考试被100%认可，并且80%以上的研究生项目认可托福考试，接受托福成绩多于其他英语考试的总和。加拿大TOP20名校中：多伦多大学、戴尔豪斯大学、滑铁卢大学、英属哥伦比亚大学、阿尔伯塔大学、维多利亚大学、皇后大学、西门菲莎大学、麦克马斯特大学、渥太华大学、卡尔顿大学、曼尼托巴大学、卡尔加里大学等接受托福成绩。

澳大利亚和新西兰：无论是在澳大利亚还是新西兰，托福考试都是被100%的高校认可，并且可以满足学术、工作的需求。

亚洲：托福考试成绩被亚洲全部顶尖大学接受，包含日本的东京大学、京都大学、名古屋大学、北海道大学，新加坡的新加坡国立大学、南洋理工大学、新加坡管理大学等。

中国：中国香港、中国澳门及中国台湾的所有顶级大学和学院均接受托福考试成绩。2019年12月11日，中国教育部考试中心与托福官方（ETS）联合宣布托福iBT考试成绩成功对接中国英语能力等级量表

（CSE），在对接表中将托福成绩按照阅读、听力、口语、写作四部分及总分从低到高对应 CSE 中第四级到第八级。

三、考试形式和内容

托福 IBT 考试通过互联网进行，采取机考形式。新托福考试采用真实场景，如模拟大学校园中的动态和交互式环境，试题综合考查听、说、读、写四项英语语言能力，考生可充分展示使用英语进行交流的能力。关于加试：一般实际考试中，考生往往会在听力或阅读部分碰到加试试题，也有可能阅读、听力两部分同时被加试。考生事先并不知道哪一部分是加试部分（有的时候经典加试是能判断出来的），所以应该认真对待。

自 2019 年 8 月 1 日起，托福考试时间被缩短为 3 小时，较之前缩短了 30 分钟，整体考试形式、题型和评分标准保持不变。换句话说，只是阅读、听力和口语部分的题目有所减少。同样，考生仍然可以在半天内完成考试，不用第二天再回来继续应考。

托福考试各部分满分 30 分，共计 120 分。

1. 口语部分：采用 Speech Rater 与评分员共评的方式。

每一个口语任务的得分会被相加，并且每个任务的分数都占有相同的权重。这些任务的得分之和会被转换成范围在 0 到 30 分之间的分数，这将会是向考生所要求送分的机构报告的口语部分的分数。

评分者不会把重点放在考生所犯的错误的数量上。他们会根据考生的整体表现进行打分。一个有微小错误或者偶发错误的答案仍然可能得到最高级别的分数。所有的托福 iBT 考生都会带有某种程度的口音，除非考生的口音影响到了其回答的可理解性，否则考生的分数不会受此影响。

2. 写作部分：采用 e-rater 评分技术与评分员共评的方式。

所有写作题目的回答会被送至 ETS，由两名经过认证的评分人及自动评分系统在 0~5 分范围内进行评分。两道题目的平均分将被转换为 0~30 分的标准分。

综合写作的评分主要取决于作文的质量（文章的组织结构、词汇和语法的适当性和准确性），以及内容的完整性和精确性。

独立写作的得分取决于文章的整体质量：论点的展开和组织、词汇和语法的适当性和准确性。需要注意的是，评分人一般会认为考生的作文是第一手写出的文章，他们并没有期望考生写出经过深入研究、深思熟虑的文章。因此，即便作文中有某些错误，仍可得高分。

四、考试成绩

托福考生考试大约 6 天后就能收到成绩。考试分数报告上包括“MyBest Scores”、每个考试项目的单项分数、一个总分以及针对应试者一般达到的分数段做出的成绩反馈。

凡是在 2019 年 8 月 1 日后寄送的托福考试成绩单中，都将同时自动包含所选考试日期的当次成绩和“MyBest Scores”成绩。“MyBest Scores”将从考生过去两年内全部有效成绩中，选取听力、阅读、写作、口语四个单项的最高得分，组合为个人最佳成绩。这项托福考试独有的功能，让考生无须担心偶尔发挥失常。

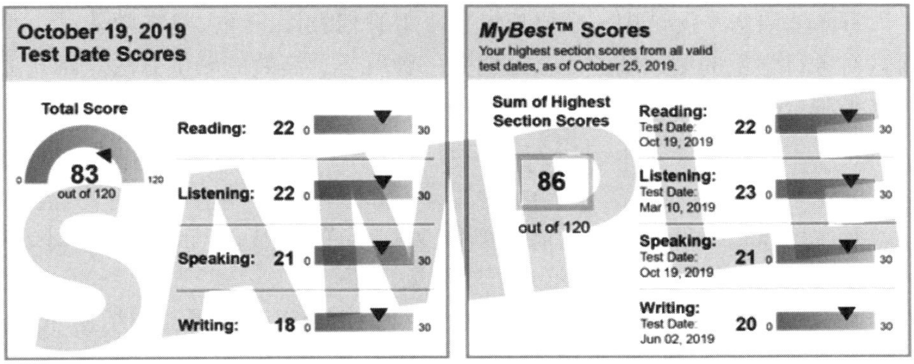

第三节　其他语种等级考试

随着出国学习机会和途径的增加，中国学生不再为留学而留学，而是越来越重视自己的兴趣、就业倾向和专业喜好，带着比较明确的目的，来规划留学道路和职业发展方向，做到有准备、有目的地留学。这就要求海外院校适应这种变化，推出更多适合中国学生的专业。

一些小语种国家虽然免除学费，但是这些学校的毕业门槛高，对学生的学习能力要求也高。此外，一些新兴留学国家私立大学在当地享有盛誉，但其学历可能并不被中国教育部所认可。因此，家长和学生在出国前要先了解留学国家的基本情况，然后根据学生的自身情况和能力来慎重选择留学地。

下面介绍一些其他语种的语言考试。

一、法语

1. 法语水平考试（Test d'Evaluation de Français，简称 TEF）

法语水平考试 TEF 由法国工商会和法国法语联盟（Alliance Française）主办，由法国法语联盟总部负责出题、阅卷，通过其海外分部组织的法语水平考试，是法国教育部正式承认的一项考试。TEF 成绩可以作为法国大学和高等专科学校测试入学者法语水平的依据，也可以作为法国企业招聘海外员工的参考条件之一。

TEF 考试是一种新型权威的水平考试，通过测试报考者的法语理解、表达能力，对其法语水平进行全面评估，并做出阶梯式的质量分析。TEF 法语水平测试作为一种语言能力的资格审定，已为巴黎工商协会所认可。凡是意欲赴法留学的大学生，均需要参加必考项目的考试。

TEF 法语水平测试由一个语言专家小组策划设计，经大量教师认可，并通过对各科学生的测试试验，被证明是一种科学、高效的测试方法。TEF 法语水平测试作为一种语言能力的资格审定，为巴黎工商协会认可。通过考试后，考生将获得巴黎工商协会颁发的法语水平资格证书，为广大法国企业和院校认可。

必考项目三项报名费共人民币 1600 元。选考项目二项报名费共人民币 600 元。若同时报考必考与非必考，可享受优惠。

必考三项是：阅读理解 50 个问题、听力 60 个问题、词汇和结构 40 个问题。选考两项是书面表达和口头表达（含双向交流）。

考试成绩分为 3 级 7 档，满分为 900 分。0-2 档，即成绩为 0-360 分，为初级，指掌握法语基本结构，可表达基本愿望；3-4 档，成绩 361-698 分，为中级，指掌握一般语言，可以明确表达自己感兴趣的主题和与日常生活相关的主题；5-6 档，699-900 分，为高级，指全面掌握语言，可以准确流畅地表达思想。

TEF 考试既无文凭，又无考试合格证书。考生每个科目的成绩和所达到的级别会以考试证明的形式发给考生。法国工商联合会发给考生两张不同的成绩证明：一张是必考成绩单，另一张是选考成绩单。TEF 成绩的有效期为一年，自考试当日算起。

必考部分满分为 900 分；阅读理解总分为 300 分；听力部分总分为 360 分；词汇结构总分为 240 分。考试结束后考生可以马上得到一个非正式的成绩单。考试的各项成绩将在一个月之内在 CELA 的网站上公布，法国工商会在接到考生答卷后 15 天内通过邮寄方式给考生寄出。

应当注意的是，参加 TEF 考试，有答错扣分的原则。如果选择了正确答案，将得到 3 分。选了“我不知道”，这道题将不得分。但是如果选错，将被扣掉 1 分。

2. DELF-DALF 法语学习证书

DELF 法语学习证书（Diplôme d'étude de langue francaise）和 DALF 法语深入学习证书（Diplôme approfondir de langue française）这两项考试是由法国国际教育研究中心（centre international d'étude pédagogique）颁发的语言文凭，DELF/DALF 国家委员会（commission nationale）负责考试的行政和教育管理。可以用于申请法国高等院校大学及研究生。学生本人可以通过此考试来检测自己的语言水平。此文凭永久有效，含金量最高，在学校和职场中均被认可。

获得 DALF 文凭的外国学生在申请法国大学时可以免除一切其他的法语水平测试。TEF 是巴黎工商会制定的法语考试标准，是获得赴法国留学签证的一个依据，很多法国学校也认可 TEF 成绩。而 DELF 和 DALF 是法国教育部制定的法语考试标准，TEF 考试成绩不能代替 DELF 和 DALF 文凭，没有这两个文凭，可能会影响留学生进入法国的高等院校，尤其是公立大学。

任何一个要评估自己法语能力的外国人均可报考。同一个考生可在同一考季参加几个文凭的考试。在考试中心直接报名，报名费由法国使馆文化行动与合作处和国家委员会共同规定。

3. TCF 和 DU 考试

TCF 的全称是 Test de Connaissance du Fran-ais，是由法国国际教学研究中心应法国教育部的要求而设立的。TCF 是很标准的等级水平测试，考题采用十分严谨的方法设计，是名副其实的语言水平测试工具。该考试旨在通过测试法语非母语人员的法语水平。应试者一般出于专业或者个人需要参加考试，简单快捷可信地测试法语水平。

DU 全称是大学语言和文化文凭考试，此考试是针对在法国居住了 8 个月以上的留学生的，由各个大学自己组织和出题。

二、西班牙语

西班牙语 DELE 考试的全写：Diplomas de Español Como Lengua Extranjera，英语是 Diplomas of Spanish as a Foreign Language examination，作为一门外语的西班牙语水平考试，相当于英语里的托福、雅思考试。该文凭证明持有者西班牙语的语言能力水平，且被西班牙教育部、文化部、体育部正式承认，并获得国际性认可。

西班牙语的等级考试在我国发展得较晚，自 2004 年起我国教育部才开始组织。国内的西班牙语等级考试在每年 5 月左右举行。分为专业四八级，相当于英语专业四八级。职称外语考试中有西班牙语的考试，外国学生进入公立大学须通过西班牙语国家等级考试和大学入学考试。

DELE 考试有以下三种不同级别：Nivel Inicial，即初级基本沟通场景；Nivel Intermedio，即中级日常生活场景；Nivel Superior，即高级需要运用高水平的西班牙语及西语文化知识进行表达的场景。

自 2011 年开始，DELE 考试完全按照欧洲语言教学与评估框架性共同标准来设定考试级别，以综合方式描述了下述内容：交流所必需的能力、相关的知识及技能、交流的情形与领域。从低到高对学生的语言水平和所具备的实际交流能力进行详尽的描述，描述出在听、说、读、写四项技能上所具备的典型能力，例如“能够做自我介绍”，“能够在社交、学术交流及工作环境下灵活及有效使用语言”。它将语言水平分为 3 个等级：A—基础水平、B—独立运用、C—熟练运用。每个等级又分为 2 个级别：A1，A2，B1，B2，C1，C2。

西班牙语水平证书（初级）：证明拥有者的语言水平足以应付基础交流的场景。考试由以下几个部分组成：阅读理解（40 分钟）；书面表达（50 分钟），使用常用的词汇书写简短的作文；听力理解（30 分钟）；语法和词汇测试（40 分钟）；会话（10~15 分钟）。

西班牙语水平证书（中级）：证明拥有者的语言水平足以应付日常生活的基本场景，能够应付没有特别专业词汇要求的普通交流环境。考试由以下几个部分组成：阅读理解（60 分钟）；书面表达（60 分钟），书写一封个人信件和一篇文章，字数均在 150~200 个单词之间；听力理解（30 分钟），考生将会听到4篇录音短文并回答12道选择题，录音短文内容包括通知、新闻、对话或采访；语法和词汇测试（60分钟）；会话（10~15分钟）。

西班牙语水平证书（高级）：证明拥有者的语言水平足以应付较高语言要求的场景，并且熟知语言背后蕴藏的文化。考试由以下几个部分组成：阅读理解（60分钟）；书面表达（60分钟），书写一封非私人信件和一篇文章，字数均在150~200个单词之间；听力理解（45分钟），考生将会听到4篇录音短文并回答16道选择题；录音短文内容包括对话、评论或媒体报道；语法和词汇测试（60分钟）；会话（10~15分钟）。

三、俄语

俄语国家水平考试即俄罗斯联邦对外俄语等级考试，是为考核母语为非俄语的各界人士俄语水平能力而设立的国家级标准化考试，分为俄语基础级水平考试、俄语初级水平考试和俄语1至4级水平考试。其性质相当于雅思、托福考试和国内的汉语水平考试。一般情况下俄语等级考试每年举行两次，考生只要成绩达到一定标准，便可获得由国家考试中心颁发的“对外俄语等级证书”。

获取俄语等级证书的唯一合法途径：参加对外俄语等级考试，获取等级证书。俄罗斯教育部授权的考官直接面对考生，根据俄语等级考试题库的统一标准进行测试，并由莫斯科国立大学、圣彼得堡国立大学、人民友谊大学等颁发等级证书，该证书在全俄获得认可。从2010年3月起，欲报考俄语等级考试的中国学生，无须到俄罗斯报名，可直接在中国俄语等级考试中心报名，由中国俄语等级考试中心组织安排俄罗斯俄语等级考试监考官来中国监考，每年5月及11月开考两次，并根据考生数量不定期增加考试次数。

笔试：语法、阅读、写作，这三部分考试通常是中国学生的强项。听力：通常初级（A2）和一级（B1）为音频，二级（B2）及以上为视频。口语：口语考试是学生和监考老师面对面直接沟通，根据考试所提供的素材，监考老师直接与学生进行互动交流。

俄罗斯俄语等级考试内容包括：听力（新闻，对话、影片等）、语法词汇、写作（有专业的格式要求）、口语（同考试老师对话，打电话，口头作文等）、阅读（看文章后回答问题）。俄罗斯国家水平考试内容很多，建议学生考前多练习模拟试题。

五项考试的正确率达到66%视为及格，可获得相应等级证书。若平均成绩达到66%，而其中一项正确率没有达到66%却达到60%以上，仍视为考试通过。

四、德语

1. TestDaF 语言考试

TestDaF 全称为“Tests für Deutsch als Fremdsprache”，字面翻译为德语作为外语的测验。测试的目的是考查考生对德语语言知识的掌握及运用能力。也被称作“德福”考试，是一种权威性的德语语言考试，考试的对象是以赴德留学为目的的外国学习德语者或一般只想证明自己德语语言水平的人。它在全世界设立考点，有统一的试题和考试时间，也同托福一样，成为德国大学录取外国学生的一个重要依据。也就是说，TestDaF 性质上是以英语的 TOEFL 考试为模式而设立的一种德语水平标准考试。

TestDaF 考试分为四部分：阅读理解、听力理解、笔头表达和口头表达。如德语水平达到最高级 TDN5，那么在德国的学习将不再会有语言障碍，而且你的成绩将被德国的所有高校认可。但是德国的各个高校都有自己的录取标准，所以在申请入学时一定要了解所希望就读的大学对德福考试成绩的要求，有些大学在其网页上已公布了去德国留学的语言条件，即对德福成绩的要求。

TestDaF 考试是针对外国留学申请者的德语语言考试。如果你向德国大学提交入学申请，你就得提供完整的申请材料，包括一份语言证书，证明你有足够的德语知识能帮助你完成在德国高校的学业。通过 TestDaF 考试，考生将获得一份德国所有高校都承认 TestDaF 考试的语言证书。在中国，考生可以到获得授权或官方指定的 TestDaF 考点参加考试。如果准备赴德国留学，最好能及时报名参加 TestDaF 考试，在动身前往德国之前通过 TestDaF 考试是完全值得的。

TestDaF 考试试题由德国 TestDaF 考试学院集中命题，阅卷；在全球各专门的考试中心举行；根据考试成绩，所有考生将得到由 TestDaF 考试院签发的不同等级证书。

考生的考试成绩将根据以下三个等级分级：TestDaF5 级（TDN5）、TestDaF4 级（TDN4）、TestDaF3 级（TDN3）。自 2004 年 9 月起开始施行一项新规定：如果达到“TestDaF4 级”（TDN4），你就已得到在德国大学专业学习的语言水平资格（在之前必须达到“TestDaF5 级”）。如果成绩达到“TestDaF3 级”（TDN3）水平，也可以得到某些大学的特定专业的语言水平认可。“TestDaF5 级”（TDN5）是 TestDaF 考试的最高成绩。它表示，应试者拥有非常高的语言水平，远远超过了入学所要求的水平。

2. DSH 考试

DSH 考试全称是 Deutsche Sprachpruefung fuer den Hochschulzugang auslaendischer Studienbewerber，即“外国学生申请大学入学德语考试”，这是一项有相当大难度的语言考试，只有拿到这张证书，就能在德国正式注册上大学。DSH 的题目由各大学自己出，因此难易程度也有差异。波恩大学、科隆大学、慕尼黑大学等名校的题目比较难，而中小城市的学校和东部地区学校的题目就相对简单。考试分为笔试和口试两场。

笔试第一项是听力。对亚洲人来说这是最难的部分。考官将一篇文章用正常语速和稍慢的语速各读一遍，学生在听懂的基础上做速记，然后在接下来 90 分钟的时间里回答 8 道有关文章内容的题目。这些问题绝不是三言两语就能答完的。文章内容依各个大学的“口味”而定。例如，偏重文科、经济的科隆大学总是出与时事政治相关的题目，像“双重国际法案”“外国人社会问题”等，偏理工科的波恩大学爱出类似“原始森林生态问题”“数据保护法”之类的题目。总之，没有相当的词汇量和应试训练，要过考试关绝非易事。

第二部分语法，考试时间 30 分钟，是用功的中国学生拿高分的机会。欧洲学生相对比较大胆，平时不管德语是对是错，都敢夸夸其谈，口语和听力虽然进步得快，但对于需要死记硬背的语法的掌握却常常一塌糊涂。而这正是亚洲人的强项。

第三部分阅读，考的是扎实的基本功。要在 60 分钟内读完一篇比较难理解的文章并回答 8 道问题，写一篇相关的小作文。这部分考试的要点是：思路一定要快。许多考生觉得时间不够用，还没答完题，时间就到了，根本来不及写作文。

DSH 第二部分是口试。如果考生的笔试成绩低于及格线，或笔试成绩非常高，则无须参加口试。分数不高不低的，必须参加口试。口试的时间为 30 分钟。考前 20 分钟先读文章做准备，考试时要尽量脱稿回答考官提出的问题。问题也是 8 道，一般第一题都是：“这篇文章讲的是什么内容?”最后一题则为：“你为什么来我校读书?”口试时，考官主要考查考生的语言表达能力、发音、与别人是否能交流等，而不是对文章的理解。如果考生胆子小，说话声音很小，再加上紧张、发音不清晰或带母语口音，都会影响成绩。

3. ZOP 考试

ZOP 考试全称为 Zentrale Oberstufen Pruefung，已有 20 多年的历史，考试是根据欧洲语言标准要求 C2，由德国高校和德国歌德学院分别命题，其成绩被德语国家的高校、科研机构及用人单位普遍认可。ZOP 考试难度接近于小语言证书考试（KDS），要求学生已学习德语约 1200 学时（1 学时为 45 分钟），并有较高的德语水平。如通过此考试，可免除德国所有高校的语言入学考试。它属于欧洲语言共同参照标准六个级别中的第六个级别 C2，是最高级水平（母语水平）。现在中国有上海和北京的歌德学院开设 ZOP 考试。

考试内容有集体笔试（300 分钟）和口试（约 20 分钟）。在“表达能力”部分，考生要对文章进行语言和文法变化。在“听力”部分，考生需要回答一个采访或者对话的相关问题。在“写作”部分，考生要从德国现实生活中自由挑选一个主题，或者根据给定书目预先准备一个文学主题，加以探讨。在口试部分，考生则需要先朗读，要求发音和语调准确无误。考生要总结这篇文章，并回答有关文章主题的问题。考生要就一个事先准备好的、感兴趣的题目进行简短的演讲，然后与两位考官进行讨论。

五、日语

1. 日本语能力测试

日本语能力测试，是由日本国际交流基金会及日本国际教育支援协会于 1984 年建立的一套较为完整的考试评价体系，并于同年开始在有关国家和地区实施。到 2009 年，世界上共有 54 个国家和地区的 176 个城市（除日本国内之外）举办此项考试，74. 2 万人报名。该考试在日本国内由考试实施委员会决定其方针、实施计划、考试内容及证书的授予标准等。该委员会下设规划委员会和考试委员会。规划委员会负责实施计划的制定和考试结果的分析评价；考试委员会负责试题的命制。

日本语能力测试（JLPT/The Japanese-Language Proficiency Test）是对日本国内及海外母语非日语的学习者，进行日语能力测试和认定的考试。此项测试在中国由日本国际交流基金会与中国教育部海外考试中心共同举办。

参加日本语能力测试的考生范围不断扩大，考试目的也不断增多，除了测试日语水平外，还有的是为了就业、升级、升职等。对测试的要求和建议也越来越多。

新 JLPT 分为 N1、N2、N3、N4、N5 共 5 个级别。N1 与原日本语能力

测试中的1级相比（约相当于我国大学本科专业日语3~4年级的水平），加深了高难度部分，但是，及格线与现行测试基本相同。N2与原日本语能力测试的2级水平基本相同。N3介于日本语能力测试2级与3级之间的水平（新设）。N4与原日本语能力测试的3级水平基本相同。N5与原日本语能力测试的4级水平基本相同。N1、N2考试分“语言知识（文字、词汇、语法）、阅读”和“听力”2个科目，N3、N4、N5考试分“语言知识（文字、词汇）”、“语言知识（语法）、阅读”及“听力”3个科目，满分均为180分。通过综合得分和各单项得分的及格分来评定是否及格。单项得分的及格分是指各单项得分至少应达到这一分数。如果各单项得分中有一项没有达到及格分，那么，无论综合得分多高都不能视为及格。

2. J. TEST考试

J. TEST考试全称为实用日本语鉴定考试（以下简称J. TEST）。于2007年8月获得了国家劳动和社会保障部的认可。其主要功能就是对母语为非日本语的人员进行日本语能力的测试。在20世纪90年代初期，日本经济发展到鼎盛时期时，由于日本国内人力资源的严重不足，聘用在日本的外国人进入公司成为不可替代的办法。为配合对在日本的外国人的日语鉴定，1991年，日本语检定协会开发了J. TEST。因为鉴定方式科学合理，J. TEST很快成了众多企业几乎是唯一的选择。

特点：第一，留意实际能力。J. TEST的基本思路是以实际应用能力为重。因此，出题结构上加大了听力部分的比例（达总分的50%）。与此同时，对日本文化的理解、时事新闻及图表分析方面也有相称的要求。

第二，鉴定范围广。J. TEST的鉴定范围广。不管是初学者，还是资深日语翻译，J. TEST都可对其进行准确的评价。而目前在日语考试中，可适应企业在选用初、中、高级日语人才要求的实属罕见，所以，对企业而言，J. TEST不失为一个对日语人才进行全面鉴定的考试。

第三，考试频次高。J. TEST举办频次高，隔月都有公开考试，最大限度地方便了企业的人事培训计划的制作、新人的采用及人才的选拔之所需，同时也为对日语感兴趣者日语水平的提高提供一个平台。另外，还可以应企业要求，单独举办团体考试。

第四，便于考生的自我提高。为便于考生的自我提高，J. TEST考试结束后，仅需提交答题卡，考卷可以让考生带回（团体考试除外）。经批阅后，考生除了得到成绩单、证书（对合格者）外，还可得到考生实际答题与标准答案的差异表。差异表上详尽记载了每道问题的答对率及其他相关统计，实现了自我鉴定功效的最大化。

第五，一卷多级的考试制度。J. TEST 考试分中高级（A-D 级）及初级（E-F）两种考卷。中高级（A-D 级）中分 7 个级别。初级（E-F）中分 2 个级别。由于是根据考试的分数来评判级别，将级别认定最大化，避免了单一考卷单一级别的诸多弊端。

考试时长：A-D 级考试（1000 分为满分），听解部分约 45 分钟 500 分，读解部分约 80 分钟 500 分。E-F 级考试（500 分为满分），听解部分约 30 分钟 200 分，读解部分约 70 分钟 300 分。

每位考生可以得到成绩单一份，考生本人的答案与标准答案对照表一份，考试成绩达标后与之相对应的证书一份。标准答案两周内在网站上宣布。考试结果在考试后的 30 天前后通过网站进行发布，纸质资料由于需要邮寄的原因，到达各考试站点的时间会有差别。值得注意的是，J. TEST 的认定证书没有有效期的限制。

【本章小结】

本章梳理了英语、法语、西班牙语、俄语、德语、日语等几种语言等级考试的情况，尤其是英语的雅思和托福考试。

由于每种考试都有很详细的规则，而且每年考试上都会有一些调整，所以本章里的内容也不可能保证一定准确。但是，总体来看各国的语言考试方针政策是稳定的。因此，本章整理的考试的大致形式和安排是具有参考和比较价值的。如果有意向出国，应该在通读相关内容后进一步在官网和相关论坛上详细了解考试的细节、规则以及他人的经验。

【本章思考题】

1. 雅思和托福考试可以考多少次？
2. 对于想出国留学的大学生而言，考雅思和托福的利弊各是什么？
3. 对于想去小语种国家留学的大学生而言，首先需要考虑的是什么？

附录：

江苏大学学生留学交流经费资助管理办法

2020 年 3 月 25 日

第一章　总　则

第一条　为全面推进和实施高等教育国际化战略，进一步推动和鼓励我校学生赴海外交流学习，学校特设立学生留学交流经费。为做好经费的规范管理工作，特制定本办法。

第二条　学校每年投入 500 万元专项经费，用于奖励资助我校学生赴海外留学交流学习或参加出国类外语考试。

第三条　本办法所指的赴海外交流学习包括赴海外公费或自费留学，参加在海外举行的国际学术会议、国际竞赛，到海外校（或经过学校认证的教育机构）进行交流学习、合作研究，到海外实习、实践（含短期课程学习、专业实习、社会调研、文化交流、国际义工、国际志愿者、南极科考）等项目或活动。

第四条　本办法所指的出国类外语考试包括雅思考试（IELTS）、托福考试（TOEFL）、美国研究生入学考试（GRE）等导向世界高等教育发达地区的主要考试种类。符合一流大学交流学习条件的其他出国类外语考试，可视实际情况参照本办法执行。

第二章　申请条件

第五条　中国籍全日制在籍在校学生。

第六条　热爱社会主义祖国，拥护中国共产党的领导，遵守中华人民共和国宪法和法律，具有良好的政治和业务素质，组织观念强。

第七条　诚实守信，道德品质优良，在校学习期间无违法违纪行为。

第八条　学习认真，成绩的平均学分绩点在 2.0 以上。

第九条　获得国家奖学金、国家励志奖学金、江苏省优秀学生干部、江苏省三好学生、校长奖学金、校三好标兵、校十佳青年学生、校励志之星、校勤工助学之星、校志愿服务之星等奖项、荣誉者，优先获得资助。

第三章　赴海外交流学习资助标准

第十条　学生在校期间或毕业当年赴海外留学，攻读硕士学位，学校奖励每人1000元；攻读博士学位，学校奖励每人3000元。

第十一条 应邀参加在海外举行的国际学术会议并在会议上做学术报告的学生，符合第九条规定者，学校按照会议注册费及国际旅费等实际发生费用资助，以5000元为上限，其他学生，学校按照会议费及国际旅费等实际发生费用资助，以2000元为上限。

第十二条 学生参加江苏高校学生海外学习政府奖学金项目，参照江苏省教育厅下发的文件给予资助。

第十三条 学生到国家教育部认可的海外高校（或经过学校认证的教育研究机构）进行学年（学期）交流学习（不含中外合作办学项目、招生计划单列的学分互认双学位项目、有海外学习专项经费资助的学生等），资助标准如下：

（一）本科生交流学习，时间3–6个月（不含），符合第九条规定者，学校资助每人10000元；其他学生学校资助每人6000元。时间6个月及以上，符合第九条规定者，学校资助每人15000元；其他学生学校资助每人9000元。获得“互联网+”大学生创新创业大赛全国金奖、“挑战杯”全国大学生课外学术科技作品竞赛特等奖、“创青春”全国大学生创业大赛金奖的学生（排名第一），在校在读本、硕期间，可受资助一学期不超过16学分、总费用不超过5万元的一次境外研读学费。

（二）研究生交流学习，按照《江苏大学研究生赴境外交流学习相关资助管理办法》最新办法执行。

（三）优势学科、一流专业（品牌专业）根据各自实际制定配套资助政策。一流专业（品牌专业）原则上资助标准不低于学校资助标准的50%。

第十四条 学生参加在海外举行的国际竞赛，到海外实习、实践等项目或活动，资助标准如下：

（一）学生参加国际竞赛、合作研究、短期课程学习、专业实习、社会调研、文化交流、国际义工、国际志愿者、南极科考、国际组织实习等项目。学生交流地为欧洲、美洲、大洋洲的国家，符合第九条规定者，学校最高资助每人8000元，其他学生学校最高资助每人5000元；学生交流地为亚洲的国家或地区（含港澳台），符合第九条规定者，学校最高资助每人4000元，其他学生学校最高资助每人2000元。

（二）学生参加赴海外带薪社会实践活动，符合第九条规定者，学校最高资助每人2000元，其他学生学校最高资助每人1000元。

第十五条 一年级学生赴海外交流学习，以选拔时间的当学年获得的奖项、荣誉作为资助标准。其他学生以选拔时间的上学年获得的奖项、荣誉作为资助标准。

第十六条　学生在攻读不同学位的各学习阶段可分别获得一次资助，毕业当年赴海外留学者可增加一次资助。同一阶段多次赴海外交流学习者，以其应获资助的最高额度给予资助；如前期已获资助，则按其应获资助额与已获资助额差额进行补足。

第四章　参加出国类外语考试资助标准

第十七条　学生在我校攻读同一级学位期间，凡报名参加出国类外语考试，考试地点不在镇江的，可申请一次往返差旅资助，资助金额不超过400元。

第十八条　在校期间获得相应的出国外语类考试成绩，报销标准如下：

（一）雅思考试（IELTS）6.5分及以上、托福考试（TOEFL）85分及以上、美国研究生入学考试（GRE）310分及以上的学生，报销全部考试报名费用。

（二）雅思考试（IELTS）6分、托福考试（TOEFL）79~84分、美国研究生入学考试（GRE）290~309分的学生，学校报销一半考试报名费用；报销后再次参加考试，并符合本条（一）中成绩规定者，学校就差额部分另行报销。

第十九条　雅思考试（IELTS）7.5分及以上、托福考试（TOEFL）102分及以上、美国研究生入学考试（GRE）320分及以上的学生，可申请高分奖励，奖励金额为2000元/人。

第二十条　学生在攻读不同学位的各学习阶段参加出国外语类考试，可分别获得一次全额考试报名费资助；可分别申请一次高分奖励。

第二十一条　其他语种能力测试报销、高分奖励参照本章相关条款执行。

第五章　申请程序

第二十二条　学生到学生工作处申请资助须提供以下相关证明材料：

（一）学生在校期间或毕业当年赴海外留学，离校前提供留学学校的录取通知书原件、复印件、是否获得留学学校奖学金等有关证明；待学生在留学学校报到注册后，提交报到注册证明材料。

（二）学生应邀参加在海外举行的国际学术会议并做学术报告的，提供邀请函、做学术报告证明，有关获奖证书的原件、复印件，以及实际发生费用的凭证材料等。

（三）学生参加在海外举行的“三国三校”会议，江苏高校学生海外学习政府奖学金项目，以及到海外友好学校（或经过学校认证的教育机构）进行交流学习，到海外实习、实践（含专业实习、社会调研、文化交流、短期课程学习等），提供入选通知，有关获奖证书的原件、复印件等。

（四）学生参加出国外语类考试，并取得相应考试成绩，提供成绩单原件、复印件及考试报名费缴纳凭证。

第二十三条 学生工作处根据奖励资助条件进行审核。

第二十四条 学生工作处将符合奖励资助条件的学生名单、学生银行账号及资助金额函告财务处，由财务处将奖励资助款项一次性划入学生的银行账户。

第六章 附 则

第二十五条 学生留学交流经费奖励资助申请、审核、发放工作每季度进行一次。每季度结束后的 7 个工作日内将审核结果告知申请人。

第二十六条 学生工作处负责对经费进行管理，专款专用。

第二十七条 学生在海外交流学习期间有违法违纪或逾期不归现象者，学校将根据情况扣除部分或全额奖励资助款项。

第二十八条 本办法未尽事宜，可参照相应条款报学校批准后执行。

第二十九条 京江学院参照本办法并根据学生实际制定本学院相关规定，所需经费由京江学院自行承担。

第三十条 本办法由学生工作处负责解释，自 2020 年 4 月 1 日起施行。原《江苏大学学生留学交流经费资助管理办法》（江大校〔2018〕5 号）同时废止。

参考文献

［1］朱平. 高校“三全育人”体系协同与长效机制的建构：以全员育人为中心的考察［J］. 思想理论教育，2019（2）：96-101.

［2］麦可思研究院. 2020 年中国大学生就业报告（就业蓝皮书）［R］. 北京：社会科学文献出版社，2020.

［3］张福仁，孟延军，杨彬. 大学生就业指导（微课版）［M］. 北京：人民邮电出版社，2021.

［4］陈璐. 经济新常态背景下高校就业指导模式的建构［J］. 思想教育研究，2017（5）：106-109.

［5］朱国玮，黄裙. 大学生就业能力影响因素研究［J］. 教育研究，2011（8）：64-68.

［6］蒋利平，刘宇文. 大学生“慢就业”现象本质解析及对策［J］. 学校党建与思想教育，2020（4）：64-66.

［7］教育部、人力资源社会保障部召开 2022 届全国普通高校毕业生就业创业工作网络视频会议［J］. 中国大学生就业，2021（23）：33.

［8］魏彦吉. “三全育人”理念下的大学生就业［J］. 人民论坛，2020（15）：204-205.

［9］余长春，王润斌. 就业能力与社会需求的匹配［M］. 北京：社会科学文献出版社，2014：28-35.

［10］施炜，张苏. 大学生就业核心竞争力辨析［J］. 现代教育管理，2010（5）：118-119.

［11］王占仁. 就业形势和高校就业工作实践创新［J］. 思想政治教育，2014（1）：82.

［12］韩茹，刘建栋. 当代大学生面临的就业困境及解决途径分析［J］. 理论观察，2019（9）：139-141.

［13］习近平关于青少年和共青团工作论述摘编［G］. 北京：中央文献出版社，2017.

[14] 习近平主持召开学校思想政治理论课教师座谈会强调：用新时代中国特色社会主义思想铸魂育人 贯彻党的教育方针 落实立德树人根本任务［N］. 人民日报，2019-03-19（1）.
[15] 卢黎歌. 当代大学生思想特点、成长规律与马克思主义大众化研究［M］. 西安：西安交通大学出版社，2012.
[16] 思想政治教育学原理编写组. 思想政治教育学原理［M］. 北京：高等教育出版社，2018.
[17] 陈万柏，张耀灿. 思想政治教育学原理［M］. 北京：高等教育出版社，2015.
[18] 冯刚，郑永廷. 思想政治教育学科 30 年发展研究报告［R］. 北京：光明日报出版社，2014.
[19] 孙其昂. 思想政治教育学前沿研究［M］. 北京：人民出版社，2013.
[20] 习近平. 思政课是落实立德树人根本任务的关键课程［J］. 求是，2020（17）：6.
[21] 李辽宁. 关于思想政治教育本质研究的思考［J］. 学校党建与思想教育，2017（1）：12.
[22] 郭灏. 思想政治教育本质研究的现状、问题与趋向［J］. 思想教育研究，2016（4）：51.
[23] 杨晓慧. 高等教育“三全育人”：理论意蕴、现实难题与实践路径［J］. 中国高等教育，2018（18）：4-8.
[24] 习近平. 学史明理 学史增信 学史崇德 学史力行［J］. 求是，2021（13）：5.
[25] 习近平. 在庆祝中国共产党成立 100 周年大会上的讲话［J］. 求是，2021（14）：3.
[26] 高德毅，宗爱东. 课程思政：有效发挥课堂育人主渠道作用的必然选择［J］. 思想理论教育导刊，2017（1）：33.
[27] 顾海良. 新时代高校思想政治教育的理论指导和发展理念——学习习近平新时代中国特色社会主义思想［J］. 思想理论教育导刊，2018（1）：4-10.
[28] 中华人民共和国高等教育法［A］. 2018-12-29.
[29] 盛平. 学生辞海［M］. 北京：海洋出版社，1992：3572.
[30] 中国社会科学院语言研究所词典编辑室. 现代汉语词典［M］. 6 版. 北京：商务印书馆，2012：1496.

[31] 王战军. 学位与研究生教育评估技术与实践 [M]. 北京：高等教育出版社，2000：4.
[32] 教育部课题组. 深入学习习近平关于教育的重要论述 [M]. 北京：人民出版社，2019.
[33] 吴潜涛. 提升“思想道德修养与法律基础”课教学质量的几点思考 [J]. 思想理论教育导刊，2017（9）：30-33.
[34] 黄蓉生，徐佳辉. 略论新时代大学生思想政治教育“三办法” [J]. 思想教育研究，2020（2）：14-19.
[35] 肖香龙，朱珠. “大思政”格局下课程思政的探索与实践 [J]. 思想理论教育导刊，2018（10）：133-135.
[36] 罗兴娅. 高校职业生涯教育与思想政治教育融合的问题、原因及对策研究 [J]. 教育研究，2017（5）.
[37] 秦在东，等. 以党的建设引领高校思想政治工作的路径思考 [J]. 思想教育研究. 2018（9）.
[38] 骆郁廷. “小我”与“大我”：价值引领的根本问题 [J]. 马克思主义研究，2019（12）.
[39] 赖德胜. 关注双创背景下的人才培养与就业：教育与劳动力市场笔谈——教育要更多聆听劳动力市场的声音 [J]. 高等教育，2017（8）.
[40] 岳昌君. 关注双创背景下的人才培养与就业：教育与劳动力市场笔谈——关于创新创业的必要条件 [J]. 高等教育，2017（8）.
[41] 杨伟国. 关注双创背景下的人才培养与就业：教育与劳动力市场笔谈——打造三个课堂，培养创新型人才 [J]. 高等教育，2017（8）.
[42] 姚先国. 关注双创背景下的人才培养与就业：教育与劳动力市场笔谈——人才战略与创新发展 [J]. 高等教育，2017（8）.
[43] 张车伟. 关注双创背景下的人才培养与就业：教育与劳动力市场笔谈——教育与劳动力市场笔谈 [J]. 高等教育，2017（8）.
[44] 中共中央马克思恩格斯列宁斯大林著作编译局. 马克思恩格斯选集（第4卷）[M]. 北京：人民出版社，2012：409.
[45] 中共中央马克思恩格斯列宁斯大林著作编译局. 马克思恩格斯选集（第4卷）[M]. 北京：人民出版社，2012：219.
[46] 国务院办公厅关于进一步支持大学生创新创业的指导意见 [J]. 科学中国人，2021（30）：29-31.
[47] 李莉，郭立群，汪力斌. 农业院校大学生创业现状调查与对策研究

［J］．中国大学生就业，2021（19）：52-57.
［48］谭轶群，马辉．一体化视域下应用型本科高校创新创业人才培养模式探析［J］．大学教育，2022（2）：171-174.
［49］邱玥．打好“组合拳” 聚力稳就业［N］．光明日报，2022-06-23（015）.
［50］刘中亮，周统建．高校创新创业教育生态场域构建探析［J］．江苏高教，2022（10）：80-84.
［51］许凯成，陈永清，许良虎．在校大学生创业财务管理技能提升研究：以江苏大学为例［J］．中国集体经济，2016（28）：160-161.
［52］梅伟惠，徐小洲．大学生创业技能要素模型研究［J］．高等工程教育研究，2012（3）：57-61.
［53］朱东缘，徐敏，张文婧，郭帆，杨妍彬．新就业形势下考研大学生的心理状况与需求：以毕业生考研心理变化探求合理对策［J］．黑龙江人力资源和社会保障，2022（7）：125-127.
［54］吴鲁阳，李成龙，王博，孔翠花．省属地方高校本科生源报考研究生影响因素分析［J］．中国轻工教育，2021（2）：23-27.
［55］张海云，张潇，葛志伟．“一带一路”背景下江苏省高等工程教育国际化发展［J］．经济研究导刊，2022（26）：150-154.
［56］王玺，李献斌．中外合作办学与推动江苏高等教育国际化对策研究［J］．中国农业教育，2008（3）：50-52.
［57］周文婕．论中外合作办学模式与发展对策［J］．教育探索，2005（5）：64-65.
［58］王战军，乔刚．改革开放 40 年中国研究生教育的成就与展望［J］．学位与研究生教育，2018（12）：7-13.
［59］梁启超．饮冰室合集［M］．北京：中华书局，1989：62.
［60］李煌果，王秀卿．研究生教育概论［M］．北京：科学技术文献出版社，1991.
［61］李盛兵．研究生教育模式嬗变［M］．北京：教育科学出版社，1997.
［62］褚宏启．核心素养的国际视野与中国立场：21 世纪中国的国民素质提升与教育目标转型［J］．教育研究，2016，37（11）：8-18.
［63］郭嘉．“一带一路”倡议下高等教育国际化研究［J］．决策探索（中），2021（9）：12-13.
［64］赵厦．试论中国教育国际化现状及发展进程［J］．吉林广播电视大学

学报，2017（10）：88-89.

［65］周慧，罗剑平．美国高等教育国际本土化的特点及对我国的启示［J］．吉首大学学报（社会科学版），2014（6）：121-128.

［66］教育部等八部门全面部署加快和扩大新时代教育对外开放［J］．大视野，2020（3）：7-8.

［67］赵丽．我国高等教育国际化的现状与分析［J］．天津职业院校联合学报，2019，21（1）：106-110.

［68］李学迪，孙伟．我国教育国际化研究现状分析：基于 CSSCI（1998—2015）数据［J］．中国高校科技，2016（12）：45-47.

［69］彭苇．我国高等教育国际化发展的策略［J］．兴义民族师范学院学报，2017（6）：71-73.

［70］彭婵娟．全球留学生教育现实图景与发展趋势研究［J］．比较教育研究，2021，43（10）：104-112.

［71］孙慧敏，赵明月，张安涛．出国留学大学生学业规划教育与指导体系研究［J］．辽宁教育行政学院学报，2014，31（5）：52-56.

［72］于小艳，杜燕锋．高等教育国际化评价的价值透视［J］．高教发展与评估，2020（2）：36-43+68+111.

［73］徐辉．欧洲“博洛尼亚进程”的目标、内容及其影响［J］．教育研究，2010（4）：94.

［74］Altbach P G，Knight J．The Internationalization of Higher Education：Motivations and Realities［J］．Journal of Studies in International Education，2012（11）：298.

［75］蔡宗模，毛亚庆．高等教育全球化：逻辑与内涵［J］．高等教育研究，2013（7）：10-17.

［76］薛博文．高等教育国际化概念比较与价值取向分析［J］．黑龙江高教研究，2021，39（4）：1-5.

［77］Admit Write．如何申请斯坦福大学研究生？［EB/OL］．https：//www.zhihu.com/question/64812996/answer/1236812021，2021-11-23.

［78］沧海二．斯坦福大学的研究生该如何申请？［EB/OL］．https：//www.zhihu.com/question/602393723/answer/3043580301，2021-11-23.

［79］奇点教育．公共政策专业毕业能做啥？［EB/OL］．https：//www.zhihu.com/question/310323341/answer/1672124125，2021-11-23.

［80］英国文化教育协会．雅思全球官网［EB/OL］．http：//www.chinaielts.

org/，2021-11-23.
[81] ETS. 托福官方网站 [EB/OL]. https://www.toefl.cn/index.php，2021-11-23.
[82] France Alumni. 法国留学官方指南 [EB/OL]. https://www.chine.campusfrance.org/zh-hans，2021-11-23.
[83] 钟圣怡，李萍，陆佳亮，袁怡佳，欧亚飞，王建飞. 浅谈口试在联合办学中的作用及影响 [J]. 高等工程教育研究，2015（5）：183-185.
[84] 吕雪姣. 国内法语测试的研究特点：基于 NVivo12 的统计分析 [J]. 黑龙江教育（高教研究与评估），2022（8）：33-35.
[85] 黄扬. 考试转型背景下联合培养德语教学探析 [J]. 科技视界，2020（12）：26-27.
[86] 徐立华. 德福考前必备 [M]. 北京：高等教育出版社，2014.
[87] Lingua Forum. 新托福官方指南考点详解：口语分册基础篇 [M]. 北京：北京语言大学出版社，2011.
[88] 美国教育考试服务中心. 新托福考试官方指南 [M]. 北京：世界图书出版公司，2006.
[89] Bachman L. Fundamental Considerations in Language Testing [M]. Oxford：Oxford University Press，1990.
[90] Brown J D. Testing in Language Programs：A Comprehensive Guide to English Language Assessment [M]. Beijing：Higher Education Press，2006.
[91] 高等学校西班牙语专业四级考试大纲编写小组. 高等学校西班牙语专业四级考试大纲 [M]. 上海：上海外语教育出版社，2011.